Tom Freund

ZAHAL-Report

Geist und Moral der israelischen Armee

Militärverlag
der Deutschen Demokratischen
Republik

Bildnachweis
Fotos: ADN-Zentralbild (5); Sammlung Autor (52), Einbandfoto: ADN-Zentralbild
Karte: ADN-Zentralbild, Grafik: Georg Seyler (2)

Freund, Tom: ZAHAL-Report: Geist und Moral der israelischen Armee /
von Tom Freund. —
2. Aufl. — Berlin: Militärverlag der DDR, 1988, — 240 S.: 61 Abb.

ISBN 3-327-00047-6

2. verbesserte Auflage
© by Militärverlag der Deutschen Demokratischen Republik (VEB) — Berlin, 1988
Lizenz-Nr. 5
Printed in the German Democratic Republic
Gesamtherstellung: Druckerei des Ministeriums für Nationale Verteidigung
(VEB) — Berlin — 34391-7
Lektor: Jürgen Gebauer
Typografie: Günter Hennersdorf
Umschlag: Rosemarie Lebek
Redaktionsschluß: März 1987
LSV: 0529
Bestellnummer: 7467417
00850

Inhalt

- 5 **Rekruten**

- 13 **Eskalation**
  - 13 Der Sheriff
  - 16 Erbsünden
  - 29 Vergeltung
  - 39 Tel Nof
  - 50 Sinai
  - 62 Kompanie Aleph
  - 70 Tnuva-Kinder
  - 80 Hohe Schule
  - 85 Königin der Schlacht

- 94 **Krieg de Luxe**
  - 94 Konnenut – die Mobilmachung
  - 103 Tauben und Falken
  - 113 Sechs Tage?
  - 121 Der Propaganda-Feldzug
  - 124 Hatascha – der Krieg nach dem Krieg
  - 137 Die Gebiete

- 153 **Versäumnisse**
  - 156 Der verdammte Status quo
  - 161 Ein Krieg ganz anders
  - 170 Mythos und Realität

- 185 **Krieg ohne Ende**
  - 185 Frieden für Galiläa
  - 191 Etappenhengste
  - 200 Stimmungen
  - 206 Morast

- 213 **Kontraste**
  - 213 Tel Aviv, so ist das Leben
  - 220 Das Netzwerk
  - 227 Proteste, und dann?

- 237 **ZAHAL, wohin?**

An den Leser!

Dieses Buch ist keine Abhandlung über die historische Entwicklung der israelischen Armee, ZAHAL, noch weniger eine Geschichte Israels, die von Anfang an von der unheilvollen Ehe zwischen politischem Zionismus und Imperialismus geprägt wurde. Wohl aber sind Geschichten und Begebenheiten enthalten, die ich als ehemaliger Rekrut und Ausbilder der israelischen Armee selbst erlebt oder unmittelbar von Kameraden bei ZAHAL gehört habe und die mein Anliegen, den Niedergang von Kampfgeist und Moral dieser Armee sozusagen von innen heraus zu beschreiben, möglichst anschaulich und damit glaubhaft unterstützen sollen, obwohl manches kaum zu glauben sein wird. Ich hoffe, daß ich mit Berichten über blutige «Vergeltungseinsätze» gegen Araber, den israelischen Terror in den besetzten Gebieten bis hin zur Libanonaggression deutlich machen kann, wie und warum in einem vom deutschen Faschismus so schwer heimgesuchten Volk Kräfte an die Macht kommen konnten, die sich ihrerseits sadistischer, rassistischer Praktiken bedienen.

Bei der Schreibweise der israelischen und arabischen Wörter und Namen habe ich eine Form gewählt, die dem deutschsprachigen Leser die Aussprache und damit das Verstehen am ehesten ermöglicht.

Rekruten

Dichtgedrängt saßen wir Rekruten in unseren noch kahlen und schmucklosen Uniformen auf den offenen Fonds der «Sixpillars», den großen dreiachsigen Militärlastwagen amerikanischer Herkunft, die uns im schnellen Tempo in Richtung Süden nach Tel Nof, dem Hauptcamp der israelischen Fallschirmjäger, brachten. Ganz im Kontrast zu uns präsentierte sich ein Sergeant, der Lockvogel, der Rekruten anwarb, in seiner nagelneuen, enganliegenden Uniform. Ein rotes Barett schmückte seinen Kopf. An der linken Seite seiner Uniformjacke funkelten auf blauem Untergrund — vorschriftsmäßig zwei Finger breit über der Brusttasche angebracht — die Metallflügel, die Knafayim, das begehrte Abzeichen der Fallschirmjäger. An der rechten Schulterklappe wedelte frei im Fahrtwind ein kleines Fähnchen mit dem Abzeichen der Fallschirmjägerbrigade 202: eine an Flügeln schwebende Schlange. Die Beinenden seiner Uniformhose waren über den außergewöhnlich hohen Schnürstiefeln mit den dicken Kreppsohlen sorgfältig eingeschlagen. Die blankpolierten Metallabzeichen an Koppel und Barett reflektierten in der Sonne. Alles, was die Fallschirmjäger als Elitetruppen von den anderen Waffengattungen hervorhob, trug er sorgfältig zur Schau, um Freiwillige anzulocken. Derselbe Sinn und Zweck war mit dem Absprung von Männern wie ihm aus einer amerikanischen «Dakota» über dem Zentralen Rekrutenlager verfolgt worden — eine einzige Werbeshow.

Für Uri, Simcha und für mich war diese Vorführung eigentlich überflüssig gewesen, weil wir uns bereits im Werbepavillon der Fallschirmjägerbrigade 202 freiwillig gemeldet hatten. Wir Jungen aus dem Kibbuz (Plural: Kibbuzim), der israelischen Siedlungskommune, hatten das für etwas Selbstverständliches gehalten. Die meisten meiner Altersgenossen haben sich freiwillig zu den bekanntesten Kampfverbänden, den Fallschirmjägern oder der Infanteriebrigade Golani, gemeldet bzw. sind später zu den neu gebildeten Panzerkorps oder zur Luftwaffe gegangen. Niemand von uns hat nach einem bequemen Posten für die 30 Monate, die entsprechend der Wehrpflicht bei der israelischen Armee, ZAHAL, absolviert werden mußten, gesucht. Die langjährige Erziehung und Motivierung im Kibbuz hatten ihre Früchte getragen. Unter dem Eindruck der unvorstellbaren Leiden während der Zeit des Faschismus ist die «historische Schicksalsgemeinschaft aller Juden» in Israel leidenschaftlich diskutiert worden. Das Trauma vom Antisemitismus war allgegenwärtig und frisch, und seine Folgen wurden als ewig, quasi als eine Gesetzmäßigkeit, dargestellt. Der mangelnde Widerstand der Juden in der Diaspora (in den Ländern, wo sie als konfessionelle Minderheiten lebten) wurde unter dem Eindruck der Nazibarbarei in Israel als von so grundsätzlicher und allgemeiner Bedeutung behandelt, daß sich vor allem unter der zionistisch geschulten Jugend ein wahrer Fanatismus in bezug auf alles, was die Beherrschung der Kriegskunst und des Waffenhandwerks betraf, entwickeln mußte. So wurde der Wehrgeist belebt. Dazu gehörte auch, daß tief in die Geschichte zurückgegriffen wurde – angefangen bei den Bibelhelden wie Samson, der den Philistern noch im Angesicht des Todes heftige Schläge versetzte, oder dem tapferen David, der zum König der Hebräer gekrönt wurde, weil er den Riesen Goliath besiegte, bis hin zur Erhebung der Hashmonäer gegen die Helenisten oder die der Zeloten und Makkabäer gegen die römischen Legionen des Titus. Der Aufstand im Warschauer Ghetto ist als Beispiel aus der jüngsten Geschichte zu einem Fanal für die israelische Jugend geworden. Natürlich sind daneben all jene aufopferungsvollen Taten verblaßt, die den Zionisten nicht so sehr ins Konzept paßten, weil deren Träger andere Ideale hatten. Umgekehrt schossen allerlei Pseudorevolutionäre oder Anarchisten als Helden wie Pilze nach dem Regen empor, sofern sie nur etwas gegen die frühere Kolonialmacht Großbritannien oder besser noch gegen die Araber unternommen hatten.

Hauptsächlich aber waren alle zionistischen Parteien des Landes sehr darum bemüht, unter der Jugend den Geist der vielen illegalen und halbillegalen Militärformationen aus den Jahren vor der Staatsgründung wachzuhalten, und zwar noch Jahre nach deren Ablösung durch die einheitliche reguläre Armee ZAHAL. Ganz besonders taten sich dabei die Kibbuzim, die israelischen Siedlungskommunen, hervor, die der Hort für die paramilitärischen Organisationen Haganah und Palmach, die zahlenmäßig stärksten Vorläufer der regulären Streitkräfte, gewesen sind. Auf ZAHAL haben sie in den Anfangsjahren ebenfalls noch beträchtlichen Einfluß ausgeübt. Wehrerziehung hatte also schon Tradition in der Kibbuzbewegung.

Wir Jungen aus dem Kibbuz standen ganz im Banne der zionistischen Ideologie, zählten uns ganz allgemein zur Elite des jungen Staates, besonders aber zur Vorhut seiner Armee. So sind wir erzogen worden, so hatte man es uns gelehrt. Als Mitglieder einer Kooperative mit genossenschaftlicher Organisation der Produktion und den ideellen Lebensformen einer Kommune fühlten wir uns den «Individualisten», besonders der Stadtjugend, überlegen, was wir natürlich auch bei ZAHAL beweisen wollten.

Pioniergeist und Wehrbereitschaft waren die Eckpfeiler unserer Erziehung. Der Kibbuz leistete hierbei einen wesentlichen Beitrag, denn seine Mitglieder besiedelten das Land und beschützten es zugleich vor seinen Feinden – nach unserer Auffassung vor den Arabern. Die Menschen waren davon überzeugt, daß das notwendig war. Hatten doch mehrere arabische Nachbarstaaten schon der Gründung eines Staates der Juden von Anfang an ablehnend, ja feindlich gegenübergestanden und sogar militärisch interveniert. Daß die Staatsgründung Israels einhergegangen war mit dem Raub arabischen Landes, daß die UNO-Beschlüsse über die Grenzziehung zwischen einem israelischen und einem palästinensischen Staat mißachtet worden waren und sich die Zionisten damit schon ins Unrecht gegenüber den Arabern gesetzt hatten, wurde geflissentlich verschwiegen. Der vielfach beschworene Pioniergeist als dominierender Aspekt zionistischer Erziehung beinhaltete rein äußerlich die Erschließung des Landes durch Besiedlung und dessen bewaffneten Schutz. Aber gerade der Besiedlungsaspekt enthielt von Anfang an zugleich expansive Tendenzen – kräftig unterstützt von den imperialistischen Groß- und ehemaligen Kolonialmächten Großbritannien und Frankreich.

Für uns war der Kibbuz bereits eine Keimzelle des Sozialismus. Natürlich dachten wir dabei nicht an Klassenkampf oder gar an proletarischen Internationalismus, was bei der Vielzahl der hier lebenden nationalen Gruppen hätte naheliegen müssen. Wir kannten diese Begriffe kaum. Wenn wir an Kampf dachten, dann an den Kampf gegen die Araber. Ganz gleich, ob Muchtar oder Fellach, Handwerker, Arbeiter oder Notabeln der Städte, geistliche Würdenträger oder Atheisten, sie alle waren unsere Feinde, die uns zu vernichten drohten. So haben wir es von klein auf gelernt. Für uns zählte nur das eine: nie wieder wehrlos wie die Generation unserer Eltern der physischen Vernichtung ausgeliefert zu sein. Diese Argumentation fand bei mir durch meine Kindheitserinnerungen an das nazistische Deutschland noch kräftig Unterstützung.

1937 in Berlin geboren, lebte ich bis zur Befreiung illegal an verschiedenen Orten in Thüringen und Mecklenburg versteckt. Meine Mutter und ihr Bruder mußten frühzeitig in die Emigration gehen. An Palästina hatten sie dabei nicht gedacht. Als Mitglieder des Kommunistischen Jugendverbandes Deutschlands und väterlicherseits jüdisch, waren sie der faschistischen Gefahr doppelt ausgesetzt gewesen. Sie wollten, sobald sie im Ausland Fuß gefaßt hatten, ihre Mutter und mich nachholen. Doch dazu ist es nicht mehr gekommen. Daß ich überlebt habe, verdanke ich vor allem dem Mut und dem Geschick meiner Großmutter, der Tochter einer katholischen Arbeiterfamilie aus dem Eichsfeld. Mit der zionistischen Kindereinwanderung kam ich dann nach Israel. Ein Angehöriger der Jüdischen Brigade in Offiziersuniform der britischen Armee hat mich zusammen mit anderen Kindern dorthin gebracht. Von meinen wenigen Angehörigen, die den Krieg überlebt hatten, war ich abermals getrennt worden, noch bevor wir wieder beisammen waren. Doch hatten die Zionisten erst einmal die Kinder, so konnten sie darauf bauen, daß die Eltern schon nachfolgen würden.

Meine erste Station in Israel war das große Kindersammellager in Kfar Sabba, dicht an der jordanischen Grenze. Im Lager waren Kinder aller Altersklassen aus den verschiedensten Ländern Europas untergebracht, doch die Sprachbarrieren hatten wir schnell überwunden. Hier sah ich zum ersten Mal in meinem Leben einen Araber in seiner Tracht. Von weitem konnte ich auch das Dorf ausmachen, in dem er wohnte. Es war alles neu und so anders für mich. Nach relativ kurzem Aufenthalt im Lager kam ich in einen Kibbuz in Galiläa.

Hier oben, am nördlichen Zipfel, dem sogenannten Finger Galiläas, wo die Grenzen von drei Staaten — Israel, Syrien und Libanon — in einer reizvollen Gebirgslandschaft mit üppiger Vegetation und fruchtbaren Tälern zusammentreffen, bin ich aufgewachsen. Die Gegend war im allgemeinen friedlich und jahrelang besonders an der Grenze zum Libanon frei von Konflikten.

Hier habe ich Uri und Simcha kennengelernt. Sie waren Sabras, d. h. sie wurden in diesem Land geboren. Ihre Eltern sind, wie allgemein damals üblich, in organisierten zionistischen Gruppen schon vor dem zweiten Weltkrieg nach Palästina gekommen. Einen Krieg gegen die Araber hatten Uri und Simcha als Kinder bereits miterlebt.

Mit beiden verband mich eine enge Freundschaft. Wir gingen in eine Klasse und teilten viele gemeinsame Erlebnisse. Als Halbwüchsige haben wir zusammen unser erstes Abenteuer bestanden: In einer dunklen Nacht sind wir zwischen den Grenzorten Misgaw Am und Metulla mit Messern und Handgranaten bewaffnet in libanesisches Gebiet eingedrungen. Unsere «Heldentat» bestand darin, daß wir eine Telefonleitung beschädigten. Unsere Trophäe: eine Zündholzschachtel und Kerzen, gestohlen aus einer kleinen Gebirgskapelle.

Gemeinsam sind wir nach Tiberias am See Genezareth zur Musterung gefahren, und gemeinsam nach dem Abitur wie alle unsere Altersgenossen zur Armee eingezogen worden.

Nun saß ich zusammen mit Uri auf dem Lastwagen. Simcha hatte auf den LKW vor uns klettern müssen. Wir winkten uns zu und freuten uns, daß wir zusammengeblieben waren, so wie wir es uns vorgenommen hatten. In die Freude mischte sich Spannung auf das uns bevorstehende Unbekannte. Und je mehr wir dem Ziel näher kamen, desto stiller wurde es auf den Ladeflächen der LKWs, bis schließlich auch die letzten verstummten, als der Schlagbaum am Haupteingang zum Camp Tel Nof hinter uns wieder heruntergezogen wurde.

So sind wir Soldaten der israelischen Armee geworden. Zu dieser Zeit war ZAHAL gerade den Kinderschuhen entwachsen. Viele von uns verbanden ihre Vorstellungen von der jungen, regulären Armee noch mit den paramilitärischen Einheiten aus der Zeit vor der Staatsgründung. Rein äußerlich gab es da zwar Unterschiede, gedient haben jedoch Palmach und Haganah wie auch ZAHAL im Grunde genommen dem gleichen Zweck: Sie waren Machtinstrumente des politischen Zionismus, der in Israel Staatsdoktrin ist, und haben räuberische Ziele vor allem mit militärischer Gewalt zu erreichen versucht.

Gegenwärtig werden in den Wehrkommandos die Jahrgänge ab 1967 erfaßt – eine «Generation des Imperiums des Sechs-Tage-Krieges». Diese Jugendlichen sind mit der Okkupation arabischer Gebiete groß geworden. Der von Israel durch seine expansive Politik heraufbeschworene Konflikt mit den Arabern ist heute wie damals eine ständige Begleiterscheinung im Leben der Israelis. Er stand schon an der Wiege ihres Staates Pate und bestimmt bis auf den heutigen Tag seine Politik. Wie sollte es auch anders sein? Der dem politischen Zionismus innewohnende Drang nach Expansion entsprach den Zielen der imperialistischen Großmächte und führte im Laufe der Zeit zu einer engen politisch-militärischen Verflechtung vor allem mit den USA, die über eine enge Partnerschaft mit Israel Einfluß auf das Geschehen in Nahost nehmen wollten. So war die territoriale Ausdehnung Israels auf Kosten der Araber stets willkommen, ja wurde gemeinsam vorangetrieben. Unter diesem Einfluß haben die Zionisten stets auf Gewaltanwendung gesetzt, wenn Diplomatie vonnöten gewesen wäre. Von Anbeginn haben sie sich auf einen ausgeklügelten militärischen Machtapparat gestützt, der mit der Bildung der regulären israelischen Armee, ZAHAL, seine konzentrierteste Form gefunden hat. ZAHAL ist die Abkürzung für «Zwa Haganah l' Israel» und bedeutet übersetzt: Armee zur Verteidigung Israels. Ihr offizielles Gründungsdatum ist der 27. Juni 1948. Zu jener Zeit, nur wenige Wochen nach der Proklamation des Staates Israel am 14. Mai 1948 und unmittelbar nach dem Ende des britischen Palästina-Mandats[1], standen die Zionisten bereits im Kriege mit ihren arabischen Nachbarstaaten Ägypten, Transjordanien, Syrien, Irak und Libanon.

Die neue, einheitliche israelische Armee war aus mehreren paramilitärischen Formationen der zionistischen Bewegung gebildet worden. Deren Geschichte reicht wiederum weitere siebzig Jahre zurück und begann in der Zeit des Osmanischen Reiches. Die erste nennenswerte zionistische Wehrformation war der Haschomer (der Wächter). Sie wurde 1909 zum Schutz jüdischer Siedlungen in Palästina gegründet. Im ersten Weltkrieg kämpften erstmals jüdische Einheiten im Bestand der britischen Armee gegen die Türkenherrschaft. Die Kolonisierungsziele der Zionisten beschworen bereits damals den Konflikt mit den arabischen Nachbarn herauf, mit denen man zuvor jahrhundertelang in Frieden gelebt hatte. Während dieses Konflikts entstand um 1920 die paramilitärische Formation Haganah (übersetzt: Verteidigung), die zur zahlenmäßig

---

1 Großbritannien eroberte 1917/18 das bis dahin zum Osmanischen Reich gehörende Palästina und errichtete dort zunächst eine Militärverwaltung (Occupied Enemy Territory Administration). 1920 bestätigte der Oberste Rat der Alliierten, am 24. Juli 1922 der Völkerbund den Inselstaat als Mandatsmacht. Im Artikel II wurde Großbritannien verpflichtet, die politischen, administrativen und ökonomischen Bedingungen für die Errichtung einer «jüdischen nationalen Heimstätte» zu schaffen, wie es schon die prozionistische Balfour-Deklaration von 1917 vorgeschlagen hatte. Eine Jewish Agency (Jüdische Agentur) sollte als Vertreterin der jüdischen Bevölkerung Palästinas und als Partner der britischen Mandatsmacht an der Erreichung dieses Ziels mitwirken.

stärksten und einflußreichsten zionistischen Wehrorganisation während der britischen Mandatsherrschaft in Palästina anwuchs. Parallel dazu organisierten sich die sogenannten Revisionisten der zionistischen Bewegung unter ihrem Führer Menachem Begin in der Nationalen Militärischen Organisation (Irgun Zwai Leumi, kurz Irgun, die Organisation, bzw. Etzel[2] genannt).

Neben der illegalen Haganah und der Irgun gelang es den Zionisten, eine legale jüdische Siedlungspolizei unter britischer Aufsicht zu formieren und damit weitere Kräfte im Waffenhandwerk zu schulen.

Im Jahre 1941 wurden auf Beschluß der Haganah-Führung die von den Briten unabhängigen Stoßtrupps Plugot Machatz (kurz: Palmach) gebildet. FOSH[3] und SNS[4] waren der Kern der Palmach.

Auch die zionistischen Revisionisten bauten ihre Kräfte aus. Sie gründeten den Bund «Kämpfer für die Freiheit Israels», die Lochame Cheruth Israel, kurz Lechi genannt, dessen späterer Kommandeur Yitzchak Schamir heute israelischer Ministerpräsident ist.

Während des zweiten Weltkriegs wurde im Rahmen der britischen Armee die Jüdische Brigade gebildet, in der die Zionisten den Ton angaben.

In den verschiedenen militärischen bzw. paramilitärischen Formationen — die Aufzählung ist gewiß nicht vollständig — gab es stets erbitterte Flügelkämpfe. Einmal wurden die Linkszionisten aus den führenden Befehlspositionen verdrängt, ein andermal wurden die rechtsradikalen zionistischen Revisionisten mit Gewalt untergeordnet. Diese Machtkämpfe setzten sich in der neuen Armee ZAHAL fort. Insgesamt haben sich schließlich die Falken, die extremen Vertreter aus Israels Führung, in der Armee durchgesetzt.

Seit der Staatsgründung Israels steht diese Armee praktisch im Krieg. Die offizielle Chronik spricht von fünf Kriegen: dem «Unabhängigkeitskrieg» von 1948/49 — die Konfliktparteien waren Ägypten, Transjordanien, Syrien, Irak, Libanon und Israel —; dem «Suezkonflikt» von 1956, in dessen Verlauf Israel im Schatten zweier Großmächte — Frankreich und Großbritannien — die ägyptische Sinaihalbinsel annektierte; dem «Sechs-Tage-Krieg» von 1967, in dem Israel die Sinaihalbinsel erneut besetzte und die syrischen Golanhöhen sowie das 1949 vom Königreich Jordanien annektierte Westjordangebiet einschließlich der Altstadt von Jerusalem seinem Herrschaftsbereich einverleibte; dem «Yom-Kippur-Krieg» (auf arabischer Seite als Ramadankrieg bezeichnet) von 1973 gegen Ägypten und Syrien und dem jüngsten Vernichtungsfeldzug in Libanon 1982.

---

2   Die Etzel ist offiziell 1937 gegründet worden, nachdem sie sich, von der Haganah abgespalten, zunächst 1930 als Haganah B organisiert hatte.
3   FOSH (Feldtruppen) war eine Spezialeinheit der Haganah, die den Guerillakampf trainierte. Sie wurde später zu einer regelrechten Feldarmee (hebräisch: CHISCH) ausgebaut.
4   SNS (Special Night Squads) hießen die englisch-jüdischen Spezialtrupps, die die Nacht für ihre Operationen gegen den arabischen Sektor in Palästina bevorzugten. Sie gingen aus einer Art Betriebsschutz der Britisch Petrol Company zur Bewachung der Erdöl-Pipeline Bassra — Haifa hervor.

Eine der von Charles Orde Wingate formierten Einheiten der Special Night Squads (SNS) auf dem Marsch. Diese militärischen Spezialformationen sind auf Grund ihrer in britischen Kolonien entwickelten besonderen Kampfmethoden 1936 nach Palästina beordert worden, um aufständische Araber niederzuzwingen. Sie trainierten zusammen mit der Untergrundorganisation Haganah

Diese Chronik hat ihre Mängel. So war der Krieg von 1967 keinesfalls nach sechs Tagen beendet. Der Stellungskrieg, der ihm folgte, dauerte über zwei Jahre und forderte weit mehr Opfer als die Schlachten in den sechs Tagen. Und der jüngste Libanonfeldzug ist bereits eine Wiederholung. Schon einmal waren israelische Streitkräfte im Komplott mit den USA bis zum Litani-Fluß vorgedrungen. Im Grunde genommen führt Israel einen einzigen großen Krieg, der nun schon über 38 Jahre währt. Heute hat der israelische Militärapparat Dimensionen angenommen, die, bezogen auf die Größe des Landes und seiner Bevölkerung, ihresgleichen in der Welt suchen. Begonnen hat es mit der Errichtung zionistischer Wehrdörfer. Der gewaltsamen Landnahme folgte die Vertreibung der Palästinenser. Die Einverleibung ganzer Territorien, verbunden mit der Errichtung neuer Okkupationssiedlungen, verschärfte den Konflikt immer mehr. Schließlich zog ZAHAL in Kriege um der «neuen Ordnung» willen, die, wie das jüngste Beispiel in Libanon zeigt, die zionistischen Machthaber den Nachbarstaaten aufzwingen wollten. In jeder dieser Phasen bediente sich Israel des Militärs. Die Rolle, die wir jungen Rekruten ZAHALs damals spielen mußten, war auch nur ein Glied in dieser endlosen Kette der Gewalt. Heutzutage

Während des zweiten Weltkrieges kämpften über 30 000 Mann in der Jüdischen Brigade der Britischen Armee aufopferungsvoll u. a. gegen Truppen des faschistischen deutschen Afrikakorps

hat der Kibbuz längst seinen dominierenden Einfluß auf die Armee verloren. Der Pioniergeist in seiner gesunden Form und die Ideale der Ursprungsjahre sind vom Chauvinismus und fanatischen Klerikalismus verdrängt.

Schauen wir, wie es im Alltag bei ZAHAL zugeht, was Soldaten bewegt, wie sie ausgebildet, gedrillt und ideologisch kriegsreif gemacht werden, wie die militärische Führung denkt und handelt, kurz: wie es um den Geist ZAHALs im Wandel der Jahre bestellt war und ist.

Eskalation

Im Jahre 1975 hat das Forum der UNO-Vollversammlung den Zionismus des Rassismus angeklagt. Es mag zunächst unverständlich erschienen sein, wie in einem Volk, das über Jahrhunderte verfolgt, dem schon so oft in seiner langen Geschichte Leid zugefügt und das vom deutschen Faschismus so schwer heimgesucht wurde, Kräfte an die Macht kommen konnten, unter deren Führung das Recht eines anderen Volkes, des arabischen Volkes von Palästina, unter Anwendung rassistischer Praktiken mit Füßen getreten wird. Vieles läßt sich erklären, wenn man die Wurzeln der kolonialistischen Weltanschauung des Zionismus bloßlegt, wenn man dem Prozeß der Militarisierung dieses Staates nachgeht. Niemals aber hätte so ein kleines Land wie Israel eine solche Aggressivität gegenüber allen seinen Nachbarstaaten entwickeln, so viele Kriege führen können, wenn es nicht massiv von den führenden imperialistischen Staaten unterstützt worden wäre.

Der Sheriff

Die Allianz von Zionismus und Imperialismus ist geprägt von den Interessen des Großkapitals, von Kolonialismus und Neokolonialismus. Im Verlaufe des Nahostkonflikts haben viele imperialistische Großmächte Israels Aggressionen und territorialen Expansionen gefördert, direkt oder indirekt unterstützt oder gedeckt. Frankreich und Großbritannien waren im Suezkonflikt sogar kriegsbeteiligte Partner der Zionisten gewesen. Als ehemalige Kolonialmächte in dieser Region wollten sie mit Hilfe Israels ihren Einfluß im Nahen Osten zurückgewinnen. Die Tür für ihre Interessen in Nahost weit aufzustoßen war und ist auch das Hauptziel des USA-Imperialismus — wie übrigens auch der BRD, die in diesem Reigen des Großkapitals nicht fehlen will, obwohl ihre Regierungen so oft Abstinenz für die konfliktreichen Probleme im Nahen Osten erklärt haben. Doch die intensivsten Bindungen hat Israel — schon traditionell geworden — zu den USA, nicht nur, weil es dort eine finanzstarke jüdische Lobby gibt.

Israel spielt für den USA-Imperialismus in Nahost den Sheriff. Das Land soll, gestützt auf seine mit vielen Milliarden Dollar aus den USA finanzierte und z. T. von dort mit modernstem Kriegsgerät ausgerüstete Armee, jede antiimperialistische Bewegung oder Entwicklung in diesem Raum unterdrücken helfen. Eine territoriale Expansion Israels – das Hauptziel der Zionisten – ist deshalb auch dem USA-Imperialismus willkommen, kann er doch sicher sein, daß von den besetzten Gebieten keine Gefahr für seine Interessen ausgeht, der Spielraum der Palästinenser aber weiter eingeengt würde. So findet die Aggressivität Israels die Billigung, Unterstützung und Förderung des Mäzen in Washington. Gewiß, der Staat Israel ist mit 20 Mrd. Dollar hoch verschuldet und unfähig, zurückzuzahlen. Aber an einen möglichen Staatsbankrott überhaupt nur zu denken wäre illusionär. Israel wird als Bollwerk gegen antiimperialistische, fortschrittliche Bestrebungen in Nahost gebraucht. Überhaupt spielt dieser Staat in den globalstrategischen Plänen der USA eine viel zu wichtige Rolle, als daß man den Dollarstrom wie auch die Unterstützung auf der weltpolitischen Bühne einstellen würde. Erst Ende 1985 ist ein sogenanntes Freihandelsabkommen zwischen Israel und den USA in Kraft getreten. Es sichert Israels Großbourgeoisie weitere Möglichkeiten einer Verflechtung mit USA-Monopolen. Und da der Geltungsbereich des «Freihandelsabkommens» für die «gesamte israelische Zollhoheit» definiert ist, also auch die seit 1967 besetzte Westbank und den Gazastreifen einschließt, haben die USA damit die Annexion arabischer Gebiete de facto sanktioniert.

Den amerikanischen Monopolen erschließt dieses Abkommen neue Profitquellen, was folgenschwere Auswirkungen besonders für kleine und mittlere Firmen in Israel hat. Der israelische Markt wird nun noch nachhaltiger mit US-amerikanischen Waren überschwemmt, die einheimische Kultur dabei immer mehr amerikanisiert. Die Ellenbogenideologie des amerikanischen Way of Life belastet bereits in großem Ausmaß die zwischenmenschlichen Beziehungen, läßt auch im zivilen Bereich die Aggressivität anwachsen.

Die enge Liaison Israels mit den USA ist vielen Bürgern Israels dennoch nicht so richtig bewußt. Sie glauben beispielsweise, daß Israel, gestützt auf die einheimische Rüstungsindustrie, die Kriege selbständig planen und allein austragen könne. Sie geben sich der Illusion hin, daß ihr Staat so mächtig sei, daß er in Nahost die Bedingungen nach eigenem Ermessen diktieren könne. Andererseits meinen Vertreter der Antikriegsbewegung, daß nur dieser oder jener besonders aggressiv erscheinende Politiker oder Militär abgelöst zu werden braucht, um die Situation in Nahost zum Besseren zu wenden, ohne die proimperialistische, proamerikanische Politik ändern zu müssen – als hätten allein Israels Führungskreise ein Interesse an Kriegen. Gefördert wird solch eine Denkweise u. a. dadurch, daß in Israel bisher keine Militärstützpunkte errichtet worden sind. Dabei ist es eine Tatsache, daß die USA absolut freien Zugang zu Israels Häfen, Flugplätzen u. a. militärischen Einrichtungen haben. Israel gehört zu den wenigen Staaten, deren Häfen jederzeit von US-amerikanischen Kriegsschiffen angelaufen werden können, auch wenn sie Kernwaffen an Bord führen. Vertreter des Pentagons gehen in allen israelischen Forschungs- und Entwicklungsstätten, den Rüstungsbetrieben und sogar bei den höchsten Regierungsstellen des Landes nach Belieben ein und aus.

Israel ist ein wichtiger Faktor in der Globalstrategie der USA. Unter der Reaganadministration sind die strategische Bedeutung des Nahen Ostens als Aufmarschbasis gegen die Sowjetunion und damit die Rolle, die Israel dabei zugedacht ist, noch gewachsen. Das Anliegen des Camp-David-Komplotts war auch nicht die Erhaltung des Friedens, sondern die Einbindung Ägyptens in die Globalstrategie der USA. Dafür hat Israel Gebiete wieder geräumt, die es mit Unterstützung ebendieser Macht erobert hatte.

Natürlich gibt es auch Gegensätze zwischen diesen Staaten, wie sie für imperialistische Verhältnisse typisch sind, wenn es um Profit geht. Israel hat eine gewaltige Rüstungsindustrie aufgebaut. 1984 verkaufte Israel nach eigenen Angaben im Ausland Waffen im Werte von 1,1 Mrd. Dollar. Das sind 6,5 Prozent vom Waffenhandel aller westlichen Länder. Doch so frei, wie manche Israelis glauben mögen, kann sich Israels Rüstungsindustrie im internationalen Waffengeschäft auch nicht bewegen. Das zeigte sich deutlich bei dem neuen Kampfflugzeug «Kfir» und dem modernen Kampfpanzer «Merkawa», Spitzenerzeugnisse dieser Rüstungsindustrie, die nach Guatemala verkauft werden sollten. Obwohl der Liefervertrag bereits abgeschlossen war, wurde aus dem Geschäft nichts, weil die USA im Interesse der eigenen Rüstungsmagnaten den Handel torpedierten.

Andererseits arbeiten Rüstungsfirmen der USA eng mit israelischen zusammen, wie das jüngste Beispiel mit dem Kampfflugzeug «Lavi» zeigt. Amerikanische Flugzeugkonzerne sind in das Projekt bereits während der Phase der Entwicklung und Konstruktion eingestiegen. Am Bau der Flugzeuge sind sie praktisch mit 50 Prozent beteiligt; sie liefern u.a. die Triebwerke und die elektronische Ausrüstung und haben somit einen Teil von Israels Rüstungsindustrie weitgehend unter Kontrolle. Für viele der gemeinsam entwickelten und gebauten Waffensysteme spielt ZAHAL die Rolle des Gütekontrolleurs, und zwar im unmittelbaren Kriegseinsatz. Nach jedem Krieg haben Israels Militärs feierlich erklärt, daß sie alle militärtechnischen Erfahrungen in der Konfrontation mit sowjetischen Waffen an die USA weitergeleitet hätten. Diese Verfahrensweise lassen sich die USA etwas kosten. Im letzten Jahrzehnt hat Israel jährlich eine Unterstützung von 2 Mrd. Dollar erhalten. Solch eine Summe ist bisher keinem anderen Land zur Verfügung gestellt worden! Der größte Teil dieses Geldes floß und fließt in Israels Rüstungsindustrie. Andere Wirtschaftszweige werden vernachlässigt.

Die gegenwärtige israelische Regierung folgt weiterhin diesem Kurs, kann sie doch hoffen, daß die USA bei der Verwirklichung des Ziels, die legitimen Rechte der Palästinenser auf einen eigenen Staat aus der Welt zu schaffen, ihre Unterstützung nicht versagen werden. Immerhin hat Reagan den verbrecherischen Anschlag der Luftwaffe ZAHALs auf das PLO-Hauptquartier bei Tunis im Herbst 1985 gutgeheißen. Es ist unvorstellbar, daß dieser Überfall — etwa 2500 km von den israelischen Basen entfernt verübt — ohne die Unterstützung der USA durchführbar gewesen sein soll.

Schon die vorangegangenen Regierungen Israels, ganz gleich, aus welchen zionistischen Parteien sie zusammengesetzt waren, hatten stets auf Gewalt gesetzt. Sie haben die Allianz mit dem Imperialismus genutzt, um ihr Territorium nach Norden, Osten und Süden auszuweiten. Schon die Staatsgründung war einhergegangen mit dem Raub arabischen Bodens. Die Regierenden in Israel haben sich über die UNO-Beschlüsse hinweggesetzt, die die Gründung zweier Staaten auf dem ehemaligen britischen Mandatsgebiet von Palästina vorsahen, und die Palästinenser vertrieben. Dieser Prozeß dauert an, und damit der Nahostkonflikt.

Erbsünden

«Die Erbsünden» hat ein israelischer Autor namens Tom Sagaf in seinem 1984 erschienenen Buch «1949 — Die ersten Israelis» zusammengetragen. Nach fünfunddreißig Jahren wird damit erstmalig der israelischen Öffentlichkeit ein kritisches Bild über die Politik der zionistischen Führer jener Jahre dargeboten, die bisher als eine Zeit des Pionierelans und der Romantik verklärt wurden. Regierungsprotokolle, Dokumente und Briefe belegen die Erbsünden: keine Grenzen deklarieren, obwohl die UNO-Beschlüsse von 1947 ein klares Kartenwerk enthielten; die Araber vertreiben; eine Militärverwaltung errichten, die eine Rückkehr der Flüchtlinge verhindern und die verbliebenen Araber von der israelischen Gesellschaft isolieren soll; das arabische Vermögen beschlagnahmen. Nach diesem Grundsatz handeln die Organe des neuen Staates seit dem ersten Jahr seiner Existenz.

Auch ich dachte beim Lesen von Tom Sagafs Lektüre an Ursprungssünden. Aber die waren schon vor der Staatsgründung begangen worden. Mir gingen dabei die Erzählungen von Uris Vater durch den Kopf. Dieser Mann hat zwar nicht zur Führungsspitze der Zionisten jener Jahre gehört, wohl aber zu deren willigen Werkzeugen, zur Generation der ersten Israelis. Seine Erlebnisse waren typisch für jene Jahre vor der Staatsgründung.

Einer nach dem anderen traten die Männer in die laue Sommernacht hinaus und eilten zu den Unterkünften, um ihre Ausrüstung zu holen. Eben hatten sie noch mit den Mädchen im Klubraum bei ausgelassener Unterhaltung zusammengesessen, als der Befehl zur Nachtoperation gekommen war. Der kleine Appellplatz unmittelbar vor der Klubbaracke war von weißgetünchten Steinen eingegrenzt. In seiner Mitte stand der Fahnenmast, darunter, auf dem Boden, ein ebenfalls aus geweißten Steinchen zusammengefügtes Mosaik mit Schwert und Ähren — das Emblem der Palmach, der Stoßtruppe der Haganah.

Jetzt füllte sich dieser Platz mit den Kämpfern, die sich zum Abmarsch rüsteten. Man half sich gegenseitig in das Zeug. Es war eine eher dürftige Bekleidung und Ausrüstung, die sie hatten. Einen Standard gab es nicht.

Noch standen sie ungeordnet. Es wurde geraucht und geplaudert. Die Mädchen drängten sich in der weit geöffneten Tür des Klubraumes, um das Geschehen auf dem Platz besser beobachten zu können. Aus dem Radio drinnen erklang ein russisches Partisanenlied. Nach den Erfolgen der Roten Armee bei Stalingrad sendete man jetzt öfter Musik aus der Sowjetunion. Und die Leute hörten sie gern. Man hoffte, ja, man sehnte die Erfolge dieser Armee herbei, in einer Zeit, wo Rommels Truppen vor El-Alamein standen und die Juden auch in Palästina vor den Nazis nicht mehr sicher sein konnten. Es war kurz nach 21 Uhr. Die letzten, die noch immer nicht fertig waren, wurden von ihren Kameraden zur Eile ermahnt. Ganz von selbst wurde es ruhig, als der Kommandeur aus seinem Quartier heraustrat. Schnell und lautlos formierten sich die Reihen. Einmal noch kam Unruhe auf, als der letzte mit der Feldflasche in der Hand aus dem Waschraum stürzte, um sich einzureihen. Dann war Ruhe im Glied. Motke, der Kommandeur, trat jetzt dicht vor die Leute und erklärte ihnen den Auftrag: «Bis zum Morgengrauen wird eine neue Siedlung in Westgaliläa gegründet. Das Material und die Siedler werden in der Nacht herangefahren. Die Palmach unterstützt die Operation, indem sie die strategischen Höhen im Umkreis des ausgewählten Ortes für die neue Siedlung besetzt. Unsere Einheit bezieht Stellung entlang der Straße Akko-Safad...» — Für einen Moment wurde die Aufmerksamkeit der Männer unterbrochen. Aus der Dunkelheit trat lautlos eine Gestalt näher. Es war Eli-Ezer, ein Kibbuzmitglied und Angehöriger der Haganah. Der Kommandeur hatte ihn bereits erwartet. Er begrüßte ihn flüchtig und wendete sich wieder an seine Leute. Seine Stimme klang noch eindringlicher: «Kameraden! Es handelt sich um eine nicht ungefährliche Operation. Ihr wißt, daß die arabischen Dörfer in dieser Gegend noch in der Mehrzahl sind. Wir haben die Absicht, das zu ändern, auch wenn sie sich immer hartnäckiger widersetzen. Wenn jemand...» — Motke überlegte, wie er es am besten ausdrücken sollte — «Bedenken hat, jetzt ist noch Zeit zurückzutreten.» Hier legte er eine Pause ein und ließ seinen Blick über die angetretene Einheit schweifen. Er reckte seinen Körper nach oben, ging auf die Zehenspitzen hoch, als wollte er einen Feigling unter den Männern ausmachen. Doch niemand rührte sich, ein jeder bohrte seine Blicke in die Erde. «Ich habe es nicht anders von euch erwartet», fuhr er schließlich fort, als er sah, daß seine Frage die beabsichtigte Wirkung gezeigt hatte.

Der Kommandeur verteilte nun die Aufträge. «Die Melder (jede Gruppe stellte einen − T. F.) bilden die Kommandeurstruppe und bewegen sich auf meiner Höhe. Die erste Gruppe durchkämmt das Wadi (Tal − T. F.). Die anderen Gruppen bewegen sich die Bergketten entlang. Die Parole für die Operation lautet: Magen-David. (Das ist die Bezeichnung für den Schild, mit dem David einst gegen Goliath in den Kampf zog − T. F.) Wir folgen jetzt Kamerad Eli-Ezer, der eine Sonderration Munition ausgibt.»

Damit war die Einweisung durch den Kommandeur beendet. Der Haganah-Mann Eli-Ezer setzte sich daraufhin in Bewegung. Er vertraute darauf, daß die Leute ihm schon folgen würden. Eli-Ezer war eine bedeutende Persönlichkeit in der Siedlung, denn ihm oblag die Verwaltung des geheimen Waffendepots. Niemand außer ihm und einigen wenigen Leuten, die zu seinen Helfern zählten, wußte, wo und wieviel Waffen und Munition der Haganah hier versteckt waren. Eli-Ezer war verschwiegen. Das Geheime an seinem Amt war die Grundlage seines Ansehens, und er verstand es, dieses Ansehen zu genießen. Trotz guter Tarnung war es kürzlich den Briten in einer überraschenden Aktion gelungen, viele Waffendepots der Haganah auszuheben. Seit jenem «Schwarzen Sabbat», so nannte man diesen Tag des schmerzlichen Verlustes für die Haganah, war Eli-Ezer noch verschlossener, aber seine Würde noch größer als vorher, denn in seinem Kibbuz hatten die Briten an jenem Tag vergeblich nach Waffen gesucht.

Eli-Ezer steuerte gezielt auf die verabredete Stelle am Rande der Siedlung zu, wo seine Helfer die von ihm genau festgelegte Menge an Munition und Zusatzwaffen schon in Bereitschaft hielten. Es war diesmal außergewöhnlich viel und setzte die Palmachniks in Erstaunen. Schnell füllten sie ihre Taschen mit Patronen. Auch Handgranaten wurden verteilt und zusätzlich ein Maschinengewehr. Es sollte die Feuerkraft des Zuges mit seinen Karabinern und den wenigen britischen Maschinenpistolen vom Typ Bren erheblich steigern.

Die Zeit bis zum Abmarsch nutzten die Gruppenführer dazu, bei jedem einzelnen Kämpfer nochmals alles zu überprüfen. Lautlos setzte sich dann der Trupp in Bewegung. Sofort, nachdem er das Tor passiert hatte und sich außerhalb des Sicherungszaunes befand, entfaltete er sich zur befohlenen Gefechtsformation. Die Luft war angenehm frisch im Vergleich zu den schwülen Tagesstunden. Es herrschte stockfinstere Nacht. Das war eingeplant, denn für das, was man vorhatte, konnte man kein Mondlicht gebrauchen.

Auf halbem Weg zum Ziel mußte umdisponiert werden. Die Briten waren unerwartet im Operationsraum aufgetaucht. Über einen Melder des Leiters der Operation kam der Befehl, sie abzulenken. An der noch gut erhaltenen Grabstätte eines arabischen Muchtars, die die Männer von ihren Übungen her gut kannten, beriet man die neue Lage. Die Briten waren nur wegzulocken, indem eine Gruppe deren Aufmerksamkeit und damit deren Feuer auf sich lenkte. Das konnte sehr böse ausgehen. Unter allen Umständen mußten Straßen und Feldwege gemieden werden, da die Briten mit Sicherheit motorisiert und deshalb dort zu finden waren. Westwärts, in Richtung Küste, müßte man sie lenken, denn da boten sich mehr Möglichkeiten für die Gruppe zum Unterschlüpfen als hier, wo so viele arabische Dörfer lagen. Schlimmstenfalls mußte sie sich gefangennehmen lassen. «Hauptsache, sie sind mit uns beschäftigt», konstatierte Motke, der mit seinen Leuten den riskanten Auftrag übernehmen sollte. Die Siedlungsaktion mußte nun ohne Motkes Einheit laufen. Sie wechselte den Feind. «Was für ein meschugges Land», meinte der Palmachnik Chaim Levkowitsch, der erst kürzlich aus Europa eingewandert war, in einem Mischmasch aus hebräisch und jiddisch. «Jeder haut auf jeden ein.»

Unterdessen waren die Vorbereitungen am zuvor sorgfältig ausgekundschafteten Standort abgeschlossen. Auf den umliegenden Bergen waren mehrere Einheiten der Haganah sowie ihrer Eliteabteilungen – der Palmach – in Stellung gegangen. Sie hatten sämtliche Zufahrtswege besetzt, die einzige Asphaltstraße in der Umgebung verbarrikadiert. Hier war eine außergewöhnliche Feuerkraft konzentriert, um die Aktion unter allen Umständen zu sichern.

Punkt dreiundzwanzig Uhr fuhren die schwerbeladenen Lastautos vor, aus ihren getarnten Stellungen kommend, die sie Tage zuvor schon einzeln erreicht hatten. Die Hauptetappe der Aktion, die Errichtung des Siedlungskerns und seiner Außenwehr, hatte begonnen. Von nun an zählte jede Minute. Bis zum Morgen mußten vier Baracken, eine Mauer und ein Turm, alles aus Holzteilen vorgefertigt, stehen. Mauer und Turm waren doppelwandig zu errichten und mit Schotter kugelsicher auszufüllen. Die Männer arbeiteten ruhig und schnell. Die Scheinwerfer spendeten nur spärlich Licht. Aber die Handgriffe saßen. Der Materialfluß funktionierte. Die Arbeitsteilung war perfekt. Man hatte ja alles oft genug trainiert. Um den Kern des Objekts herum errichteten andere Trupps einen Stacheldrahtzaun, hoben Laufgräben aus und füllten Sandsäcke. Die Nachrichtenleute verlegten Kabel für ein Feldtelefon. Doch da ertönten plötzlich Schüsse. Sie ließen die Leute aufhorchen. Der Leiter der Operation beruhigte seine Leute: «Es ist Motkes Einheit, sie beschäftigt die Briten.»

Gegen Morgen erreichten Motkes Männer frohgelaunt die neu entstandene Siedlung. Sie hatten die britische Patrouille vom eigentlichen Ort des Geschehens in dieser Nacht ablenken können. Dabei waren sie trotz ihrer zahlenmäßigen Überlegenheit und ausreichender Munition äußerst behutsam mit ihren Gegnern umgegangen. Man durfte die Militärmacht der Briten nicht über Gebühr provozieren. Terroranschläge, wie sie von der Irgun praktiziert wurden, forderten die britische Kolonialmacht in Palästina nur zu Strafexpeditionen heraus. Und war die Siedlung erst einmal fertig, würden die Briten sie nicht wieder abreißen. Schließlich galt noch ein altes Gesetz aus der Zeit des Osmanischen Reiches, wonach bestehende Bauten nicht zerstört werden durften. Die Lehmhütten der hier ansässigen Bevölkerung wurden durch dieses Gesetz freilich nicht geschützt.

Am späten Vormittag erschienen die ersten Araber, die hier in der Umgebung wohnten. Sie schienen ihren Augen nicht zu trauen, doch die blauweiße Fahne der Israelis auf dem Turm machte unmißverständlich deutlich: Hier sind wir die neuen Herren! Im Verlaufe des Tages kam es vereinzelt zum Schußwechsel. Auch eine britische Patrouille inspizierte das neue Objekt. Sie mußte hineingelassen werden. Die Briten registrierten alles und zogen wieder ab. Erst Tage später brachten die Araber einen halbwegs organisierten Angriff zustande. Er wurde abgeschlagen. Gegenüber diesem bis ins letzte Detail ausgeklügelten System hatten sie keine Chance.

So war der Jeschuw, wie die Zionisten die Gesamtheit ihrer Siedlungen in Palästina nannten, um einen Ort größer geworden. Mit ihm war aber auch der Konflikt zwischen Juden und Arabern weiter angewachsen. Viele jüdische Siedlungen sind so oder auf ähnliche Weise errichtet worden. «Choma u-Migdal», «Mauer und Turm», nannte sich die Bewegung, die so vorging. Noch heute kann man vielerorts Bauwerke jener Jahre – als Denkmäler konserviert – betrachten.

Uris Vater, der uns Jungen oft die Siedlungsaktionen der Palmach jener Jahre schilderte, wird nicht daran gedacht haben, daß damit schon damals die Saat der Gewalt gelegt wurde. Wie die große Mehrheit der jüdischen Bevölkerung, so hatte auch er die von den Zionisten gebildeten Institutionen des sogenannten Jeschuw unterstützt. Die Zeit vor und während des zweiten Weltkriegs spielte den Zionisten, die forciert darangingen, die politischen, militärischen und örtlichen Voraussetzungen für einen jüdischen Staat zu schaffen, in die Hände. Ihr Streben nach einem eigenen Staat richtete sich gegen die Anwesenheit der britischen Kolonialmacht in Palästina. In den arabischen Nachbarstaaten waren Feudalkräfte an der Macht, die der Bildung eines jüdischen Staates feindlich gegenüberstanden. Die Verfolgung durch den Faschismus tat ein übriges. So konnten sich der Zionismus als eine nationale Befreiungsbewegung der Juden ausgeben und seine Waffenträger den Ruf nationaler Befreiungskämpfer erwerben. Und dies fiel um so leichter, weil eine große Zahl der jüdischen Einwanderer aktiv am antifaschistischen Kampf während des zweiten Weltkrieges teilgenommen hatte.

An der Spitze des Establishments in Palästina standen die zionistischen Arbeiterparteien sozialdemokratischer Prägung. Die Mapai (Mifleget Poale Erez Israel – Arbeiterpartei Israels) war die zahlenmäßig stärkste und wurde von David Ben Gurion, später Israels erstem Premierminister, angeführt. Links von ihr stand ab 1948 die Mapam (Mifleget Poalim Méuchedet – Vereinigte Arbeiterpartei), die linkssozialdemokratische Kräfte der Kibbuzbewegungen Haschomer Hazair (Junge Wächter) und Achdut Háavoda (Einheit der Arbeit) in sich vereinigte. In den gewählten Körperschaften des Jeschuws waren außerdem die bürgerliche Partei der Allgemeinen Zionisten und die der Religiösen vertreten. Außerhalb des organisierten Jeschuws gab es noch die zionistischen

Revisionisten, die sich unter Führung von Menachem Begin später zur Cheruth-Partei (Freiheits-Partei) zusammenschlossen.

Die seit Generationen in Palästina lebenden Juden hatten im allgemeinen ein friedliches, gutnachbarliches Verhältnis zu ihren arabischen Mitbürgern. Die Probleme entstanden erst mit der zionistischen Aliya (der Masseneinwanderung), wobei aber jene, die in Palästina Zuflucht suchten, a priori noch keinen Araberhaß mitbrachten. Viele von ihnen wußten die Unruhen dort nicht einmal zu deuten. Diejenigen, die von einem Großisrael vom Euphrat bis zum Nil oder beiderseits des Jordans träumten, zählte man damals zu den Extremisten, darunter die schon erwähnte Irgun bzw. Etzel des Menachem Begin oder die Lechi (im Ausland mehr unter dem Namen Stern bekannt, benannt nach ihrem Führer Abraham Stern). Sie bildeten eine Minderheit. Die britischen Kolonialherren handelten nach der bewährten Methode «teile und herrsche», indem sie sowohl den Zionisten in der sogenannten Balfour-Deklaration einen eigenen Staat zusagten, als auch den Arabern in Palästina die Unabhängigkeit versprachen. Zugleich schürten sie auf beiden Seiten den Nationalismus derart, daß sie am Ende selbst nicht mehr Herr der Lage waren und schließlich das Land im chaotischen Zustand zurückließen. Die UNO-Beschlüsse von 1947 über die Bildung eines israelischen und eines palästinensischen Staates auf dem Territorium Palästinas wiesen den Weg zur Lösung der vorhandenen Probleme. Doch die arabische Nationalbewegung konnte keine Einigkeit erzielen und war zuletzt reaktionären Kräften aus den eigenen Reihen ausgeliefert. Dagegen gelang es den Zionisten, ihre Kräfte und Strömungen — selbst die reaktionärsten — zu vereinen, die Weltmeinung auf Grund der Judenverfolgung im zweiten Weltkrieg für sich zu gewinnen und einen eigenen Staat zu gründen, der bald darauf die von der UNO festgelegten Grenzen überschritt. In den Folgejahren sind letztlich in einer Allianz von Imperialismus, politischem Zionismus und arabischer Reaktion in Nahost Tatsachen geschaffen worden, die bis zur Gegenwart bedrohlich für den Weltfrieden sind.

Doch zurück zu den Vorläufern ZAHALs.

Die militärische Stütze des Jeschuws waren die Haganah und deren Eliteverbände, die Palmach. Die Haganah hatte sich die Hauptaufgabe gestellt, die zionistische Siedlungspolitik zu unterstützen und militärisch abzuschirmen. Für gewöhnlich waren diese konzentrierten Aktionen sorgfältig und lange im voraus geplant. Die Siedlungsgruppe selbst wurde vor der Aktion über mehrere Monate lang in einer älteren, erfahrenen Kibbuzgemeinschaft ideologisch und praktisch vorbereitet. Diese Phase nannte man Hachschara. Männer wie Frauen erhielten Unterricht im Gebrauch von Waffen. Alles war bis ins letzte Detail für den Tag vorbereitet, an dem sie eine neue, eigene Siedlung errichten würden.

Die Kibbuzbewegung hatte einen dominierenden Einfluß in der Palmach. Yigal Allon, damals Kommandeur der Palmach, wie nahezu die gesamte Führung des Stoßtrupps entstammten dieser Bewegung. Sie sorgten im ganzen

Land dafür, daß Schulklassen, die unter dem Einfluß ihrer Jugendorganisation standen, geschlossen in die Palmach eintraten. So entstand als neue Formation eine eigenartige Armee, deren Soldaten sich ihren Unterhalt durch eigene Arbeit verdienten, indem sie vierzehn Tage im Monat in der Landwirtschaft arbeiteten und für den Rest des Monats die militärische Ausbildung absolvierten. «Eine solche Lebensweise», schrieb Yitzchak Rabbin, Kommandeur der Palmach-Division Harel, führendes Mitglied der israelischen «Arbeiterpartei» und Ministerpräsident von 1973 bis 1977, in seinem Buch «Wehrpaß», «barg auch Probleme und Konflikte in sich. Das freiwillige Leben in der Arbeitsgemeinschaft kannte keine militärischen Hierarchien und Ränge. Disziplin, ohne die keine Armee auskommt, war jedoch unbedingte Voraussetzung.»

Obwohl die Palmach wie die Haganah insgesamt und auch die militärischen Organisationen der zionistischen Revisionisten Irgun und Lechi illegal waren, hielten sie als erste ihre Einheiten als reguläre und mobile Truppen permanent unter Waffen. Die ländliche Siedlungsform des Kibbuz eignete sich dabei bestens als Stützpunkt. Konnte man hier doch bei Nachforschungen der Kolonialmacht als einfacher Landarbeiter untertauchen. Die überregionalen Leitungen der Kibbuzbewegung sicherten die Möglichkeiten der Koordination. Die Schlagkraft der Palmach wurde ständig ausgebaut. Aus Zügen entstanden Kompanien, die später zu Bataillonen und Brigaden ausgebaut wurden. Die Operationen der Palmach gegen die Kolonialmacht der Briten, die Organisation der illegalen Einwanderung von Verfolgten und später von Überlebenden der Nazibarbarei verschafften ihr Ansehen und Respekt. Zu den bekanntesten Aktionen gegen die Briten zählten die Massenbefreiung von illegalen Einwanderern aus dem britischen Zentralgefängnis von Atlit, die Angriffe auf Militärobjekte der «Polimobil-Forces» sowie die Anschläge auf Radarstationen oder die Sprengung von strategisch wichtigen Brücken im Lande. Diese Aktionen dienten den Zionisten später als Beweis dafür, daß die Bildung ihrer Militärformationen gegen das Kolonialsystem Großbritanniens gerichtet war. Das ist natürlich eine absurde Verallgemeinerung, die von einer völlig einseitigen Darstellung der Ereignisse jener Jahre in Palästina ausgeht. Tatsache ist, daß die Zionisten von Anbeginn mit der britischen Kolonialmacht auf militärischem Gebiet zusammengearbeitet haben. Diese Zusammenarbeit hatte zwar ihre Höhen und Tiefen, doch sie war vorhanden und von beiderseitigem Interesse gewesen. Immerhin haben Offiziere der britischen Armee die «Special Night Squads» aufgestellt und trainiert. Dabei hat sich vor allem der britische Captain Charles Orde Wingate hervorgetan, nachdem er sich bereits als «Spezialist» bei der Unterdrückung der Eingeborenen von Indien und Burma einen Namen gemacht hatte. Ihren Höhepunkt fanden die Beziehungen zwischen den neuen zionistischen Kolonisatoren und den alterfahrenen britischen Kolonialherren 1936/37, als letztere mit dem Generalstreik und den Revolten der aufständischen arabischen Bevölkerung in Palästina allein kaum noch fertig wurden.

David Ben Gurion
in Begleitung
des Kommandeurs
der Palmach,
Yigal Allon (rechts),
und Yitzchak Rabbin (Mitte)

Nicht zufällig fielen deshalb die großen Streiks und der Widerstand der Araber gegen die britischen Mandatsbehörden von Palästina zeitlich mit dem Ausbau der Haganah zusammen.

Es gab aber auch ehrenhafte Motive für eine militärische Zusammenarbeit von Zionisten und Briten, beispielsweise im Kampf gegen den gemeinsamen Feind: das faschistische deutsche «Afrikakorps» unter Rommel. 1941 bedrängten diese Wehrmachteinheiten die 8. Armee des britischen Feldmarschalls Montgomery arg und gefährdeten existentiell den jüdischen Jeschuw in Palästina. In einer ihrer ersten Operationen unterstützte die Palmach die Alliierten Großbritannien und Australien bei ihrer Landung in Syrien und Libanon, um die mit Nazideutschland paktierenden Vichy-Franzosen von dort zu vertreiben. Einer der Palmach-Männer verlor dabei sein linkes Auge: Moshe Dayan. Auf Initiative der Zionisten wurde 1944 die Jüdische Brigade in der britischen Armee gebildet und in Süditalien und in Nordafrika eingesetzt.

Verstimmt war das Verhältnis immer dann, wenn die Araber, von der sich ausweitenden zionistischen Kolonisation bedroht, der britischen Mandatsver-

Während sich die Palmach auf ihrem Emblem mit Schwert und Ähren schmückte (links), wählte die Etzel des Menachem Begin ein Emblem, das ihre Ziele – die gewaltsame Inbesitznahme der Gebiete beiderseits des Jordans – offen demonstrierte (rechts)

waltung ihren energischen Protest vortrugen und diese gezwungen war, dem drohenden arabischen Widerstand Rechnung zu tragen. Ein typisches Beispiel hierfür war die schon erwähnte Aktion, in der die Palmach Radarstationen in die Luft jagte, mit denen die Briten die Küsten Palästinas vor illegaler Einwanderung bewacht hatten. Die Begrenzung bzw. Kontrolle der zionistischen Einwanderung war den Arabern in dem White Paper von 1939 durch die Regierung Seiner Majestät offiziell zugesagt worden. Dieses Dokument hatte Gültigkeit bis zum letzten Tag der britischen Mandatsherrschaft und wurde von den Zionisten auf das schärfste bekämpft.

Ihre größten Gefechte führte die Palmach jedoch gegen die Araber, denn sie wurden als der eigentliche Gegner angesehen, weil sie die zionistischen Kolonisationspläne, sprich die Verdrängungs- und Landraubabsichten, ernsthaft zu durchkreuzen drohten. Lange vor dem ersten Waffengang von 1948 war deshalb die Speerspitze der Palmach gegen die Araber innerhalb und außerhalb der Grenzen von Palästina gerichtet. Die berüchtigte Sondereinheit der Palmach, die sogenannte arabische Abteilung, trug den Terror schon damals über die Grenzen hinweg. In ihr waren jüdische Einwanderer aus arabischen Ländern zusammengefaßt worden, die die Sitten und Bräuche der Araber gut kannten und ein akzentfreies Arabisch beherrschten. Somit waren sie für Spionage und Sabotage bestens geeignet. In der Palmach nannte man die Mitglieder der arabischen Abteilung auch «Mistarawim», eine Wortverbindung, die in ihrer Zusammensetzung soviel wie «Stürmer auf die Araber» bedeutet. Der israelische General David Elazar, genannt Daddo, gab über deren Machenschaften Dinge preis, die damals äußerst diskret behandelt wurden. Hanoch Bartov hat dessen Gedanken über jene Zeit in dem Buch «Daddo – 48 Years and 20 more Days», das dem späteren Generalstabschef ZAHALs, Elazar, gewidmet ist, festgehalten: «Mit meinem Zug der in Chultah im nördlichen Galiläa stationierten Palmacheinheit führte ich vor Ausbruch des Konfliktes (der Krieg von 1948 –

T. F.) eine Reihe von Aufklärungspatrouillen durch, die mit dem Einschleusen von Spionen in syrisches Territorium verbunden waren. Ich studierte dabei gründlich alle Einzelheiten des Grenzgebietes und habe mich nachts auch sehr oft über die Grenze begeben. Die gesammelten Kenntnisse haben mir später im Sechs-Tage-Krieg als Kommandierender der Nordfront bei der Besetzung der Golanhöhen sehr geholfen.»

Mulah Kohen, ebenfalls General und ehemaliger Kommandeur der Chultah-Kompanie, ist in diesem Buch auch verewigt worden, und zwar mit seinen Ausführungen darüber, wie in Vorbereitung auf den Krieg von 1948 die Einheit durch «Mistarawim» verstärkt wurde: «Regelmäßig haben wir sie in kleinen Gruppen, die Elazar unterstellt waren, durch das Dickicht des Chuleh-Tals hinübergeschleust auf die Anhöhen des Golan bis kurz vor Kuneitra. Von dort aus waren sie auf sich selbst gestellt, getarnt als Eingeborene in jeder Hinsicht. Zu fest verabredeten Zeiten gingen wir wieder über die Grenze, um die Eingeschleusten in Empfang zu nehmen und sicher zurückzubringen. Das war vor allem deshalb notwendig, um sie vor den eigenen nicht eingeweihten Grenzpatrouillen zu schützen. Die Chultah-Einheit drang tief in syrisches Gebiet ein, um es für den kommenden Krieg auszukundschaften.»

Im Krieg von 1948 — die Zionisten nennen ihn den Befreiungskrieg oder den Unabhängigkeitskrieg — bildete die Palmach das Rückgrat der zionistischen Kampfverbände. Palmacheinheiten führten die entscheidenden Schlachten um Jerusalem, in Galiläa und in der Negev-Wüste. Ihre Kampfmethoden bestanden am Anfang aus Eindringen, Schlagen und Weglaufen. Man wagte noch keine Okkupation. General Elazar äußerte sich hierzu folgendermaßen: «Ein Dorf wurde erobert und sofort wieder verlassen, nachdem Dutzende Häuser in die Luft gesprengt worden waren. In dieses Dorf kehrte der Feind nicht mehr zurück.»

Im Kampf um Jerusalem hatte die Palmach viele Opfer bringen müssen, insbesondere bei der Absicherung der Nachschubkolonnen auf dem Weg in die Stadt. «Es bestand kein Zweifel mehr, daß die Methode der Absicherung der Fahrzeugkolonnen durch Begleitkommandos der Palmach zu viele Opfer kostete und auch nicht den gewünschten Erfolg aufwies. Ein brauchbarer Ersatz hierfür war der Angriff auf die Ausgangsbasen des Feindes. So entstand der Gedanke, den Weg nach Jerusalem durch eine konzentrierte Operation der Palmach, die Operation Nachshon, freizumachen. Ich beabsichtigte, die Auffassung, die der Operation Nachshon zugrunde lag, in die Tat umzusetzen: Vernichtung aller Basen der Araber entlang der Straße Tel Aviv—Jerusalem», schrieb Yitzchak Rabbin, der Verantwortliche im Stab der Palmach für die Operation um Jerusalem und spätere General.

Und dann fielen sie, die «Basen». Es waren Dörfer wie Kolonia, Bejt-Ikso, Kastel oder Vororte von Jerusalem, darunter Katamon. Am 9. April 1948 fielen die Terrorbanden der zionistischen Revisionisten, Irgun und Lechi, in das westlich von Jerusalem gelegene Dorf Dir Yassin ein und richteten ein grausames

Blutbad unter der Bevölkerung an, das selbst in Kreisen der Haganah-Führung Entsetzen hervorrief. «Vertretern des Internationalen Roten Kreuzes zufolge wurden 254 Männer, Frauen und Kinder niedergemetzelt», schrieb J. H. Davis, ein Amerikaner, der über ein Jahrzehnt Generalbevollmächtigter der UNRWA, der UNO-Hilfs- und Arbeitsorganisation für die Palästinaflüchtlinge, war, in seinem Buch «Israel als Provokation?».

Menachem Begin, der Kommandeur der Irgun, versuchte diese Untat in seinem 1951 in den USA veröffentlichten Buch «The Revolt — the Story of the Irgun» zu rechtfertigen, indem er schrieb, daß sie zum einen als deutliches Warnsignal für die Araber in ganz Palästina gelten sollte, endlich zu verschwinden, zum anderen sei sie ein Beitrag der Irgun dafür gewesen, daß die Palmach sich schließlich bei Jerusalem durchsetzen konnte. Erst 1984 ist ein weiteres Massaker bekannt geworden, das Mitglieder der Stern-Bande am 28. Oktober 1948, zu einer Zeit also, als sie schon dem einheitlichen Oberkommando ZAHALs unterstanden, in dem arabischen Dorf Duweima, südwestlich von Jerusalem, verübt haben.

Nach den Kämpfen um Jerusalem ging die Haganah zu noch größeren Operationen über. Eine davon hieß «LR-LR». Hinter dieser Bezeichnung, abgeleitet von den Anfangsbuchstaben für die arabischen Städte Lydda und Ramleh sowie Latrun und Rammalah, verbargen sich die künftigen Eroberungsziele der Haganah-Führung. Die Operation «LR-LR» gibt als eine zentrale Operation des Krieges von 1948 in mehrfacher Hinsicht Aufschluß über die zionistische Kriegführung. Das Unternehmen war als Überraschungsaktion geplant — ein typisches Merkmal der späteren Kriegführung ZAHALs —, wobei Haganah und Palmach stabsmäßig in Bataillons- und Brigadestärke vorgingen. In die Planung und Vorbereitung bezog man den gerade vereinbarten Waffenstillstand in besonderer Weise mit ein: Eiskalt kalkulierten die Zionisten ein, diesen Vertrag 2 Tage vor seinem Ablauf, genau am 9. Juli 1948, zu brechen, um das Überraschungsmoment tatsächlich auf ihrer Seite zu wissen.

Schließlich ist die Operation «LR-LR» ein Beispiel für die raubgierigen Pläne der zionistischen Führer, die den eigenen militärischen Potenzen von damals weit voraus und damit nicht zu realisieren waren. Bekanntlich gelang es der Palmach nicht, Latrun einzunehmen, und auch Rammalah blieb weiterhin jordanisch. Man kann getrost sagen, daß ein «LR»-Paar zuviel war in dem ehrgeizigen, räuberischen Plan der Palmach.

Im übrigen spiegelte die «LR-LR»-Operation die Umsetzung des geheimen und in Israel später umstrittenen Plans Daleth (Plan D) wider. Dieser Plan sah vor, nach dem Abzug der Briten so viel Territorium mit so wenig arabischer Bevölkerung wie nur möglich unter die Kontrolle des neuen Staatsgebildes zu bringen. So stand die Palmach in Lydda erstmalig vor der Aufgabe, eine Zivilbevölkerung von etwa 35000 Menschen zu evakuieren. Die Einwohner verließen ihre Häuser nicht freiwillig. Also mußte Gewalt angewendet werden. Aber dazu waren viele Palmachniks nicht ohne weiteres bereit. Schließlich beorderte man die «Mistarawim» als Verstärkung herbei.

In Ramleh ging es schon leichter. Unter den Bewohnern hatte sich das Drama von Lydda bereits wie ein Lauffeuer herumgesprochen. Die «Bereitschaft» der Palästinenser, zu verschwinden, wurde durch die Palmach «großzügig» mit der Bereitstellung von LKWs unterstützt. Für die Soldaten war das natürlich wesentlich bequemer als ein gewaltsames Eindringen in die Häuser.

Ausschreitungen gab es dagegen wieder in Galiläa, bei der Eroberung der Städte Safad und Baisan oder in Jaffa, wo Palmach und Etzel gemeinsam vorgingen.

Doch in dem allgemeinen Bild, das sich heute der israelischen Bevölkerung über jene Jahre auftut, steht im Vordergrund der erfolgreiche Kampf gegen die militärische Invasion der feudalen arabischen Regimes von Ägypten, Transjordanien, Syrien, Libanon und zum Teil des Irak, die die Beschlüsse der UNO zur Bildung eines selbständigen israelischen wie palästinensischen Staates nicht akzeptieren wollten. Diese Kräfte bekämpfte die Haganah und vor allem die Palmach mit großer Zielstrebigkeit, Kühnheit und Opferbereitschaft. Dieser Krieg ist ihnen von reaktionären arabischen Machthabern aufgezwungen worden. Der israelische Journalist Hans Lebrecht, Mitglied der KPI, schreibt dazu in seinem Buch «Die Palästinenser», das bisher nur außerhalb Israels, u. a. in der DDR, erschienen ist: «Die große Mehrheit der israelischen Soldaten und Juden in Palästina jener Zeit betrachtete ihren Kampf als Selbstverteidigung, der sich gegen den britischen Imperialismus und seine Vasallen im arabischen Lager, welche die UNO-Beschlüsse rückgängig machen wollten, richtete. Von den Massakern sprach niemand, oder sie wurden von offizieller Seite verleugnet und als feindliche Greuelpropaganda abgetan. Nahezu alle verlassen vorgefundenen Dörfer, wie auch diejenigen, aus welchen die Bewohner gewaltsam vertrieben worden sind, wurden dem Erdboden gleichgemacht, der dazugehörige Boden wurde beschlagnahmt.» Die Anzahl dieser Dörfer und Städte in Palästina beziffert Lebrecht mit 384 von insgesamt 490.

Der gezeigte Kampfesmut der israelischen Soldaten soll keineswegs in Frage gestellt werden, doch gilt es, einiges dabei zu entmystifizieren. Freilich, die zionistischen Formationen waren besser motiviert worden als z. B. die Ägypter oder die Iraker, die nicht um die Existenz ihres Staates kämpften. Das allein erklärt jedoch nicht, wie es dem kleinen Jeschuw von etwa 650000 Seelen gelungen sein soll, die Armeen von fünf arabischen Staaten mit angeblich über 50 Millionen Menschen zu besiegen. Auf dem Schlachtfeld hat das Verhältnis in Wirklichkeit ganz anders ausgesehen. Nach Sir John Bagot Glubb, als kommandierender britischer General der jordanischen Legion Glubb-Pascha genannt, hatten beispielsweise ganze 21 500 Araber 65 000 Israelis gegenübergestanden. Selbst wenn man diesen Zahlenangaben in seinem Buch «A Soldier with the Arabs» nicht ganz vertraut (Glubb-Pascha zählte immerhin zu den

Verlierern), so weisen auch andere Quellen keine erschreckende Übermacht der arabischen Heere aus, sondern eher das Gegenteil.

In der Ausbildung und Kampferfahrung waren die Israelis weit überlegen. Ihre gut trainierten paramilitärischen Organisationen hatten vielfach schon die britischen Soldaten in Schach gehalten. Hinzu kamen Tausende gerade erst entlassene Soldaten der Jüdischen Brigade, die reiche Erfahrungen im Kampf und in der Führung von Truppen aus dem zweiten Weltkrieg mitbrachten. Außerdem war es den Zionisten sogar gelungen, die rechtsradikalen Terrororganisationen unter ihr einheitliches Oberkommando zu stellen. Im Gegensatz dazu wirkte sich das Fehlen einer einheitlichen Führung auf arabischer Seite als entscheidender Mangel aus, so daß die Araber völlig unkoordiniert in die Schlacht zogen. Die arabischen Truppen waren zudem unbeweglich, ihr Nachschub an Proviant, Munition u. a. war schwerfällig und auch wesentlich komplizierter zu realisieren. Und nur einige tausend Mann brachten das notwendige Bildungsniveau mit, um als Soldaten unter Waffen gehalten zu werden – das Erbe einer jahrhundertelangen Unterdrückung. So ließ sich die große Masse der Truppen aus den beteiligten arabischen Ländern nur mit Mühe lenken und führen. Die Zionisten hingegen konnten sich auf eingewanderte qualifizierte Leute aus dem entwickelten Europa und aus Amerika stützen. Ihr organisatorisches Netz war zudem weltweit mit führenden Geschäftsleuten und Banken verflochten, die Unterstützung gaben, aber auch Wünsche und Forderungen hatten!

Bei näherer Betrachtung des Kräfteverhältnisses bleibt also nicht viel übrig von dem Heroismus einer kleinen zionistischen Streitmacht gegenüber einer riesigen feindlichen Übermacht. Doch die genannten Faktoren sollen die militärischen Leistungen, insbesondere die der Palmach, nicht schmälern, sondern helfen, sie auf rationaler Basis zu werten, denn die Führer dieser Bewegung werden auch heute noch nicht müde, sie zu mystifizieren. So schreibt der schon zitierte General Rabbin über diese Zeit: «Keinem Volk sind solche Kämpfer beschert. Kein Volk hat so Wenigen und so mangelhaft Gerüsteten eine so große Mission auferlegen müssen, seine Unabhängigkeit zu erkämpfen und zu verteidigen.» Oder: «Die Geschichte der Armee kennt nichts Gleichwertiges (zur Palmach – T. F.).»

Solche und ähnliche Gloriahymnen findet man in vielen Schriftwerken führender Köpfe des zionistischen Staates und seiner Armee. Und bei der Flut von Literatur, die sie nach jedem Nahostkrieg auf den Markt brachten, haben sie eine gewisse Wirkung auf die öffentliche Meinungsbildung sicherlich nicht verfehlt. Die Zionisten verstehen es ausgezeichnet, die Leiden der Juden mit den eigenen chauvinistischen Zielen zu verquicken. Die jahrtausendelange Verfolgung bis zur Reidentifizierung als jüdische Nation im eigenen historischen Land dient ihnen einerseits als moralische Rechtfertigung jeder ihrer militärischen Handlungen. Zum anderen wird dies als der schier unversiegbare Quell für außergewöhnlichen Elan, Pioniergeist, Aufopferung und Heldentum dargestellt. Indessen hat sich die Mär vom Blut und Boden mehr als einmal in der Geschichte festgefahren. Die Ursachen für militärische Erfolge oder Mißerfolge haben eine sehr viel nüchternere Grundlage. ZAHAL bildet, wie wir noch sehen werden, dabei keine Ausnahme. Ihre Vorgänger auch nicht. Richtig ist, daß der in der Palmach herrschende Geist dem ihrer Gegner überlegen war. Die Disziplin basierte nicht allein auf militärischen Rängen, sondern auf der Vorbildwirkung des Vorgesetzten und auferlegter Selbstdisziplin. Das war ein deutlicher Kontrast zur britischen Kolonialarmee sowie zu den Heeren der arabischen Feudalstaaten jener Jahre, die selbst in dynastische Streitigkeiten verwickelt waren und diese z. T. noch auf dem Schlachtfeld austrugen. Der wirkliche Pioniergeist, der damals existierte, die harte Arbeit — wenn auch z. T. auf geraubtem Land —, die Romantik, das Lied am Lagerfeuer und der Tschisbat — eine Unterhaltung von eigenartiger Mischung aus Legende und Wahrheit, der bei Gesellschaften jener Jahre gerne vorgetragen wurde —, das alles war begründet in der Sehnsucht der Menschen nach einem besseren Leben, als sie es in Ländern Osteuropas, von wo die Einwanderer vorrangig hergekommen waren, kennengelernt hatten. Vor allem hoben sich die Operationen der Palmach von den ausgesprochenen Terroraktionen der zionistischen Revisionisten aus Irgun und Stern ab. Niemand hätte es sich damals träumen lassen, daß ihre Führer, Menachem Begin und Yitzchak Schamir, deren geistiges Rüstzeug bei den russischen Anarchisten zu suchen ist und die ihre Praktiken u. a. bei den Schwarzhemden Mussolinis erworben hatten, das Land und die Armee auf dem Niveau des Terrors fixieren und den militärischen Konflikt mit den Arabern ins Uferlose eskalieren lassen würden.

Vergeltung

Nach Abschluß der Kämpfe von 1948/49 wurde ZAHAL auf Beschluß des Oberkommandos reorganisiert. Die beiden Brigaden Golani und Giwati sowie eine Panzerbrigade bildeten die Basis der neuen Armee. Alle übrigen Einheiten wurden Bestandteil der Reservearmee. Vor der Armee standen nun folgende Probleme: Der Streit zwischen ehemaligen Angehörigen der Jüdischen Brigade und Haganah bzw. Palmach um die Führung mußte entschieden werden, die neuen Einwanderer galt es in die Armee zu integrieren, neue und moderne Waffen mußten beschafft sowie einheitliche Richtlinien für die Ausbildung, die Gefechtsordnung usw. erarbeitet werden. — Eine Zeit relativer Ruhe brach also an. Waren diese Jahre bis zur Suezkrise 1956 wirklich so ruhig?

Mit der Gründung von ZAHAL waren die alten Flügelkämpfe innerhalb der zionistischen Bewegung um Macht und Einfluß aufs neue und im verstärkten Maße wieder aufgelebt. Innerhalb der Armee begann ein hemmungsloser Wettlauf um Ränge und Posten. Heftige Auseinandersetzungen wurden auch um die Frage geführt, wem der Vorzug zu geben sei: einer regulären Armee nach dem Vorbild der Jüdischen Brigade oder einer Streitmacht in Form der Haganah bzw. der Palmach.

Mit dem Beschluß David Ben Gurions, des ersten Ministerpräsidenten und Sicherheitsministers des neuen Staates, die Palmach einschließlich ihres Oberkommandos aufzulösen, trat dieser Machtkampf in eine neue und härtere Phase. Eine Krise war unausweichlich. Während die vor allem im Guerillakampf geschulten Palmachkommandeure eine Beibehaltung der besonderen Form ihrer Kampfeinheit forderten, unterbreiteten die Offiziere, die ihre Erfahrungen während des zweiten Weltkrieges in einer regulären Armee gesammelt hatten, ihre Vorschläge, wie die neue Armee ZAHAL zu gliedern und zu führen sei. Die Veteranen der Palmach verlangten, daß wenigstens ihr Oberkommando erhalten blieb und schlugen vor, die Palmach im Rahmen der Armee künftig mit Sonderaufgaben zu betrauen. Sie betonten die besonderen «Werte» der Palmach und hoben deren großen, aufopferungsvollen Einsatz in den zurückliegenden Kämpfen hervor. Proteste wurden organisiert. Die Palmachniks weigerten sich, die Rangordnung anzuerkennen und boykottierten die neuen Rangabzeichen, die man ihnen ausgehändigt hatte. Statt dessen trugen sie demonstrativ das Emblem der Palmach. Doch Ben Gurion und seine Parteigänger setzten sich durch und verlangten die bedingungslose und vollständige Auflösung des Palmachoberkommandos. Zur Durchsetzung ihrer Forderung waren sie ihrerseits bei der Wahl der Mittel nicht zimperlich. So herrschte in der neuen Armee eine gespannte Atmosphäre. Täglich trafen neue Befehle ein. Einen Teil der Leute setzte man um, andere wurden kurzerhand entlassen. Als sich ein alter Bataillonschef weigerte, zu gehen, räumte man sein Büro einfach ins Freie.

In den Kursen für Führungskader prallten die Meinungen der «Brigadisten» und der Reste der Palmachgarde hart aufeinander. Der Streit ging um Taktik, um Führungsqualitäten des Kommandeurs. Man könne die Erfahrungen fremder Armeen nicht einfach kopieren, sagten die einen. Eine Partisanenarmee könne man auch nicht ewig bleiben, war die Gegenantwort. In Zrifin, einem ehemaligen Camp der britischen Armee, wo solche Führungslehrgänge durchgeführt wurden, lieferten sich die Teilnehmer wahre Schlachten, sogar in ihrer Freizeit. Man schikanierte sich gegenseitig im Quartier mit Wassereimern, die heimlich über den Türen befestigt wurden, mit heimtückischen Bettenfallen u. a.

Die Palmachführer wollten und wollten sich mit der neuen Situation nicht abfinden. Sie beschlossen, daß sich Kämpfer und Kommandeure zu Treffen zusammenfinden sollten. Die Reaktion der Gegenseite war prompt: Offizieren, die Funktionen bei ZAHAL bekleideten, wurde die Teilnahme unter Androhung der sofortigen Entlassung untersagt. Doch die Reibungen hatten ihre Ursache keinesfalls allein in den divergierenden Auffassungen über die jeweiligen Militärdoktrinen von Palmach und Brigade. Der eigentliche, gewichtigere Hintergrund lag in den Zwistigkeiten der politischen Strömungen innerhalb der zionistischen Bewegung. Die zionistischen Parteien trugen unter sich einen erbitterten Machtkampf um den Einfluß in der Armee aus. Auf der einen Seite stand dabei die von Ben Gurion geführte Mapai, auf der anderen die Mapam und die Achdut Háavoda. Deren Führer Yigal Allon, Israel Galili, Jakob Chasan u.a. zählten damals zu den Linkszionisten. Der altgediente Palmachführer Moshe Dayan schlug sich in diesem Machtstreit auf die Seite des rechten Flügels, der Mapai. Die zionistischen Revisionisten, die sich in der Cheruth-Partei unter Führung Menachem Begins sammelten, meldeten ebenfalls ihre Ansprüche an. Auf keinen Fall wollten sie unter den «Linken» dienen. Ben Gurion war für sie schon eine Zumutung.

Gegen diese Machtkämpfe waren die Reibereien in Zrifin harmlose Kindereien. Yigal Allon, der erste Mann in der Palmach, wurde regelrecht abgeschoben. Man schickte ihn auf Inspektionsreise zur französischen Armee, und während seiner Abwesenheit veröffentlichte das Sicherheitsministerium eine Reihe neuer Berufungen in führende Positionen der Armee. Dayan wurde anstelle Allons Kommandeur der Südfront. Die führenden Positionen im neuen Generalstab waren ebenfalls vergeben, und so blieb Allon nur noch die Demission. Der talentierte David Elazar konnte jahrelang nicht in höhere Führungspositionen aufsteigen, weil er aus der Jugendbewegung der Mapam, dem linken Haschomer Hazair, kam. Ein paar Jahre später werden sich die Rivalen allerdings zu einer Partei, der israelischen Arbeiterpartei, zusammenfinden bzw. den Maarach-Block bilden.

Ein anderes Problem, vor das sich die Militärs gestellt sahen, war die Gewinnung, Ausrichtung und Vorbereitung der vielen Neueingewanderten für den Kampf gegen arabische Nachbarstaaten. Die nach dem Krieg von 1948/49 Neueingewanderten hatten, sofern sie aus Europa stammten, gewiß genug vom Krieg und vom Militär. Die alte Feindschaft der Zionisten gegenüber den Arabern, begründet in ihrer Expansionspolitik, war ihnen zudem ebenso unbekannt wie die britische Kolonialmacht, die früher das Land kontrollierte. Die Mehrzahl der Neuen kam jedoch aus dem Orient bzw. aus Nordafrika und brachte auf Grund ihres niedrigen Bildungsniveaus keine idealen Voraussetzungen für Führungspositionen beim Militär mit. So trat bald der Zustand ein, daß die Alteingesessenen nicht nur die Kommandozentralen besetzt hatten, sondern auch den gesamten Kaderbestand für die mittleren und unteren Ränge der Armee stellten. In den kämpfenden Einheiten der Armee waren hauptsächlich Vertreter des «zweiten» Israel zu finden, die Olim, d.h. die Neueingewanderten. Zwischen den Offizieren, die ausschließlich aus dem alten Jeschuw kamen, und den Soldaten aus den Entwicklungsgebieten Israels tat sich eine tiefe Kluft auf. Diese Soldaten verstanden die Ideale nicht, von denen ihre Offiziere sprachen. Sie hatten andere Sorgen. Zusammengepfercht in Maábarot, den Durchgangslagern für Einwanderer, oder in verlassenen arabischen Dörfern angesiedelt, hatten sie um ihren Lebensunterhalt zu kämpfen. Freilich wurde die Armee damit beauftragt, die Olim zu unterstützen — wer sonst im Staat hätte die Mittel dazu gehabt? Nur konnte auch sie keine Arbeitsplätze beschaffen, und ihr Beitrag zur Überwindung der Kluft zwischen Alteingesessenen und den Neueingewanderten fiel recht mager aus.

Eines dieser Durchgangslager lag in Chalsa, einem ehemaligen arabischen Dorf unweit unserer Kibbuzsiedlung in Nordgaliläa. Später wurde der Ort in Kiryat Schmoneh umbenannt. Soldaten aus unserer Siedlung, die bei Golani dienten und in dieses Durchgangslager abkommandiert worden waren, berichteten: «Der Einsatz war schrecklich. Viele von uns kannten diese langen, endlosen Reihen von Blechhütten und Zelten bisher nur von weitem. Es gibt keinen Strom. Das Wasser muß von der Straße geholt werden. Wir sollen ihnen die Grundbegriffe der Hygiene beibringen, doch wie soll das funktionieren, wenn die elementaren Voraussetzungen dazu fehlen? Ganze Familien sind in einer Blechhütte zusammengepfercht. Die Hütten sind alle gleich groß, eben standardisiert. Mitunter müssen sich sogar Fremde einen Raum von rund 24 Quadratmetern teilen, weil nicht für jede Familie eine Hütte vorhanden ist. Drinnen stehen ein paar Pritschen, Hocker und ein Tisch. Einen Schrank haben die meisten nicht. Gardinen auch nicht. Wenn die Sonne auf das Blech knallt, ist es drinnen nicht auszuhalten. Jetzt frieren sie, denn es ist Herbst. Der lange Regen hat alle Wege aufgewühlt. Überall Schlamm. Toiletten gibt es nicht. Man muß aufpassen, daß man entlang der Hütten und auch auf den Wegen nicht in etwas hineintritt. Überall stinkt es. Manche kochen am offenen Feuer im Raum oder vor der Hütte.»

Ofira vom Frauenkorps erzählte mir, unter welchen Bedingungen sie eine Art Schulbetrieb organisieren sollte: «Platz zum Spielen gibt es zwischen den engen Reihen der Hütten nicht. In dem alten Steinhaus am Rande des Lagers haben wir einen Raum auftreiben können. Es ist ein altes, halbzerstörtes Gebäude. Dort haben früher Araber gewohnt. Gemeinsam mit den Kindern haben wir den Raum gereinigt. Wir sollen Unterricht geben, Schreiben üben. Aus unserem Camp haben wir Holzbänke mitgebracht. Die Tafel stammt auch von uns. Hefte und Bleistifte haben wir an die Kinder verteilt. Nächste Woche sollen gebrauchte Schulbücher eintreffen. Es ist sehr schwer, einen regelmäßigen Unterricht zu organisieren. Am schlimmsten ist die Diskontinuität. Die Eltern schicken ihre Kinder lieber arbeiten. Die Kinder kommen sehr gerne. Wir haben Bälle und Spielzeug mit. Am interessantesten finden sie es, wenn unsere Soldaten mit ihnen das Zerlegen und Zusammensetzen der Waffen üben.»

Eine Frau im schmutzigen Kittel und mit umwickelten Beinen klagte den Soldaten ihr Leid: «Zwei Jahre hausen wir schon hier. Die Gasbeleuchtung hat unser Großer besorgt, als er noch arbeitete. Jetzt haben sie ihn zur Armee geholt. In Marokko haben wir bei Gott nicht so schlecht gelebt.»

Nach Berichten der Soldaten hatte ein Iraker seine Behausung zu einem kleinen Kiosk ausgebaut. Im vorderen Teil des Raumes habe er Brause und Orangensaft verkauft. Hinter dem Vorhang schlief die Familie. «Wenn Gott mir weiter so gnädig ist, werde ich das Sortiment auf Schokolade und andere Süßigkeiten erweitern», äußerte er gegenüber den Soldaten. Dabei hätte er vorige Woche Glück gehabt. Die von der Mapai hätten ihm Geld gegeben, damit er seine Kunden zu den Wahlen für ihre Partei beeinflußte. «Ben Gurion ist ein kluger Mann», sagte er zum Schluß.

In dem regenreichen Winter 1951/52 hatten Pioniereinheiten der Armee nach den katastrophalen Überschwemmungen Zeltlager errichten müssen. Decken wurden verteilt und Notessen ausgegeben. Auch führende Kommandeure der Armee ließen sich jetzt in den Lagern sehen. Die «Schlacht ZAHALs um die Maâbarot» wurde politisch hochgespielt, um das Vertrauen in die Armee zu stärken. «ZAHAL ist eine Armee der Integration, das entscheidende Bindeglied zwischen den Einwanderern und ihrer neuen Heimat Israel», ließ Ben Gurion verkünden. Doch weder die Noteinsätze der Armee noch die geschwollenen Reden ihrer Führer änderten etwas daran, daß die Offiziere im wesentlichen Ashkenasim (Westjuden) und die Sephardim (orientalische Juden) die einfachen Soldaten in dieser Armee waren.

Das wirkte sich natürlich auf die Kampfmoral der Truppe aus, so daß die Armee in dieser Phase Rückschläge im Kampf gegen die Araber hinnehmen mußte, die jetzt im wesentlichen auf Guerillakampf eingestellt waren und von den umliegenden Nachbarstaaten Ägypten, Syrien und Jordanien aus operierten. Bei Tel el-Muntilah fügten die Syrer 1951 einem Golani-Verband empfindliche Verluste zu. Giwati-Einheiten gelang es 1953 trotz massiven Einsatzes von Granatwerfern nicht, in die jordanischen Dörfer Palme und Rentis vorzudringen.

Daß die Motivation und das Niveau der Ausbildung in der Armee einen Tiefpunkt erreicht hatten, bereitete der Führung echte Sorgen. Köpfe von Verantwortlichen in hohen Positionen ZAHALs rollten. Der Generalstabschef mußte gehen. Auch der Operationsstab wurde neu besetzt. Mordechai Makleff und Moshe Dayan waren die neuen Männer. Wie aber konnte man sichern, daß die Armee ihre Schlagkraft wiedergewann, jene dynamische Aggressivität, die den Erfolg unter allen Umständen garantieren sollte?

Mit den neuen Männern, vor allem mit dem aufgerückten Dayan, der bald darauf die Spitze im Generalstab erklomm, war der erste Schritt getan. Zunächst setzten sie durch, daß der Armee trotz des arg strapazierten Staatshaushalts mehr Mittel bereitgestellt wurden. Der neue Kurs in der Armee hieß

Härte. Bei Eintritt in ZAHAL wurde als erstes das Zivile, die Persönlichkeit der Rekruten, gebrochen. Von den Truppen und ihren Kommandeuren wurde bedingungsloser Einsatz verlangt. Dazu Dayan in seinem Buch «Die Geschichte meines Lebens»: «Ich machte den Leitern der Operationsstäbe bei den Truppen klar: In Zukunft ist der Bericht eines Kommandeurs, der seine Aufgabe nicht erfüllt hat, weil die feindlichen Kräfte überlegen waren, nicht mehr zu akzeptieren, es sei denn, er hat fünfzig Prozent seiner eigenen Kampfkraft eingebüßt. Der Terminus ‹unmöglich› ist relativ und die Frage ist, welche Anstrengungen wurden unternommen, um den Widerstand des Feindes zu brechen. Was ich unausgesprochen ließ, als ich vor den Offizieren auftrat, haben sie sich durch meinen strengen Gesichtsausdruck ausmalen können. Ich hinterließ keinen Zweifel bei ihnen darüber, daß diejenigen, die meine Linie nicht mit aller Entschiedenheit durchsetzten, keine Zukunft in der Armee haben würden.»

Aber die neuen Spitzenkräfte der Armee verlangten nicht nur die Durchsetzung eines harten Kurses. Sie sorgten auch dafür, daß die elitären Kräfte in Spezialeinheiten konzentriert wurden. Man war also wieder bei Elitetruppen angelangt, wie einst die Palmach die Elitetruppe der Haganah gewesen war. Eine davon hat sich einen besonderen Ruf verschafft, das Kommando 101. Es war eine Freiwilligeneinheit, die sich auf Terroroperationen, sogenannte Vergeltungsschläge, jenseits der Grenzen des Staates Israel spezialisierte. Kommandeur dieser Truppe wurde Ariel Sharon. Arik, wie ihn seine Soldaten nannten, pickte sich aus allen Einheiten der Armee die besten und als Draufgänger bekannte Leute heraus. Insbesondere reaktivierte er bekannte Haudegen aus früheren Zeiten, die bereits zur Reservearmee zählten. Anfang 1954 wurde Kommando 101 mit einer anderen Elitetruppe, den Fallschirmjägern, zum Fallschirmjägerbataillon 202 unter Sharons Kommando vereint. Die «Brillanz» des Bataillons 202 – später wurde es zur Fallschirmjägerbrigade 202 ausgebaut – bestand in der Ausführung von exakt vorgeplanten sogenannten Vergeltungsschlägen, die tief in die arabischen Nachbarstaaten hineingetragen wurden. Das Element der Überraschung wurde dabei in jeder Beziehung maximal ausgenutzt, und zwar sowohl in der Bestimmung des Zielortes wie in der Festlegung des Zeitpunktes und in der Wahl der Angriffsmethode. Sharon und seinesgleichen vertraten die Ansicht: Je tiefer man in das Gebiet des Feindes eindringt, desto sicherer ist es, daß er überrascht und völlig unvorbereitet ist. Wenn man die Aktionen gut plant, ist der Erfolg gesichert.

Die Männer Sharons waren in der Wahl ihrer Mittel nicht zimperlich. Sie drangen meist im Schutze der Nacht in Dörfer ein, überfielen Militärstützpunkte oder stürmten Polizeikasernen, töteten und zerstörten. Ihre Blutspur ist zu lang, als daß sie hier im Detail behandelt werden könnte.

Was sollte mit ihren sogenannten Vergeltungsschlägen vergolten werden? Seit seiner Gründung hat der Staat Israel nicht die geringste Kompromißbereitschaft gegenüber den Palästinensern und ihren legitimen Rechten gezeigt. Die

Resolutionen der UNO, die u. a. eine Rückführung der Flüchtlinge oder deren Entschädigung verlangen, werden bis heute ignoriert. Unter solchen Bedingungen kann man nicht erwarten, daß die Vertriebenen ihr Schicksal widerstandslos hinnehmen, daß es an den Grenzen friedlich bleibt. Vertreibung und territoriale Zersplitterung des palästinensischen Volkes ließen gar keine andere Form des Widerstandes zu als den Guerillakampf. Und ebendiese Anschläge von einzelnen Organisationen — die PLO wurde erst später gegründet — wurden durch Israel mit staatlich organisiertem Terror «vergolten». Auf diese Weise bekämpfte man die arabischen, namentlich die palästinensischen Guerillas, die Fedayin, oder, wie es im zionistischen Sprachgebrauch heute heißt, die Terroristen. Gleichzeitig sollten auch alle bestraft werden, die jene gewähren ließen oder gar unterstützten, also die Länder, die Palästinaflüchtlinge beherbergten und von deren Territorium aus die Fedayin operierten.

Allmählich entwickelten die zionistischen Militärs regelrechte Theorien für diese Art der Kriegführung. Sie sprachen von einer «Strategie der Vergeltung», von «vorbeugenden Konterschlägen», später vom «Präventivkrieg» — Begriffe, die heute auch aus dem US-amerikanischen Vokabular bekannt sind. Allon versuchte in seinem Buch «The Making of Israels Army» dafür eine Rechtfertigung zu finden, indem er u. a. schrieb: «Eine vorbeugende Offensive ist dann gerechtfertigt, wenn der Feind Kräfte konzentriert. Wie jedes Land, das angegriffen wird, ein Recht auf Verteidigung hat, so besteht auch das Recht, den Angreifenden auf dem Weg zu seinem Ziel abzufangen. Wenn der Feind nicht die Absicht hat, einen Krieg zu führen (z. B. Manöver — T. F.), ist es seine Sache, solche Truppenbewegungen zu unterlassen. Verfolgt er aber eine Kriegsabsicht, so hat er kein Recht darauf, zu protestieren, wenn seine Intentionen durchkreuzt werden. Man kann sagen, daß die Anerkennung des Rechts auf vorbeugende Konterschläge die Entschlossenheit des Verteidigungswillens unterstreicht und den Feind vor möglichen Aktionen abschreckt.»

So einfach ist das.

Die «Vergeltungsschläge» der Fallschirmjägerbrigade 202 bildeten die praktische Erprobung der neuen Vergeltungsdoktrin zur Vorbereitung der israelischen Armee auf ihre Anwendung im großen Stil, mit dem die Zionisten ihre nächsthöheren Ziele erreichen wollten. Das bewiesen die Ereignisse auf der Sinaihalbinsel im Oktober 1956. Bis dahin war man in der Armee bemüht gewesen, die Erfahrungen aus den «Vergeltungsschlägen» zu verallgemeinern. Doch die regulären Truppen waren in der Ausrüstung und Bewaffnung hinter der «Elite» zurückgeblieben, was zu Erbitterung in ihren Reihen führte, die selbst Generale erfaßte. Sie wurden also nicht, wie Führer der Elitetruppen behaupteten, mitgerissen. Eine «Schule der Nation», wie es Ben Gurion formulierte, ist ZAHAL nicht geworden.

Die Schlagkraft der Armee stützte sich weiterhin hauptsächlich auf die Elitetruppen, also vorrangig auf die Fallschirmjäger. Und die waren sich ihrer

Sonderstellung wohl bewußt. Wenn diese elitären Israelis, Vertreter der Haganah und der «Brigadisten» bzw. deren Söhne, vorwiegend aus dem alten Jeschuw kommend, unter sich waren, dann sangen sie mit Leidenschaft ihre alten und neuen Lieder, die die übrigen Soldaten aus den Slums und den Entwicklungsregionen nicht verstehen konnten. Daran waren nicht nur die Sprachbarrieren der Neueingewanderten und die westlich orientierten Melodien schuld, sondern vor allem die Texte, zu denen den Sepharadim, den Ostjuden, jede Beziehung fehlte. Ende der fünfziger Jahre war das «Lied vom Unterstand» in Mode. Es klang wie ein Hohn gegenüber deren Lebenslage:

Manch einer lebt in einer Bruchbude,
ein anderer bewohnt ein Schloß.
Ein Eigenheim besitzt der dritte,
der vierte haust im Zelt bei Frost.

Über eins gibt's keine Fragen,
was wohl die beste Unterkunft sei.
Miete braucht man nicht zu zahlen,
der Aufenthalt steht einem frei.
Im Unterstand, ja im Unterstand.

Um es klar zu sagen: Für die Sicherheit des Staates Israel war die Vergeltungsdoktrin keinen Pfifferling wert. Vielmehr wurde jetzt der Terror, der angeblich damit bekämpft werden sollte, auf beiden Seiten intensiviert und allmählich über die Grenzen der Nahostregion auf alle Kontinente übertragen. «In der Region selbst verbreiteten sich die Anschläge beider Seiten bis in die großen Städte, doch an den Grenzen fing alles an», sagte Dodik, einer, der von Anfang an dabei war.

Dodik war der erste seines Kibbuz gewesen, der sich zu den Fallschirmjägern gemeldet hatte. Obwohl keine militärische «Größe», hielt er sich aber für eine, denn er diente auf Zeit. In den Jahren, in denen er dabei war, hatte er es lediglich bis zum stellvertretenden Kompanieführer gebracht, und das wohl auch nur, weil sein Vorgänger auf diesem Platz gefallen war. Ein Glückspilz schien er dennoch zu sein, denn rings um ihn sind sie wie die Fliegen gefallen, er ist nicht einmal verwundet worden. Dodik kannte die ganzen alten «Chewreh», die Kumpane von 202, persönlich — Sopapo, Marcel, Tarzan und die anderen. An vielen Pschitot, so nannten sie ihre Terroroperationen, hatte er teilgenommen, z. B. an den Einsätzen in Quibya, Khan-Yunis, Kalkilia und Gaza. Er war in dieser Beziehung Rekordhalter, worum ihn mancher bei den Fallschirmjägern beneidete.

Das Besondere an den Einsätzen seiner Truppe war für uns, daß sie vorher immer geheimgehalten wurden. Erst wenn Dodiks Jeep an Wochentagen frühzeitig vor dem Haus stand, wußten wir, daß wieder etwas geschehen war. Und bestätigten die Nachrichten unsere Vermutungen, dann war Dodik wieder einmal der Held der Siedlung. Man bestürmte ihn mit Fragen, und lange ließ er sich nicht bitten.

«Quibya», erklärte er seinen Zuhörern, «liegt gleich hinter der jordanischen Grenze, gegenüber von Kfar Truman. Vorbereitet wurde die Operation wie immer in der Kommandeursleitung. Die Beratung fand im Raum des Nachrichtenoffiziers der Modiin (dem militärischen Spionagedienst — T.F.) statt. Die Männer vom Generalstab waren schon da. Es waren immer welche aus dem Generalstab dabei. Ich weiß noch, wie der Nachrichtenoffizier an die Wandtafel trat, den Vorhang beiseite schob und den Blick auf eine aus Dutzenden Karten im Maßstab 1:20000 zusammengefügte große Wandkarte freigab, die das gesamte Gebiet, von Beit Gowrin im Süden bis hoch nach Kfar Sabba im Norden, erfaßte. Nadeln mit bunten Köpfen und Fähnchen, verbunden durch ein Netz von Schnüren, markierten den Einsatzort und dessen nächste Umgebung.» Dodik erklärte den Umstehenden mit Feldherrnmiene die Bedeutung der Farben. «Also die gelben Farben zeigen die letzten Bewegungen der Fedayin an; Schwarz symbolisiert die Stellungen der Jordanischen Legion...» Dodik verlor sich allmählich in Einzelheiten, beschrieb die Kennzeichnung der Grenzlinie bis zur Polizeistation, um dann endlich fortzufahren: «Danach studierten wir die Luftaufnahmen, und dann ging ich meine Jungs einweisen. Ich wählte als Ort einen großen, schattenspendenden Eukalyptusbaum.» Das sagte er auf so selbstverständliche Weise, als wäre er der Chef der Kompanie gewesen. «Als den Männern die Aufgabe klar war, ließ ich sie noch etwas Häuserkampf in der nahe gelegenen Ruine üben, gewissermaßen als Generalprobe, ohne daß sie dabei ihre Kräfte groß zu verausgaben hatten. Die Männer kennen ihr Handwerk, und es wäre nutzlos gewesen, sie jetzt noch groß zu schleifen. Dann habe ich Ruhe angeordnet. Geschlafen haben sie aber nicht, und wenn die Leute schon hundert Einsätze hinter sich gehabt hätten. Dafür war die Spannung viel zu hoch. Geraucht wurde dafür um so mehr. Schließlich Essen und dann fertigmachen — es war soweit. Wir fuhren zu den Ausgangsstellungen. Die Atmosphäre war geladen. Nervositätserscheinungen bei den Männern, die das schwere MG buckelten, aber sonst war alles ruhig. Die Artillerie war in Stellung gebracht, große Zelte der Sanitätseinheiten standen, gut getarnt, dicht an der Grenze, und überall im Gelände Drähte, Feldtelefone, Kabeltrommeln. Die Hilfskräfte schlossen ihre Vorbereitungsarbeiten ab und verzogen sich in ihre Deckungen, um von dort aus zu beobachten, wie sich die Dinge entwickelten. Nur die Fallschirmjäger gingen immer weiter vor und meine Männer vornweg. Du mußt dem Feind deine Bedingungen diktieren. Du mußt die Stunde Null bestimmen, damit du ihn vollkommen überraschst, habe ich ihnen immer wieder eingeschärft.»

Die Fallschirmjäger bezogen unmittelbar vor dem Dorf Stellung. Der Ort lag ruhig vor ihnen. Viele Lichter waren es nicht, die noch brannten. Aus einem Kaffeehaus drang monotone, orientalische Musik in die Nacht hinaus. Hunde bellten. Die Männer vergewisserten sich noch einmal, ob sie alles griffbereit hatten, die Wechselmagazine, die Handgranaten. Die beiden Männer am Maschinengewehr waren unzufrieden mit ihrer Stellung. Die Offiziere beobachteten nervös die Zeiger ihrer Uhren. Nur langsam bewegten sie sich auf die «Stunde Null» zu. Dann ging es los. Die Gruppen eröffneten das Feuer. Auf Dodiks Höhe war alles exakt abgestimmt. Die Bazookas beschossen die Häuser mit Panzergranaten. Die schweren Maschinengewehre spien Leuchtspur-Dumdumgeschosse, die einen rötlichen Lichtstreifen nach sich zogen. In einigen Häusern ging das Licht an. Sofort lag das Feuer auf den erleuchteten Fenstern. Die Offiziere liefen aufgerichtet umher, um das Feuer noch effektiver zu dirigieren. Immer mehr Waffen spielten ihre Melodie im Konzert des Todes. Jetzt griff auch die Artillerie mit ein und belegte die Zufahrtsstraßen des Dorfes mit einem dichten Granathagel, um die Posten der Jordanischen Legion zu neutralisieren.

Dodiks Männer begannen die Hauseingänge zu stürmen. Durch Türen und Fenster wurden Handgranaten geschleudert, ehe man eindrang. Solange ein Haus noch nicht gestürmt war, lag Maschinengewehrfeuer darauf. Dann drang man ein und schleifte die aufgeschreckten Männer nach draußen, stellte sie an die Wand, trat ihnen die Beine auseinander und packte ihnen die Hände ins Genick. Die Frauen kamen von allein nach. Sie kreischten laut vor Angst und wollten nicht von der Seite ihrer Männer weichen. Auf eine besonders widerspenstig erscheinende Gruppe wurde das Feuer eröffnet. Die Menschen knickten in sich zusammen.

Die Sprengspezialisten waren inzwischen bei der «Arbeit». Ein Dutzend Häuser wurde in die Luft gejagt. Erst als sich die Soldaten zurückgezogen und das Dorf schon weit hinter sich hatten, ließ das Artilleriefeuer nach. Noch bevor sie auf ihren Fahrzeugen wieder Platz genommen hatten, redeten sie schon heftig aufeinander ein, um sich ihre Erlebnisse gegenseitig mitzuteilen.

«Sieben Uhr. Koll Israel aus Jerusalem. Guten Morgen, wir bringen die Nachrichten.

ZAHAL-Kräfte haben heute nacht eine Basis der Fedayin auf jordanischem Gebiet attackiert und dem Gegner schwere Verluste zugefügt. Es war eine reine Vergeltungsaktion. Unsere Einheiten sind inzwischen an ihre Standorte zurückgekehrt.

Premierminister Ben Gurion berichtete vor dem Parlament über seine Reise in die USA...»

Tel Nof

Der Israeli ist für 36 Jahre seines Lebens wehrpflichtig, er kann vom 18. bis zum 54. Lebensjahr zum Wehrdienst in der Armee einberufen werden und dient dabei insgesamt mindestens 6$^1/_2$ Jahre lang. Die erste geschlossene Dienstzeit umfaßt für den Soldaten und Unteroffizier 3 Jahre (bis zum Sechs-Tage-Krieg waren es 2$^1/_2$ Jahre). Offiziersanwärter müssen sich bei Antritt ihrer Offiziersausbildung zu weiteren Jahren verpflichten. Für Männer schließen sich bis zum 45. Lebensjahr Reservistenübungen von 40 Tagen an. Erst danach reduziert sich allmählich die jährliche Einberufungsfrist.

Würde man der zionistischen Logik folgen, wonach echte Gleichberechtigung der Geschlechter erst verwirklicht ist, wenn auch Frauen in der Armee dienen, so müßte man Israel zu den demokratischsten Ländern der Erde zählen. Die reguläre Dienstzeit für Frauen beläuft sich auf 2 Jahre. Im jährlichen Reservistendienst gelten für unverheiratete Frauen bis zum 34. Lebensjahr ähnliche Bestimmungen wie für Männer. Weibliche Soldaten sind in allen Waffengattungen zu finden, so im Fernmeldewesen, bei der Bedienung elektronischer Ausrüstungen und der Radaranlagen, bei der Militärpolizei und in den Schreibstuben der kämpfenden Einheiten. Durch ihren Einsatz sollen Männer für den Dienst in den Kampfeinheiten freigesetzt werden. Die Kommandeurin des Frauenkorps hat den Rang eines Obersts.

Der israelische Bürger muß damit rechnen, daß er die lange Dienstzeit mit Gewißheit absolvieren wird. In den zurückliegenden Jahren hat sich eher gezeigt, daß er weitaus länger, als vorgegeben, durch die Armee in Beschlag genommen wird und daß je nach den Kriegsplänen der Regierung ganze Reservisteneinheiten sogar für den Dienst an der Front und als Besatzungstruppen in okkupierten Gebieten eingesetzt werden. Ausgenommen von der Wehrpflicht sind die arabische Minderheit (nur die Drusen dienen in den israelischen Grenztruppen), Mitglieder einiger weniger orthodoxer Sekten und Mädchen aus streng religiösen Familien.

Der Rekrut wird nach seiner Grundausbildung einer Einheit zugewiesen oder für den Unteroffizierslehrgang vorgeschlagen. Dieser dauert in allen Waffengattungen mehrere Monate. In der Regel kehrt er dann als Korporal zu seiner Einheit zurück. Bei der Infanterie führt der Korporal die Gruppe, bei den Panzern ist er Richtschütze, Ladeschütze oder Fahrer. Nach einer praktischen Dienstzeit bei der Truppe kann er befördert werden. Für Unteroffiziere gilt folgendes Rangschema:

Turai Rishon	— Erster Soldat (Der Besuch eines Lehrgangs ist nicht unbedingt Voraussetzung.)
Raw Turai	— Korporal
Samal	— Sergeant

«Chen» – die Grazien – lautet die Bezeichnung für das Frauenkorps von ZAHAL

Emblem des Frauenkorps

Samal Rishon – Sergeant Major
Raw Samal   – Hauptfeldwebel

Rangnamen und -abzeichen in ZAHAL sind zwar original und zum Teil der Bibel entlehnt, aber die Hierarchie entspricht weitgehend der der britischen Armee.

Die Offiziersschule, zu der der Unteroffizier nach seinem praktischen Einsatz – in Ausnahmefällen sofort nach dem Lehrgang für Unteroffiziere – delegiert werden kann, dauert ebenfalls mehrere Monate und endet mit der Ernennung zum Leutnant. Theoretisch gibt es keine Grenzen, um weiter auf der Rangleiter emporzuklettern, die folgende Dienstgrade vorsieht:

Segen Mishneh – Leutnant
Segen   – Oberleutnant
Seren   – Hauptmann
Raw Seren   – Major

Sgan Aluf	— Oberstleutnant
Aluf Mishneh	— Oberst
Tat Aluf	— Brigadier (eingeführt nach dem Sechs-Tage-Krieg)
Aluf	— Generalmajor
Raw Aluf	— Generalleutnant (nur für die Funktion des Generalstabschefs)

Waren der Schnitt der Bekleidung und die persönliche Ausrüstung der Angehörigen von ZAHAL in den Jahren nach der Aufstellung dieser Armee ebenfalls der britischen Armee angeglichen, so ist man davon inzwischen abgekommen. Seitdem die USA zur Waffenkammer Israels geworden sind, gleicht der ZAHAL-Soldat, zumindest äußerlich, eher dem bekannten Bild des US-amerikanischen GI. Auch in der Gliederung der Armee findet sich das amerikanische Modell wieder. Die kleinsten Einheiten sind Chulia und Kita (Gruppe). Es folgen Machlaka (Zug), Pluga (Kompanie), Gdud (Bataillon) und Chatiwa (Brigade). Regimenter gibt es nicht. Dafür hat sich eine spezifische Formation — die Ugda — herausgebildet, die den Umfang einer Division hat, in der Flexibilität jedoch einem Armeekorps gleicht. Die Kaserne des israelischen Soldaten ist das Camp. Eines davon ist Tel Nof.

Dieses Tel Nof ist ein ausgedehntes, militärisches Objekt, nach Sarafand wohl überhaupt das größte, das die britische Kolonialarmee aus der Mandatszeit in Palästina zurückgelassen hatte. Die Kolonialmächte haben in diesem Land sehr viele Militäreinrichtungen hinterlassen, teils veraltet und überholungsbedürftig, wie z. B. das Netz der Teggart-Polizeifestungen, die bis auf den heutigen Tag von den israelischen Sicherheitskräften als Haftanstalten benutzt werden, teils in gebrauchsfähigem Zustand für eine moderne Armee. Mit Camps wie Tel Nof verfügte die noch junge israelische Armee über Militärobjekte, die dem modernsten Stand der fünfziger Jahre durchaus entsprachen. Das gewaltige Militärlager lag abseits der verkehrsreichen Straßen entlang der Mittelmeerküste nach Süden, fast unauffällig und in einer strategisch günstigen Position sowohl zu Jordanien als auch zum ägyptischen Gazastreifen. Von hier aus sind die meisten Kommandoüberfälle in den Jahren vor der Suezkrise unternommen worden. Das Camp bot Raum für Einheiten von zwei Waffengattungen ZAHALs: der Luftwaffe, die den größten Teil des Geländes beanspruchte, und dem Hauptquartier der Luftlandebrigade 202, einer Spezialeinheit der Infanterie, samt ihren Ausrüstungsdepots und der zentralen sogenannten Kommandoschule, die u. a. auch für die Sprungausbildung und das dafür erforderliche Training zuständig war. Viele Aktionen, die die israelischen Fallschirmjägerkommandos in den fünfziger Jahren unternommen haben, sind in Tel Nof ausgebrütet worden und nahmen von hier aus ihren Lauf. Das gesamte Camp war von einem dichten Netz gut erhaltener Asphaltstraßen durchzogen. Gleich hinter dem Haupteingang führte eine Verzweigung nach rechts, vorbei an dem Spezialtrainingsgelände mit den Übungstürmen, Seilzugbahnen und alten Flugzeugrümpfen, die eigens für Übungszwecke hier aufgestellt worden waren, direkt zu den Gebäuden, wo die riesigen Stoffmassen der zurückgebrachten Fallschirme von den Mädchen der Brigade auf überlangen Packtischen sorgfältig wieder zu einem geordneten Paket zusammengefaltet wurden. Hier mußte jeder vorbei, der die Bodenübungen erfolgreich absolviert hatte und nun den Sprung aus dem Flugzeug machen mußte. Mit gemischten Gefühlen nahm er dann aus den Händen einer Grazie in Uniform die Tasche mit dem Haupt- und dem Reserveschirm entgegen, bevor er die Fahrt zu den Transportmaschinen, vorbei an den Einrichtungen der Fliegerschule, den großen Hangars und Pisten, antrat.

Als Neuling hatte man sich schnell verlaufen in dem großen Gelände, zumal die Mannschaftsunterkünfte – Baracken aus Betonfertigteilen mit gewölbten Wellblechdächern – alle gleich aussahen. An manchen waren vereinzelt sogar die Reste lateinischer Buchstaben zu erkennen, die man mit Kampflosungen in hebräischer Schrift übertüncht hatte: «Schweiß im Training erspart Blut im Gefecht» oder «Eine Minderheit im Kampf gegen die Überzahl – wie zur Zeit unserer Erzväter». Es war auch nicht ungefährlich, allein durch das Camp zu gehen. Raufereien waren etwas Alltägliches, und man mußte aufpassen, nicht mit hineingezogen zu werden. Meistens prügelten sich die Leute von 202 mit den Angehörigen der Luftwaffe von nebenan. Gewisse «Anregungen» erhielten sie dafür von den allabendlich gezeigten Filmen «made in USA», in denen es vorwiegend um die «Heldentaten» der amerikanischen GI im Koreakrieg ging. Während der Vorstellungen war es meistens sehr laut, und gegen Ende so manchen Films hatte sich die Stimmung oft zur Aggressivität gesteigert. Die weiblichen Soldaten im Camp mußten sich vorsehen. Allein trauten sie sich in diesem großen Lager niemals aus ihrer Behausung. Vergewaltigungen hatte es schon gegeben. Prostitution auch. Bei den Offizieren hielten sie sich schon lieber auf. Das bot mehr Sicherheit – und Vorteile, darunter den Zugang zu den Offizierskasinos.

Überall im Camp konnte man Munitionsreste finden. Ich erinnere mich noch an eine unserer alltäglichen Frühsportübungen. Wir rannten wie immer mit freiem Oberkörper in Dreierreihen die «große Runde», die durch das Nachbarquartier ging, und provozierten mit lautem Geschrei die Soldaten der Luftwaffe. Vor mir scherte plötzlich einer aus der Reihe, hob eine Handgranate aus dem Straßengraben auf und kehrte mit beschleunigtem Tempo zurück ins Glied. Wir alle waren empört über so viel Leichtsinn. Ein Trommelfeuer von Faustschlägen prasselte auf den Naivling nieder, bis er begriffen und die Handgranate weit von sich geschleudert hatte.

Besonders gefährlich konnte es werden, wenn wir Rekruten zur Säuberung des Geländes abkommandiert worden waren. Verbrannte der Kehricht dann in den Mülltonnen, ging es darin oftmals zu wie bei einem Feuerwerk.

Uns Neue schockierte die Moral der Truppe, weil sie nicht mehr im geringsten an den Pioniergeist von einst erinnerte, von dem man uns soviel erzählt hatte und auf den jeder Kibbuznik so stolz gewesen war. Überall wurden Geschichten von dem letzten Kommandounternehmen zum besten gegeben, wobei sich die Erzähler bei der Darstellung ihrer Heldentaten besonders vor uns Neuen gegenseitig zu übertreffen versuchten. Im Zusammenhang damit ging im ganzen Camp eine Geschichte herum, die sich an einem Morgen am Haupttor ereignet hatte, als die von der 202 von einem ihrer nächtlichen Einsätze über die Grenze zurückgekehrt waren. Der Shin-Gimmel, ein Wachhabender von der Luftwaffe, der den Schlagbaum öffnete, wunderte sich über die Kerle auf den LKWs, die ihn zu so früher Stunde johlend per Handschlag begrüßen wollten. Mißtrauisch reichte er dem ersten langsam die Hand nach oben − um sogleich vor Entsetzen zu erbleichen: Seine Finger umklammerten die kalte Hand an einem abgehackten Arm. Mit frenetischem Geschrei zogen die Männer auf den LKWs dann an ihm vorbei in das Camp ein.

Wenige Tage später, unsere Kompanie war gerade von der Miphkada − dem Sitz des Lagerkommandanten − zur Vergatterung für die Nachtwache angetreten, kam der Offizier vom Dienst, auf dem Kopf eine Kafia (arabische Kopfbedeckung), quer im Mund ein Kommandomesser, um die Ecke der Wachbaracke geschlichen. Von der anderen Seite näherte sich vorsichtig sein Stellvertreter mit gezogener Pistole. Sie spielten Krieg und wollten sich gegenseitig überraschen. Von herumstehenden Kumpanen, die dienstfrei hatten und sich langweilten, wurden sie lauthals angefeuert.

Ein andermal prahlten ein halbes Dutzend Fallschirmjägeroffiziere mit einer Trophäe vom letzten Einsatz im Gazastreifen vor den Soldaten, besonders vor den weiblichen, in einer für sie typischen Art und Weise: Sie jagten unter Gejohle mit einem erbeuteten und rot angestrichenen Jeep, auf dessen Kühlerhaube sie mit großen arabischen Lettern «Feuerwehr» geschrieben hatten, mehrmals die Hauptstraße des Camps 'rauf und 'runter.

Diese Erlebnisse haben wir jungen Rekruten teils erstaunt, teils belustigt aufgenommen. Doch eines Tages waren wir von solchen «Späßen» unmittelbar selbst betroffen. Es geschah während der kurzen Mittagspause, in der wir unsere Baracke nicht verlassen durften. Jeder war gerade mit sich selbst beschäftigt, die einen schrieben Briefe, andere versuchten ein Nickerchen zu machen. Plötzlich wurden die Türen aufgerissen und Rauchgranaten in den Raum geworfen. Während wir hustend und verängstigt nach draußen stürzten, kletterten die «alten Hasen» von der Nachbarkompanie durch die offenen Fenster herein und plünderten uns regelrecht aus. Was ihnen unter die Finger kam, Verpflegung, Bekleidung oder persönliche Dinge, wurde mitgenommen. Natürlich haben wir uns bei unseren Kommandeuren beschwert. Und der Erfolg? Noch am Abend desselben Tages führten sie einen Bekleidungsappell durch. Die fehlenden Ausrüstungsstücke mußten wir bezahlen. So haben wir allmählich dazugelernt − auch im Umgang mit den Vorgesetzten. Doch einen gab es, dem ging man lieber aus dem Weg: Raw Seren (Major) Marcel. Diese Person hat sich mir am festesten in das Gedächtnis eingeprägt. Mehrere Narben durchzogen das Gesicht dieses großen, kräftigen Mannes. Stets trug er eine buntgescheckte Uniform, wie sie für Fremdenlegionäre typisch ist. Auffallend waren auch die vielen zum Teil fremden Orden und Spangen an seiner Brust. Merkwürdig fremdartig war auch seine Aussprache des Hebräischen, und so mancher Soldat äffte ihn nach – natürlich in dessen Abwesenheit. Nicht nur die Rekruten, auch die Dienstältesten fürchteten ihn vor allem wegen seines Zynismus. Zu seiner besonderen Masche gehörte das Degradieren sozusagen aus heiterem Himmel. Das begann damit, daß er sich mit scheinbar gleichgültiger Miene den Wehrpaß zeigen ließ. Danach erläuterte er seinem Opfer mit salbungsvoller Stimme irgendeine Dienstvorschrift, die von jenem verletzt worden sei, und bohrte dabei seine Blicke in den Mann hinein. Ich erinnere mich noch an folgenden Fall: «Raw Turai Shimon, mein Lieber, was ist das für eine Sauwirtschaft vor Ihrer Afsania?» fragte Marcel und zeigte dabei auf eine Apfelsinenschale, die vor der Kleiderkammer lag. «Sie sind verantwortlich für den Sauladen, Raw Turai Shimon, nicht wahr?»

«Verzeihung, Raw Seren Marcel, ich bin Samal Shimon, Samal.» Die rechte Hand griff nach dem linken Arm, um Marcel auf die drei Streifen aufmerksam zu machen.

«Gewesen», sagte Seren Marcel lächelnd und machte sich mit dem Soldbuch davon. «Holen Sie es sich heute nachmittag in meinem Büro wieder ab.» Registration, Soldabstriche u. a. wurden dort erledigt. Für die Korrektur der Rangabzeichen hatte der so Gescholtene selbst zu sorgen.

Seinen Kraftfahrer hat er zum Beispiel auf diese Weise in manchem Monat mehrmals degradiert und wieder befördert. Doch der war pfiffig genug, um sich auf seinen Herrn einzustellen. Er bewahrte mehrere Jacken mit verschiedenen Rangabzeichen auf. So ersparte er sich das Abtrennen und Aufnähen.

Eine «Show» ordinärster Art waren jeweils Marcels Hygienebelehrungen. Der Saal, in dem sie stattfanden, war stets voll. Obwohl sein Vortrag für die Rekruten bestimmt war, nahmen auch alle möglichen anderen Leute der unterschiedlichsten Ränge in Erwartung des Gaudis Platz. Und dann erschien Marcel, gefolgt von mehreren Sanitätern, die ihm eifrig sekundierten. Sein Vortrag war eine einzige Sammlung von Obszönitäten. Die ungebetene Masse grölte am lautesten, wenn er den Rekruten auf seine primitive, vulgäre Weise erklärte, wie sie sich vor Geschlechtskrankheiten zu schützen hätten.

Um die Person Marcels spannen sich die merkwürdigsten Legenden. Es hieß, er sei Fremdenlegionär gewesen und habe als solcher große Erfahrungen in Kommandounternehmen sammeln können. Ungezählte getötete Araber kämen auf sein persönliches Konto. Was immer davon wahr oder erdichtet war, fest stand, daß dieser ranghohe Offizier den Prototyp eines brutalen Söldners verkörperte. Später erfuhr ich, daß er als Instrukteur der israelischen Armee im Solde des südafrikanischen Apartheidregimes irgendwo in Afrika sein Ende gefunden haben soll.

Über solche menschenverachtenden Individuen wie Marcel empörten sich besonders die Jugendlichen der Mapam, die sich zum linken Flügel der israelischen Arbeiterbewegung zählten und deren Ideale von den Realitäten bei der Armee am weitesten entfernt waren. Eine regelrechte Wut hatten alle Kibbuzniks wie auch die übrigen Soldaten meiner Kompanie auf den «Spieß» Raw Samal Giwati wegen seiner Drillmethoden. Selbst Mitglied eines Kibbuz, hatte er sich bei der Armee zu einem menschenverachtenden Individuum übelster Prägung entpuppt. Giwati war Zyniker und ein Angeber obendrein. Sein Motto als Hauptfeldwebel der Rekrutenkompanie lautete: die Persönlichkeit brechen. Er habe gelesen, daß das so bei den amerikanischen Marines gemacht werde, versuchte er sich vor den Rekruten aus seinem Kibbuz zu rechtfertigen, als die ihn zur Rede stellen wollten. «Man muß das machen, sonst ist der zivile Schlendrian nicht 'rauszukriegen. Ihr könnt das zum Beispiel in dem amerikanischen Roman ‹Battle Cry› selbst nachlesen», sagte er überlegen grinsend und ließ die Jungen einfach stehen.

Die Städter grienten, und einer meinte: «Eine schöne Gemeinschaft seid ihr in eurer Kommune!»

Der Appell nach der Uhr war Giwatis Spezialität. «Mesting», sagte er, «zehn Se...kunden, ab!» Das Wort «Sekunden» zog er so weit in die Länge, bis der große Zeiger seiner Uhr die gewünschte Stelle erreicht hatte. Nach «ab» stürzten wir in die Baracke und holten unsere Blechnäpfe.

Danach: «Löffel, zehn Se...kunden, ab!» Wir rasten nach dem Löffel, dann nach dem Messer usw., bis wir zum Essen fertig waren – im wahrsten Sinne des Wortes. Hatten wir die Zeit überschritten, weil jemandem bei dem Gedränge an den Türen etwas aus der Hand gefallen war, mußten alle die ganzen Manöver wiederholen. Doch allmählich gewöhnten wir uns an Giwatis Schikanen vor dem Essen, verbesserten unsere Form, rannten uns nicht mehr gegenseitig um und entwickelten Tricks, um den Raw Samal zu überlisten. Eines Mittags, wir waren gerade wieder beim Löffel angelangt, sprang einer von uns durch das Fenster nach draußen, denn die Türen bildeten ja immer das Nadelöhr. Giwati bemerkte es und setzte eine finstere Miene auf. Da schlug ihm der Ertappte vor, die Zeitnorm noch zu senken. Alles lachte über die naiv vorgetragene Frechheit.

Wenn weibliche Soldaten vorbeikamen, war Giwati nicht mehr zu bremsen. Um ihnen zu imponieren, ließ er die Rekruten um sie herumrennen, «als Begleitschutz», wie er zynisch bemerkte.

Raw Samal Giwati verstand es immer, die Schwachen aus der Gruppe herauszufinden. Die wurden besonders schikaniert. Selbst im Kreise der Unteroffiziere, bei den Gruppenführern, die den Rekruten ebenfalls arg zusetzten, war Giwati nicht besonders beliebt.

Ein anderes «Vorbild» der 202 war der Kompaniechef Raw Seren Sopapo. Sein Ruhm gründete sich nicht auf militärische Leistungen, sondern auf Blut. Sopapos Einheit war die brutalste und er persönlich ein Draufgänger, was ihm schließlich während einer Kommandooperation in Gaza Anfang 1955 das Leben kostete. Sopapos Mordgesellen — viele von ihnen sind bald darauf ebenfalls umgekommen — haben nach dessen Tod zahlreiche Legenden um ihn in Umlauf gebracht. Man brauchte solche Vorbilder, die zu allem bereit waren und die sich selbst «Fighter» nannten. Mehrere von ihnen sind mir nur noch mit den Spitznamen in Erinnerung, z. B. der Nahkampfausbilder Horthy, so genannt, weil er den ungarischen Faschistenführer gleichen Namens verehrte. Dessen spezielles Hobby bestand darin, ahnungslose Rekruten zu überfallen, zusammenzuschlagen und einfach liegen zu lassen. Oder Tarzan, ein Zyniker, der wegen seiner Drillmethoden von den Soldaten unserer Kompanie regelrecht gehaßt wurde.

War das die Armee, auf die man in Israel so stolz war? Dieser Gedanke bewegte viele von uns, und wir sprachen sehr häufig und ausführlich darüber. Selbstverständlich waren nicht alle über einen Kamm zu scheren. Es gab viele Kommandeure, die sich kameradschaftlich verhielten und menschlich aufführten. Andererseits nahmen die meisten Rekruten und Soldaten den Drill und die Schikanen, Erscheinungen, die der Zionismus an anderen Armeen so überaus heftig kritisierte, gleichgültig hin. Auch die Rekruten unserer Kompanie fanden sich bald mit allem ab, und so mancher meiner damaligen Kameraden praktizierte später an Rekruten nach uns gezogener Jahrgänge, was er selbst einmal zähneknirschend erduldet hatte. Solch ein Klima herrschte in Tel Nof wie auch bei den Golanisoldaten, wie ich später erfuhr. Man kann sagen, daß sich 1956, am Vorabend der Suez-Aggression, bereits ernsthafte Erscheinungen des Söldnertums in dieser Armee breitgemacht hatten, vor allem hervorgerufen durch die vielen bis dahin unternommenen Kommandoaktionen von ZAHAL, die sogenannten Vergeltungsschläge, die immer dreister über die Grenzen, tief in die arabischen Nachbarstaaten hineingetragen wurden. Wohl kaum einer von uns hatte damals auch nur die Spur einer Ahnung, daß diese militärischen Kleinoperationen bereits die Ouvertüre für die blutigen Schlachten sein könnten, die schon bald folgten und bei denen Imperialismus und Zionismus gemeinsam Regie geführt haben.

Die Ausbildung unserer Rekrutenkompanie war bis dahin ziemlich unregelmäßig verlaufen. Eine Systematik war nicht zu erkennen. Im Gegenteil, vieles schien uns hastig improvisiert worden zu sein. Wir spürten, daß etwas im Gange war, weil das Leben im ganzen Camp keinen eingespielten Rhythmus erkennen ließ. Eine Aufklärung bekamen wir aber nicht. «Irgend so ein Araber hat sich an der Grenze ausgepißt, und schon ist die 202 wieder in Alarmbereitschaft. Ihr werdet euch daran gewöhnen. Das ist nichts Außergewöhnliches», erwiderte ein Vorgesetzter auf unsere Fragen. Andere zuckten nur verlegen mit den Schultern.

Auch als sich das Camp mit Reservisten, dem Hauptkampfpotential ZAHALs, zu füllen begann, blieb der Schleier des Geheimnisses über den Sinn dieser Aktivitäten ausgebreitet. Es gab lediglich Gerüchte von einer bevorstehenden größeren «Vergeltungsaktion», einer Pschita, gegen Jordanien. Das war wohl das Naheliegendste, weil sich die meisten Kommandoaktionen vor dem Sinai-Feldzug gerade gegen dieses Land gerichtet hatten.

Völlig ohne Argwohn, laut und fröhlich, begrüßten sich die Neueingetroffenen wie alte gute Bekannte, die schon so manchen aktiven und Reservedienst gemeinsam hinter sich gebracht haben. Der große Kasinosaal war bald überfüllt. Viele der Reservisten trugen noch Zivil und lungerten miteinander schwatzend stundenlang um die Mannschaftsunterkünfte herum. Auch nebenan im Stützpunkt der Luftwaffe ging es ähnlich zu. Die Einkleidung und Bewaffnung so vieler Soldaten dauerte seine Zeit. Doch je mehr Zeit verging, desto häufiger zeigte sich Unruhe unter den Männern. Sie wollten endlich wissen, was gespielt wurde, zumal die Gerüchte ihre Umlaufgeschwindigkeit beträchtlich erhöht hatten. Schließlich gab es mehrere Umstände, die sie von anderen Mobilmachungsübungen her nicht kannten. Ungewöhnlich war zum Beispiel, daß der Strom eintreffender Reservisten nicht abreißen wollte. Merkwürdig war auch, daß die Leute nicht, wie sonst üblich, sofort von den Kommandeuren empfangen und zügig eingewiesen wurden. Und weil für unsere Rekrutenkompanie plötzlich ebenfalls überhaupt niemand mehr zuständig zu sein schien, ging nun jeder seiner Wege.

Allmählich wurde es dunkel. Mein Freund Uri und ich wollten wissen, ob unter den eingetroffenen Reservisten Bekannte von uns waren. So gingen wir los, denn wir waren uns ja selbst überlassen. Zu unserem Erstaunen trafen wir bei den Reservisten die Unterführer unserer Rekrutenkompanie an, die uns gestern noch gedrillt hatten. Offensichtlich waren sie hierher abkommandiert worden. Also konnten sie uns nichts mehr anhaben, und wir suchten weiter. So trafen wir Dodik, einen Angehörigen unseres Kibbuz und Soldat auf Zeit. Er war wie seine Männer bereits vollständig eingekleidet, ausgerüstet und bewaffnet und wartete auf den Befehl zum Abmarsch. Auch aus Dodik bekamen wir nicht heraus, was das Ganze hier sollte. Seine Leute bestürmten sogar uns mit Fragen, obwohl sie doch gesehen haben mußten, daß wir noch Grünschnäbel waren. Viele waren über die erneute Einberufung – manche hatte es im letzten Vierteljahr schon dreimal erwischt – verärgert. «Da hätte ich ja gleich Kewa (Dienst auf Zeit – T. F.) unterschreiben können», meinte einer. Sie fürchteten um ihre berufliche Entwicklung, denn inzwischen sahen auch viele Unternehmer, obwohl sie sich zionistische Patrioten nannten, nicht mehr ein, daß ihre Arbeiter so oft einberufen wurden.

Dodiks Zug erhielt endlich den Abmarschbefehl zum Flugplatz. Wir begleiteten die Männer und halfen ihnen bei der Entgegennahme der Fallschirme. Neugierig und interessiert schauten wir zu, wie sie die großen Packen auf den

Rücken schnallten. Obenauf kam noch der pralle Tornister. Vor der Brust hingen die Munitionstaschen, darunter vor dem Bauch der Reserveschirm. Kaum zu glauben, was alles am Koppel befestigt werden konnte – die Magazin- und Handgranatentaschen, ein langes Kommandomesser, die Feldflasche. Dazu war noch die Maschinenpistole zu tragen, über dem Reserveschirm quer vor der Brust. Schwerere Waffen wie Maschinengewehre oder Bazookas (eine amerikanische Panzerabwehrwaffe) und auch zusammenklappbare Tragen wurden, in Spezialsäcken verstaut, am rechten Bein in Höhe der Knöchel und oberhalb des Knies mit Bändern und Splinten befestigt, die man in der Luft während des Sprunges leicht lösen konnte, so daß sie dann nur noch über ein Seil am Koppel hingen und die Landung nicht behinderten.

Ständig tauchten irgendwelche Offiziere auf, erkundigten sich nach dem Stand der Bereitschaft oder brachten weiteres Gerät, das zusätzlich unter den Männern aufgeteilt werden mußte. Überall hörte man Stöhnen und fürchterliches Fluchen. Zähneknirschend nahmen die Männer große Spaten, Schaufeln und Spitzhacken entgegen, obwohl sie hinten auf ihrem Sturmgepäck standardmäßig schon einen Feldspaten trugen. Auch zusätzliche Wasserbehälter mußten noch an den Mann gebracht werden. «Das reicht ja für einen Krieg», sagte jemand. Wir halfen den vollbepackten Männern bis in die Maschinen hinein. «Kommt doch mit uns», rief einer laut. Alle lachten kurz auf. Dann heulten die Motoren der Maschine auf. Langsam rollte die «Dakota» zur Startpiste. Inzwischen war es Nacht geworden.

Ins Quartier zurückgekehrt, warfen wir uns todmüde auf die Betten und schliefen sofort ein. Doch nur kurze Zeit später wurden wir durch einen laut Befehle brüllenden Versorgungsoffizier wieder geweckt. Fröstelnd und schlaftrunken mußten wir vor der Baracke antreten. Dann Aufteilung in kleine Gruppen, und ab ging's zu den Depots. Uri und ich hatten stets beisammen bleiben wollen, aber er war einer anderen Gruppe zugeteilt worden. Unterwegs – es herrschte ja Dunkelheit – gelang der Austausch. Bald hatten wir das Treibstofflager erreicht. Es war bis unter die Decke mit 20-Liter-Kanistern vollgestopft. Die hatten wir auf die ankommenden, meist zivilen LKWs, die samt ihren Fahrern der Armee unterstellt worden waren, zu laden. Das war eine Schinderei. Wir waren bald völlig erschöpft. Alle Glieder schmerzten uns. Die Kanister schienen immer schwerer zu werden. Hinzu kamen die Benzindämpfe. Verpflegung bekamen wir während der vierundzwanzigstündigen Schufterei nicht. Aber wir hätten bei dem Benzingeruch auch keinen Bissen heruntergekommen. Wartete einmal kein leerer LKW auf uns, sanken wir erschöpft auf die Kanister nieder und schliefen sofort ein. Dabei starteten und landeten nebenan mit ohrenbetäubendem Lärm ununterbrochen Transportflugzeuge.

Irgendwann – wir hatten jedes Gefühl für Zeit verloren – trat Stille ein. Das Camp war wie leergefegt und wirkte gespenstisch. Der Wind trieb leere Munitionsschachteln vor sich her, und hin und wieder knarrte eine offenstehende Tür der verlassenen Mannschaftsbaracken. Auch Marcel, der sonst täglich mit hinterlistigen Gedanken seine Runden durch das Camp machte, war verschwunden. Lediglich einige Unterführer waren zurückgeblieben.

An den folgenden Tagen wurden wir von ihnen noch hastiger als bisher an veralteten Karabinern aus dem zweiten Weltkrieg ausgebildet. Jeder von uns gab damit auf dem nahe gelegenen Schießplatz ein paar Schüsse ab, dann wurden wir ohne die übliche Zeremonie vereidigt und zur Bewachung des Objekts eingeteilt.

Was inzwischen draußen passierte, erfuhren wir nur bruchstückhaft. Eines hatten wir aber in Erfahrung bringen können: Die Brigade 202, darunter Dodik und seine Leute, war über der Sinaiwüste in der Nähe des Mitlapasses abgesetzt worden. Wo der lag, wußte niemand von uns so genau. Erstaunt waren wir nur darüber, daß Franzosen, ja auch Briten, die viele Israelis noch aus der Mandatszeit in schlechter Erinnerung hatten, beteiligt gewesen sein sollten. Niemand von uns wußte etwas von der koordinierten Operation ZAHALs mit Armeekontingenten Frankreichs und Großbritanniens. Überhaupt, das muß ich sagen, ist dem Durchschnittsisraeli das ganze Ausmaß des Komplotts zwischen Israel und zwei imperialistischen Großmächten, deren Armeen 1956 Ägypten heimtückisch überfallen hatten, nie richtig bewußt geworden. Auch später nicht, als die Waffen wieder schwiegen und die Brigade 202 im Kibbuz Giwat-Brenner auf einer Großveranstaltung für ihre Taten geehrt wurde. Dabei bekamen wir zum ersten Mal den Chef der 202, Ariel Sharon, damals noch Aluf Mishneh (Oberst), zu sehen. Arik, wie man ihn bei der Truppe nannte, ein stämmiger Mann mit wirrem Haar, hielt, sein rotes Barett lässig unter die Schulterklappe gesteckt, eine kurze Ansprache. Die Beteiligung Großbritanniens und Frankreichs an diesem Feldzug fand nicht einmal andeutungsweise Erwähnung. Der Rede folgte eine Gedenkminute für die Toten. Ich dachte dabei an Dodik. Er war nicht mehr zurückgekehrt.

Die Teilnehmer am Krieg trugen nun an ihren Jacken die Knafajim auf rotem Untergrund — sehr zum Ärger des in Tel Nof zurückgebliebenen Ausbildungspersonals, das jetzt Weiß als Untergrund zugewiesen bekommen hatte.

In ganz Israel feierte man den Sinai-Feldzug als einen Erfolg von ZAHAL. Kein Wort fiel über den neokolonialen Vorstoß der Komplizen in Großbritannien und Frankreich. Erst viel später, als besonders die UdSSR durch ihre unnachgiebige Haltung den Rückzug sowohl der israelischen wie der britischen und französischen Streitkräfte aus Sinai erzwang, wurde auch in Israel über die koordinierten militärischen Operationen öffentlich diskutiert. Allerdings entstand für die Weltöffentlichkeit immer noch kein klares Bild über das tatsächliche militärische Kräfteverhältnis zwischen den am Konflikt beteiligt gewesenen Parteien. Am wenigsten waren der Weltöffentlichkeit der enorme Grad der Bewaffnung und Ausrüstung der israelischen Armee, das hohe Niveau ihrer Ausbildung, das Ausmaß ihrer Manipulierung und damit die Gefahr bekannt, die bereits damals vom Zionismus für den Frieden in dieser Region ausging. Erst durch die Juni-Aggression von 1967, den sogenannten Sechs-Tage-Krieg, konnte sich die Welt davon ein gewisses Bild machen. Danach sonnte sich die israelische Armee in einem Mythos der Unbesiegbarkeit. Doch bereits im Yom-Kippur-Krieg von 1973, in dem ZAHAL zum ersten Mal die Blitzkriegsstrategie nicht anwenden konnte, zerbrach dieser Mythos. Aber darauf wird noch zurückzukommen sein.

Sinai

Wieder einmal saßen wir Rekruten dichtgedrängt auf den offenen Lastkraftwagen und ließen uns den Fahrtwind durch die Haare streichen. Wir waren gespannt auf die neue Umgebung, die neuen Kommandeure und den bevorstehenden Dienst, der wohl zuerst einmal wieder Ausbildung bringen würde. Unsere Reise endete auf dem Stützpunkt des Bataillons 890 der Fallschirmjägerbrigade 202 nahe Hadera, einem kleinen Städtchen unweit der Mittelmeerküste. Das Camp, ebenfalls eine ehemalige britische Anlage, hatte längst nicht die Ausdehnung von Tel Nof. Es war umgeben von Zitrusplantagen, der Haupterwerbsquelle in dieser Küstenregion.

Der Bataillonskommandeur von 890, ein Sgan Aluf (Oberstleutnant), hieß Rafael (Raful) Ejtan. Im Vernichtungsfeldzug gegen Libanon im Jahre 1982 wird er Oberbefehlshaber der israelischen Armee sein. Wir bildeten die neue Kompanie Aleph seines Bataillons. Nach einer kurzen Ansprache stellte uns der neue Kompaniechef die übrigen Vorgesetzten der Kompanie vor — überwiegend Kibbuzniks mit Kampferfahrungen aus mehreren Einsätzen bei sogenannten Vergeltungsoperationen und durchweg Teilnehmer des gerade beendeten Sinai-Feldzuges.

Uri und ich waren wieder in einem Zug, doch diesmal in verschiedenen Gruppen. Simcha hatte man der Sajeret zugeteilt, einer Spezialeinheit des Bataillons für Aufklärung. Schon ein Tag nach unserer Ankunft begann wieder die Ausbildung, und zwar ganz von vorn. Immun Ischie hieß die Einzelausbildung. Bewegen im Gelände, Tarnen, Eingraben usw. wurden geübt — Elemente, die wir schon von der vormilitärischen Ausbildung in der Gadna, der paramilitärischen Jugendorganisation, her kannten. Den meisten Schweiß hat uns die Sturmbahn mit ihren überaus vielen Hindernissen gekostet. Zugleich wurden wir jetzt systematisch an den Handfeuerwaffen unterwiesen, diesmal auch an der Uzi, der neuen, in Israel entwickelten Maschinenpistole. Sie gehörte damals noch nicht zur Standardwaffe in allen Einheiten.

Der krönende Abschluß dieser Etappe war der Absprung mit dem Fallschirm aus 400 m Höhe. Zuvor mußte dafür ein dreiwöchiger Spezialkursus in Tel Nof absolviert werden. Außer uns nahmen daran noch angehende Piloten der Luftwaffe, Absolventen von Offizierslehrgängen und ranghohe Offiziere aus verschiedenen Waffengattungen und Stäben teil. Auch Afrikaner erhielten diese Ausbildung, sie bildeten eine gesonderte Gruppe. Woher sie gekommen waren, konnten wir nicht in Erfahrung bringen. Sie wurden in Englisch unterrichtet, trugen zur Tarnung die Felduniform der israelischen Armee und waren im Quartier der Ausbilder separat untergebracht.

Während der Sprungausbildung waren wir in sogenannten Dwukot eingeteilt, d. h. in Gruppen, die eng aufgeschlossen das Flugzeug gemeinsam verließen. Die lästige Ausrüstung konnten wir dabei meist im Quartier lassen. Angetreten wurde zu den Spezialübungen nur in Felduniform mit Stahlhelm und Koppel. Die Offiziere, die an dem Lehrgang teilnahmen, wurden aufgefordert, während des Unterrichts ihre Rangabzeichen abzumachen. Die Bodenrolle, mit der der Fallschirmjäger den Aufprall beim Landen am Boden abfängt, war das tragende Element der Übungen. Das Abrollen nach allen Himmelsrichtungen hin wurde ausführlich trainiert. Überall boten sich den Ausbildern Möglichkeiten, die Rekruten kullern zu lassen, im Sand und auf dem Asphalt, auf dem Weg von und zum Quartier, zum Essen oder beim Wechsel zum nächsten Übungsgerät. Eine Rolle durch die Pfütze traf jeden einmal. Manche Ausbilder befahlen jeweils zwei Rekruten, gleichzeitig abzurollen – dem einen nach links, dem anderen nach rechts – und freuten sich diebisch über den Zusammenprall.

Von den Bodenübungen wechselten wir dann zu den Sprunggeräten, von denen der Swing bei uns am gefürchtetsten war. Der Springer wurde an den Gurten befestigt und sprang auf Kommando vom Viermeterturm. Wenige Zentimeter über dem Boden blieb er in den Gurten hängen. Der plötzliche starke Zug schmerzte in den Gliedern. Und während er noch hängend hin- und herpendelte, mußte er sich auf die Landung vorbereiten, denn der Übungsleiter rastete ohne Vorankündigung die Gurte aus. Auf diese Weise sollte der Springer beweisen, daß er abrollen kann! «Noch einmal nach oben, Wiederholung!», bekam der zu hören, dem das mißlang. Dabei trommelte der Übungsleiter mit dem Eisengriff, den er zuvor aus dem Raster gezogen hatte, auf den Helm des Springers.

Endlich war auch diese Tortur vorbei. Wir bestiegen nicht mehr Attrappen, sondern richtige Flugzeuge. Um die Angst zu vertreiben, brüllten wir das obligatorische «he hopp, he hopp!», das wir schon am Boden einstudiert hatten, während die «Dakota» abhob. Absprung in 400 m Höhe. In der Luft war jeder für sich allein. Dieses stolze Gefühl, sich selbst überwunden zu haben, und dann der Blick auf die Landschaft aus der Vogelperspektive waren faszinierend. Sechs Sprünge, erst einzeln und ohne Ausrüstung, dann in immer größeren Dwukot, am Ende die ganze Flugmannschaft mit einem Mal und in voller

Montur, bildeten den Abschluß der Ausbildung. Endlich waren wir Fallschirmspringer und durften stolz das rote Barett und die Knafajim, das in der israelischen Armee begehrte Abzeichen auf blauem Grund, tragen.

Nach vier Monaten erhielten wir erstmalig Ausgang. Doch die Ausbildung ging weiter. Die Kommandeure von 890 schikanierten uns zwar nicht, waren aber sehr diensteifrig und unnachgiebig. Die meisten waren Anwärter für den nächsten Offizierslehrgang, den sie sich nicht vermasseln wollten. Bei der geringsten Nachlässigkeit gab es keinerlei Pardon. Die Bestrafung folgte auf dem Fuße. Ein nicht ordentlich «gebautes» Bett wurde beim allmorgendlichen Misdar (Appell) einfach umgestürzt, ein nicht vorschriftsmäßig gepackter Tornister ausgeschüttet. So etwas ist von den Israelis bei anderen Armeen immer kritisiert und abgelehnt worden! Besonders gründlich war die Waffenkontrolle. Es durfte nicht das geringste Staubkörnchen gefunden werden. Das Blechgeschirr hatte zu glänzen. Für diese Appelle nahmen sich die Kommandeure stets viel Zeit. Danach ging es zur Ausbildung ins Gelände. So vergingen abermals einige Wochen, bis der Befehl zur erneuten Verlegung eintraf. Das Ziel nannte man uns nicht. Aber wir hatten es uns abgewöhnt, derlei Fragen zu stellen. Nach einer langen und strapaziösen Fahrt auf offenen Lastwagen durch Wüstengebiete des Negev und des Sinai erreichten wir dessen südlichste Spitze,

Rekruten im Trainingszentrum der Kommandoschule der Fallschirmjäger ZAHALs. Piloten und Offiziere aller Waffengattungen absolvierten ebenfalls diese Kurse

das besetzte ägyptische Scharm asch-Scheich am Roten Meer. Nun waren wir Besatzungssoldaten, obwohl unsere Grundausbildung noch keinen Abschluß gefunden hatte. Uns war nicht wohl in unserer Haut. Doch unsere Kommandeure schienen bei der damaligen komplizierten Situation mehr Angst zu haben als wir ahnungslosen, unerfahrenen Soldaten. Dabei waren wir hier nicht einmal die jüngsten. Unsere Nachbarkompanie bestand aus Soldaten, die erst vor knapp drei Wochen die Uniform angezogen hatten. Nun trugen diese Geezer (eine der vielen herabwürdigenden Bezeichnungen für Rekruten) schon die geladene Uzi vor der Brust und Handgranaten am Koppel.

Nach einer unter freiem Himmel verbrachten Nacht setzte unsere Gruppe am frühen Morgen allein die Reise auf einem gepanzerten Kettenfahrzeug die Küste des Roten Meeres entlang fort. Um die Mittagsstunde erreichten wir unser neues Camp: ein einsames Zelt, ein Fahnenmast mit der blauweißen israelischen Fahne und ein Wasserwagen. Hier sollten wir für die nächsten Wochen hausen. Hier, das war ein vorgeschobener Posten an der äußersten Grenze des von Israel besetzten Gebietes.

Die Landschaft war in ihrer Unberührtheit einmalig schön. Keine 100 m von unserem Zelt entfernt stürmten die Wellen des Meeres tosend gegen das Ufer an. Auf der gegenüberliegenden Seite hohe, kahle, zerklüftete Bergspitzen, die in der Sonne bunt glitzerten. Dazwischen bis zum Horizont nichts als goldgelber Sand, durchzogen von einer schmalen Betonstraße. Sie wirkte wie ein Fremdkörper, mit dem sich die Natur nicht abfinden wollte, denn über Strecken war sie vom Sand fast zugeschüttet. Am frühen Morgen war es schwer, sich zurechtzufinden, denn Gebirge und Meer hatten ihre Plätze vertauscht – eine Fata Morgana. Staunend betrachteten wir dieses Wunder der Natur, das jedoch bald mit der höher steigenden Sonne verschwand. Wer nicht gerade mit der Wache dran war, flüchtete dann ins Zelt, obwohl es darin kaum kühler war als draußen, wo der Posten einsam seine Runden zog. Tödliche Langeweile plagte uns, und wir versuchten, im Zelt dicht nebeneinanderliegend, irgendwie die Zeit totzuschlagen. Deshalb freuten wir uns über zwischenzeitliche Patrouillengänge ins Gebirge oder die Küste des Roten Meeres entlang. Wie bewunderten wir auf diesen Streifzügen die steilen, in ihrer Form und in ihrem Glanz einzigartigen blutroten Karmesinfelsbrocken. Mutig wagten wir uns bis an den Rand der beängstigend tiefen Schluchten. Hier in den Bergen herrschte himmlische Ruhe. Das Meer brüllte. Die Sonne warf ihre Strahlen auf das kristallklare Wasser, zeigte uns bizarr geformte Korallen. Wir wetteiferten, wer die größten und schönsten Muscheln und Meeresschneckengehäuse fand. Und wenn dann in dieser herrlichen Umgebung noch vom biblischen Land, vom Berg Sinai, von Moses gesprochen wurde, geriet so mancher von uns regelrecht ins Schwärmen. Dazu rauschten die Wellen des Yam-Suph, des Roten Meeres. Die wirklichen Grenzen unseres Landes begannen zu verschwimmen.

Die Ernüchterung kam, wenn wir auf unseren Streifzügen auf Überbleibsel

Üben der Bodenrolle aus der Bewegung heraus

aus den Kämpfen stießen, die hier stattgefunden hatten: zerschossenes Kriegsgerät, vom Sand allmählich zugedeckt; Schuhe von Arabern, die in den Schluchten Schutz gesucht hatten; im offenen Gelände liegengelassene und in Verwesung übergegangene Leichen. Jedesmal dann war es aus mit der Schwärmerei. Gedanken über die Grausamkeit des Krieges überfielen viele von uns. Die Frage drängte sich uns auf: Warum haben wir hier, 300 Kilometer von der Grenze Israels entfernt, Vorposten bezogen? Die Wüste kam uns nun nicht mehr so romantisch, eher gespenstisch vor, und fast jeder von uns hatte plötzlich nur einen Wunsch: Weg von hier! – Habaita! – Nach Hause!

In dem Zusammenhang erinnere ich mich an einen unverhofften Inspektionsbesuch General Moshe Dayans, damals Oberbefehlshaber ZAHALs. Er fragte uns, ob wir den Zweck unseres Hierseins kennen würden. Mehr als ein Gestotter haben wir nicht zustande gebracht. Dayan erklärte uns daraufhin, daß die Funktion eines Vorpostens darin bestehe, einem feindlichen Überraschungsangriff möglichst lange standzuhalten, bis die Armee Verstärkung schickte. Doch die einzige «Feindberührung» hatte es bis dahin mit einem alten Fischer und seinem Sohn gegeben. Sie hatten mit ihrem Boot am Ufer festgemacht, weil sie von den genauen Verhältnissen an dieser Küste offensichtlich noch gar nichts wußten. Den eigentlichen Grund für die Inspektion Dayans und der vielen Offiziere, die ihn in gebührendem Abstand begleiteten, erfuhren wir erst später. Sie hatten den bevorstehenden, erzwungenen Abzug ZAHALs aus dem eroberten Gebiet vorbereitet.

Fallschirmjäger besteigen eine Maschine der israelischen Luftwaffe

Die schwierigsten Übungen erwarteten den Rekruten der Fallschirmjäger am Swing

Gelungener Absprung

Tatsächlich erreichte uns auch bald der Befehl zum Abmarsch. Das Zelt wurde abgebaut, und zurück ging es wieder nach Scharm asch-Scheich. Diesmal hatten wir Gelegenheit, den Ort an der Küste des Roten Meeres in seiner ganzen hellen Pracht kennenzulernen. Friedlich, ja verträumt, lagen die weißgetünchten Häuser vor uns, in ihrer Mitte die schneeweiße Moschee mit dem schlanken, hohen Minarett. Flankiert wurde diese Ansiedlung von den Ausläufern des kahlen roten Felsens der Bergketten, denen vermutlich das Meer seinen Namen verdankt. Das Wasser jedoch war blau, tief und rein. Hier und dort zeigten sich an der Wasseroberfläche große, dunkle, in Lila übergehende Flecke — Anzeichen für riesige Schwärme von Medusen. Das Baden hatte man uns untersagt, wegen der Haie.

55

Israelische Patrouille 1956
auf der Halbinsel Sinai

Das Antlitz ZAHALs: Soldaten der israelischen Armee haben im besetzten Gebiet am Roten Meer die Leiche eines Arabers entdeckt.

Als wir hier eintrafen, herrschte schon totale Aufbruchstimmung – der Rückzug der israelischen Armee vom ägyptischen Territorium war auch in Scharm asch-Scheich bereits in vollem Gange. Ununterbrochen rollte der Güterstrom zum Kai, wo Schiffe aller Art zum Abtransport bereitlagen. Die Hafenarbeiter aus Haifa, ja sogar aus ausländischen Häfen hatten beim Stauen alle Hände voll zu tun. Dabei war nicht nur Kriegsgerät – eigenes wie erbeutetes – zu verladen. Alles, was nur irgendwie brauchbar erschien, wurde mitgenommen: Vieh, Lebensmittel, Maschinen, Werkzeuge, ja auch Möbel und Baumaterial. Organisiert wurden diese Transporte von Versorgungsoffizieren und zivilen Spezialisten. Sie kennzeichneten, was zu verladen war.

Da der Schiffsraum für die Berge von Gütern nicht ausreichte, wurden zusätzlich Transportflugzeuge eingesetzt. An einer solchen Flugaktion war ich ebenfalls beteiligt. Innerhalb kürzester Zeit hatte man aus Soldaten unserer Kompanie eine kleine Mannschaft formiert, die ein Transportflugzeug des französischen Typs «Nord» nach Eilat, dem südlichsten Hafen Israels am Roten Meer, begleiten sollte. Das war ungewöhnlich. Seltsam war auch, daß die Maschine nur mit wenigen Kisten beladen war. Wir rätselten, was wohl drin sein könnte, haben es aber nie erfahren. In Eilat wurde unsere Maschine bereits erwartet und schnell entladen. So flogen wir nach kurzer Zeit wieder zurück. Hier hatte sich inzwischen eine regelrechte Raubpsychose entwickelt, von der die Offiziere der am Kai ankernden Schiffe nicht weniger befallen waren als die des Heeres. Von ihren Raubzügen aus dem Ort schleppten sie Radiogeräte, Kühlschränke, Porzellan und Schmuck heran. Die Soldaten und Unteroffiziere mußten sich mit Geringerem, wie Bettwäsche und Handtücher, zufriedengeben. Was nicht brauchbar war, wurde verbrannt. Es gab nicht einmal den Versuch, all das unter Kontrolle zu halten. Dazwischen die bereits angereisten Blauhelme – die Soldaten der UNO-Friedenstruppe –, die den Schutz des Territoriums übernehmen sollten, eifrig ihre neue Umgebung fotografierend.

Dieses ganze Durcheinander beim Abzug hatte System: Die Ägypter sollten, wenn sie hier wieder einzogen, keinen Stein auf dem anderen mehr vorfinden. Dazu gehörte auch, daß Spezialisten alle Stellungen bis hin zur Suezkanalzone sprengten.

Schließlich kam der Tag der Übergabe an die Soldaten der UNO-Truppe. Nahe des Kais wurde ein kurzer Appell improvisiert: Auf der einen Seite unsere Kompanie, in voller Montur und militärisch exakt ausgerichtet, auf der anderen die UN-Soldaten, ausgerüstet mit Fotoapparaten. Das hat ihnen von den Israelis die Bezeichnung Touristenarmee eingebracht.

Dann das Zeremoniell der Übergabe. Einer unserer Offiziere brüllte laut die Kommandos. Wir nahmen stramme militärische Haltung an. Die Gegenseite hob die Kameras an die Augen. Die israelische Flagge wurde eingeholt und durch die UN-Flagge ersetzt. Das war alles. Vom Appellplatz aus marschierten wir sofort zu den beiden am Kai liegenden Kriegsschiffen, die uns nach Eilat brachten. Von dort ging es dann wieder auf Lastwagen zurück in unser Camp nahe Hadera.

Bei unserer Ankunft waren schon alle Vorbereitungen für eine Militärparade getroffen worden — speziell in Szene gesetzt für US-amerikanische Juden. Wir hatten keine rechte Lust, für diese alten Geldsäcke samt ihren aufgetakelten Ladys zu paradieren. Und so gaben wir uns auch nicht gerade die größte Mühe dabei. Doch unser Publikum war begeistert, mochten einige Offiziere über die mangelhafte Diszlplin in den Kompanien des Bataillons noch so toben.

Natürlich wußte ein jeder von uns, daß Israel auf die Dollars dieser Leute angewiesen war. Aber diese amerikanischen Dollar-Juden selbst waren dem Soldaten wie überhaupt dem Durchschnittsisraeli im allgemeinen gleichgültig. Für die Kibbuzniks zählte damals noch in erster Linie ein Leben in absoluter Gemeinschaft, in der das Streben nach privatem Reichtum, die Jagd nach dem schnöden Mammon in New York oder San Francisco, wie manche es ausdrückten, entschieden abgelehnt wurde, auch wenn der Dollarstrom von dort nach Israel willkommen war.

Während man in der Nähe von Tel Aviv für die Bevölkerung zur Anschauung und Erbauung eine große Anzahl von erbeuteten Waffen zur Schau stellte, gingen die Kompanien des Bataillons 890 nun wieder ihren routinemäßigen Aufgaben nach. Die Kompanie Aleph setzte ihre Grundausbildung fort, die so jäh

Erzwungener Abzug der israelischen Truppen aus Scharm asch-Scheich am Roten Meer nach der Suezkrise von 1956. Alles, was nicht verschifft oder ausgeflogen werden konnte, wurde verbrannt

unterbrochen worden war, für die anderen wechselten Ausbildung, Wachdienst und Einsätze an den Grenzen einander ab. Im Süden war es vorerst ruhig geworden. Das Konfliktfeld hatte sich nach Norden verlagert. Es gab wieder «Vergeltungsschläge» — gegen Jordanien oder am Golan —, und unser Bataillon war mit dabei. Die Sinai-Invasion von 1956 bildete für uns bereits ein Stück Vergangenheit. Lediglich die gelbe Spange, die eigens für die Teilnehmer dieses Feldzuges gestiftet worden war, und die auch wir erhalten hatten, bildete eine stets gegenwärtige Erinnerung.

Die Israelis nannten den Sinai-Feldzug «Miwza Kadesh», was soviel heißt wie geheiligte Operation. Aus politischer Sicht war er ein Fiasko gewesen. Die eroberte Halbinsel mußte nach kurzer Zeit wieder geräumt werden. Das war auch ganz im Sinne der USA, die nicht mit ansehen wollten, wie die ehemaligen Kolonialmächte Großbritannien und Frankreich in der Region erneut Fuß faßten, in der Washington seine Interessen wahrnehmen wollte. Die israelische Armee war entlarvt, an der Seite zweier imperialistischer Großmächte Ägypten überfallen zu haben. Die Operation «Musketier», so der mit Frankreich und Großbritannien vereinbarte Tarnname für die Aggression, mußte abgebrochen werden. Da halfen keine Koordinationsverhandlungen zwischen dem Generalstabschef ZAHALs, Dayan, dem Admiral und Bevollmächtigten des französischen Oberkommandos, Pierre Barjot, und dem britischen Kommandeur der Landstreitkräfte im Mittleren Osten, Sir Charles Keightley.

Ganz und gar nicht im Verhältnis zu den Realitäten stand der ideologische Rummel, der danach auf die Bevölkerung Israels niederprasselte. Wie immer mußte die Geschichte zur Rechtfertigung der Aggression herhalten. Man sprach vom Berge Sinai, wo Moses den Kindern Israels auf ihrem Weg ins Gelobte Land die heiligen Schrifttafeln überreicht hatte. In Liedern besang man den Tag, an dem das Volk Israel zum Berge Sinai zurückkehren werde. Zionistische Gelehrte erinnerten an eine jüdische Ansiedlung am Roten Meer namens Yotvat, dem heutigen Tiran, die bereits im 5. Jahrhundert dort angelegt worden sei. Niemals habe der Gazastreifen zu Ägypten gehört, behaupteten lauthals die Gegenwartspolitiker, und verschwiegen natürlich dabei, daß laut UNO-Teilungsplan für Palästina dieses Gebiet weder Israel noch Ägypten, sondern den Palästinensern für einen eigenen Staat zugesprochen worden war.

Für die Militärs Israels war der etwa 350 km tiefe Vorstoß in fremdes Gebiet, verbunden mit dem Absetzen von Fallschirmjägern am Mitlapaß und dem Vordringen von Panzern und mobiler Infanterie, ein Höhepunkt der Strategie der «vorbeugenden Konterschläge» und eine Art Vorgeschmack auf Kommendes im Rahmen der sich herausbildenden neuen Doktrin des Präventivkrieges. Führende Militärs von ZAHAL behaupteten, daß die israelische Armee den Sinai allein, unabhängig von Frankreich und Großbritannien, eingenommen hätte. Als Beweis hierfür führten sie an, daß die Operationen ZAHALs zeitlich vor dem Eingreifen der Franzosen und Briten gelegen hätten. In Wahrheit beruhten die Aggressionshandlungen im Rahmen der Operation «Musketier» jedoch auf einer politischen und militärischen Allianz von Frankreich, Großbritannien und Israel. Sie sind zuvor in mehreren Verhandlungsrunden auf verschiedenen Ebenen bis hin zu persönlichen Absprachen zwischen den Premierministern Guy Mollet, Antony Eden und Ben Gurion vereinbart und vorbereitet worden. Ben Gurion war mit weitreichenden Plänen angereist. Nach seinen Vorstellungen sollte Jordanien zwischen Israel und Irak aufgeteilt werden, da dieses Land keine Perspektive habe, als selbständiger Staat zu existieren. Israel wollte sich dabei schon damals das Gebiet westlich des Jordans aneignen. Auch Libanon sollte einige muslemische Distrikte an Israel abtreten, um dadurch angeblich seine Stabilität auf der Basis einer christlichen Regierung besser sichern zu können.

Der erste Mann im Regierungsapparat des zionistischen Staates versuchte seinen britischen Partner davon zu überzeugen, daß ein solches Konzept einen starken Einfluß Großbritanniens auf den Irak mit dem einverleibten Ostjordanien und damit praktisch auf die gesamte arabische Halbinsel garantieren würde. Frankreichs Einflußsphären lägen dagegen in Libanon und in Syrien. Für den Suezkanal müsse nach diesem Plan ein internationaler Status gefunden werden (eine Form übrigens, die die Zionisten für Jerusalem strikt ablehnen). Israel würde die Kontrolle der Meerenge von Tiran auf sich nehmen, natürlich von der Sinaihalbinsel aus.

Eine Neuordnung des Nahen Ostens also? Dieser Tobak war selbst dem britischen und dem französischen Verhandlungspartner zu stark. Ihnen schwebte lediglich ein israelisch-ägyptischer Konflikt vor, der ihren Streitkräften den Vorwand liefern sollte, als «Ordnungshüter» einzugreifen und so die eigene militärische Präsenz in der Kanalzone zu sichern und das widerspenstige Nasserregime durch eine gefügige Regierung in Ägypten zu ersetzen. Ein Ausdruck dieses Strebens war ein gemeinsam formuliertes Ultimatum, in dem Ägypten aufgefordert wurde, die Besetzung der Kanalzone durch französisch-britische Streitkräfte während des Konflikts mit Israel zu akzeptieren. Sollte diese Forderung nicht erfüllt werden, wollten Frankreich und Großbritannien militärische Gewalt anwenden. Doch selbst wenn Nasser diese Forderung akzeptiert hätte, konnte immer noch Israel, das nach außen hin eine Partei des Zweierkonfliktes darstellte, den Vorwand für das Eingreifen der «Ordnungshüter» liefern. Es hätte schon gereicht, wenn die Israelis ihre Streitkräfte nicht aus der Kanalzone abzogen, denn die Komplizen hatten alles bedacht und Israel in das Ultimatum mit eingeschlossen.

Die Weichen für eine gemeinsame Aggression waren also gestellt. Nun waren die Militärs und die Rüstungsexperten an der Reihe, ihre Pläne zu vervollständigen. Shimon Peres, der Rüstungsbeauftragte aus dem israelischen Kriegsministerium (heute Vorsitzender der israelischen Arbeiterpartei, die gemeinsame Sache mit den zionistischen Revisionisten in einer großen Koalition macht), legte seine Bedarfslisten vor, die von Frankreich wohlwollend abgearbeitet wurden.

Der Generalstabschef ZAHALs, Dayan, konnte die Direktiven für die Operationspläne herausgeben. Das separate Terrain für die Aktionen der israelischen Armee hießen Sinai und Gaza. ZAHAL war damals noch nicht in der Lage, ohne unmittelbare Unterstützung von außen in kürzester Zeit mit großen Kräften tief ins gegnerische Gebiet vorzustoßen. Die wenigen und noch dazu veralteten amerikanischen «Dakota»-Maschinen und die noch geringere Anzahl von französischen Transportern des Typs «Nord 2501» gestatteten gerade einmal das Absetzen eines Fallschirmjägerbataillons hinter den Linien. Israel konnte diese Truppe nicht mit schwerem Gerät, Fahrzeugen, Treibstoff, Munition und Verpflegung versorgen. Das übernahmen später die Franzosen von ihren Basen auf Korsika oder von israelischen Flughäfen aus. Vor allem aber fehlte ZAHAL eine ausreichende Menge an geeigneten Transportmitteln, mit denen sie die Truppen unter den rauhen Bedingungen der Wüste schnell über weite Entfernungen verlegen konnte, ganz gleich, wie stark der zu erwartende Widerstand der ägyptischen Armee ausfiel. Es gab jedoch noch direktere Formen der Unterstützung und Absicherung der israelischen Operationen: Französische und britische Bomberstaffeln griffen die ägyptischen Flughäfen an. Vor der Küste von Scharm asch-Scheich patrouillierten Einheiten der britischen Marine und deckten den Angriff der Israelis.

So konnten natürlich die israelischen Streitkräfte relativ schnell, hauptsächlich entlang der Mittelmeerküste in Richtung El-Arish, Kantara, Ismailia, vorstoßen. Wesentlich schwieriger gestaltete sich der Durchbruch durch die Wüstengebirgspässe Gidi und Mitla in Richtung Süden am Golf von Suez entlang, aber auch durch die unwegsamen Wüstenstrecken auf der östlichen Seite der Halbinsel Sinai am Golf von Akaba entlang. Die von der israelischen Negev-Wüste aus in Richtung Kuntilla in Marsch gesetzten Truppen hatten hohe Ausfälle an Fahrzeugen, die im Wüstenterrain steckengeblieben waren, zu verzeichnen. Ariel Sharon, ihr Brigadekommandeur, befahl jedoch, den Zeitplan unter allen Umständen einzuhalten und festgefahrenes Gerät zurückzulassen. Um Ersatz brauchte er sich nicht zu sorgen. Die hier stationierten geringen ägyptischen Truppenkontingente wurden überrascht und flohen. Dagegen stieß das am Mitlapaß aus der Luft abgesetzte Fallschirmjägerbataillon 890 auf energischen Widerstand. Es gab viele Tote und Verwundete in den zum Teil erbittert geführten Kämpfen um diese strategischen Höhen der Sinaihalbinsel.

Die Operationen der Fallschirmjäger am Mitlapaß wurden später im Generalstab heftig diskutiert, und zwar wegen der taktischen Fehler und des eigenmächtigen Vorgehens der Kommandeure, die die Befehle der Armeeführung nicht konsequent befolgt hatten. Die hohen Opfer waren mit Sicherheit auch eine Folge der maßlosen Selbstüberschätzung der Fallschirmjägertruppen. Es ist zudem vorgekommen, daß israelische Truppen aufeinander geschossen

Nach der Suezaggression von 1956 erhält Dayan den Orden der französischen Ehrenlegion

haben, weil die Koordinierung unzureichend gewesen war. Die Mißerfolge der 10. Brigade veranlaßten das Südkommando, den Brigadekommandeur noch während der Kämpfe abzulösen. Auf Erfahrungen beim Einsatz von Panzern hatte kaum zurückgegriffen werden können, weil sie zuvor bei den «Vergeltungsschlägen» nur selten verwendet worden waren.

Alles in allem konnte der Sinai-Feldzug kein reales Bild darüber vermitteln, wie das tatsächliche Kräfteverhältnis ausgesehen hatte. Am 16. März 1957, $4^1/_2$ Monate nach Beginn der Aggression, mußten Israels Truppen bis auf den letzten Mann zurück hinter die Waffenstillstandslinien von 1949, wie sie bis zum Oktober 1956 bestanden hatten, aber bereits unrechtmäßig besetztes arabisches Land einschlossen. Für die Militärs von ZAHAL, das hatte der Sinai-Feldzug gezeigt, gab es noch viel zu tun, um die weitergehenden räuberischen Absichten des Zionismus realisieren zu können.

Kompanie Aleph

Die Dekade nach dem Sinai-Feldzug bis zum sogenannten Sechs-Tage-Krieg 1967 nutzte die israelische Führung, um ihre Militärdoktrin der «vorbeugenden Konterschläge» auszubauen und auf die Strategie und Taktik der Armee anzuwenden. Die Militärs sannen darüber nach, wie zukünftig ein größerer Krieg —

die Suezkrise galt ja nur als ein Feldzug — unter allen Umständen gewonnen werden konnte, und zwar im Alleingang, ohne die Unterstützung fremder Mächte. Falls erforderlich, sollte er sogar an mehreren Fronten, das heißt gegen mehrere arabische Staaten zugleich geführt werden. Ein solches Unterfangen konnte ihrer Meinung nach nur von Erfolg gekrönt sein, wenn die Doktrin der «vorbeugenden Konterschläge» in Richtung auf eine «Präventivkriegsdoktrin» weiterentwickelt wurde. Das würde den Überraschungseffekt gegenüber dem Gegner auf breitester Front garantieren, weil die militärischen Operationen blitzkriegsartig noch schneller in die Tiefe des überfallenen Staates vorgetragen werden würden. Zugleich sollten härtere Methoden der Abschreckung demonstrativer als je zuvor die Stärke und Schlagkraft der israelischen Armee beweisen. Niemals haben unter Israels Führern Bestrebungen, eine Normalisierung der Beziehungen zu den arabischen Nachbarstaaten auf politischem Wege zu erreichen, eine ernstzunehmende Rolle gespielt. Alle ihre Überlegungen, von links bis zu den Rechtsradikalen der zionistischen Bewegung, gehen nur in die eine Richtung: wie man die militärische Überlegenheit ausbauen kann. Meinungsverschiedenheiten gibt es nur darüber, wie die Prioritäten hierfür zu setzen sind.

Die Doktrin des Präventivkrieges geht davon aus, daß Israel von einer erdrückenden arabischen Übermacht bedroht werde. Da die demographischen und geographischen Bedingungen des Landes für eine Abwehr ungünstig seien, müsse jeder Waffengang mit Initiative sofort auf arabischen Boden übertragen werden. Im Klartext heißt Initiative Erstschlag, der auf diese Weise moralisch gerechtfertigt werden soll. Yigal Allon, ehemals Kommandeur der Palmach und zu jener Zeit Politiker, tat sich bei der Popularisierung und Rechtfertigung von Israels Militärdoktrinen besonders hervor. In seinem 1971 erschienenen Buch «The Making of Israels Army» schrieb er: «Die einzige Antwort auf Anzeichen einer feindlichen Absicht kann nur sein: die totale Initiative auf die Seite Israels zu bringen, also einen vorbeugenden Konterschlag zu führen, der den Feind vernichtet. Jeder zukünftige Krieg muß kurz und entschlossen geführt werden. Dabei ist davon auszugehen, daß der Hauptkampf auf feindlichem Boden ausgetragen wird. Israels Streitkräfte sind so auszurichten, daß sie in der Lage sind, die feindlichen Kräfte zu zerschlagen, deren Gegenangriff abzufangen und das Territorium so lange zu halten, bis ein Frieden geschlossen ist und permanente strategische Grenzen fixiert worden sind.»

Der Widerspruch dieser Theorie liegt schon in der Begriffswelt. Kann man doch einen Konterschlag erst führen, wenn man selbst attackiert wurde. Nach israelischer Auffassung zählen aber schon die Konzentration von Kräften, die bloße Truppenbewegung des Gegners als Offensive gegen ihren Staat. Daher die Bezeichnung «vorbeugender Konterschlag». Diese These wurde auch zur Täuschung benutzt. So hatte man unmittelbar vor dem Sinai-Feldzug israelische Truppen an der jordanischen Grenze mit der öffentlich erklärten Absicht konzentriert, einem Einmarsch irakischer Verbände in Jordanien entgegenwirken zu wollen. In Wahrheit war der bevorstehende Einmarsch der irakischen Soldaten eine israelische Erfindung zur Täuschung des ägyptischen Oberkommandos. Wie sich bald darauf herausstellte, fielen Truppen ZAHALs von der jordanischen Grenze aus auf kürzestem Wege über die Negev-Wüste in den Sinai ein und nahmen dann die vorgesehene Route Eilat−Scharm asch-Scheich den Golf von Akaba entlang.

In der Folge wechselten die Israelis mehr und mehr zu dem Begriff «Präventivschlag» oder «Präventivkrieg» über, weil sie meinten, damit ihre Aggressionsabsichten besser tarnen zu können. Mit Akribie gingen sie daran, den Geist des Soldaten für die alten neuen Ziele zu prägen und die Truppe auf die erforderlichen Gefechtsformen zu drillen.

Die Ausbildungspläne in der Kompanie Aleph des Bataillons 890 der Fallschirmjägerbrigade 202 sahen jetzt Gefechtsübungen in Gruppen und in Zügen vor. Wir waren nur noch selten in unserem Camp. Meistens fuhren wir weit 'raus, irgendwohin ins Grenzgebiet, oder unternahmen lange Märsche dorthin. Mitunter verbrachten wir mehrere Wochen unter schwierigen Bedingungen in Zweimannzelten ohne Sanitäreinrichtungen. Warme Mahlzeiten gab es nur selten. Oft regnete es tagelang. Dann wiederum plagte uns die Hitze und der Chamsin, dieser trockene, warme, sandführende Wüstenwind, der alles mit einer feinen Staubdecke belegte. Doch Abstriche an der harten Ausbildung gab es weder bei Regen noch bei Hitze. Stets wurde die Übung zu Ende geführt, wobei Gefechtsrealität groß geschrieben stand. Immer waren auch die Vorgesetzten mit uns im Gelände. Selbst der Bataillonschef Raful oder Offiziere vom Stab der 202 ließen sich draußen sehr häufig sehen.

Das tragende Element der Ausbildung war die Wiederholung. Was auch immer auf dem Programm stand, alles wurde so lange geübt, bis in jedem Detail Perfektion herrschte. Manche Übungen hingen selbst unseren Gruppenführern schon zum Halse 'raus. Doch die Offiziere waren unnachgiebig. Sie hatten immer noch etwas auszusetzen. Die erste Übung des Sturmangriffs werde ich nie vergessen. Der Zugführer, ein alter Haudegen und noch in Dodiks Kompanie geschult, erläuterte uns zuvor ausführlich alle Elemente. Dann sollte es mit der praktischen Übung losgehen. Er selbst wollte die Führung übernehmen und bat einen Gruppenführer um dessen Sturmgepäck. Als er es in seiner Hand hielt, rief er wütend aus: «Das ist ja leer.»

Der Gruppenführer lief rot an und antwortete verlegen: «Nun ja, mit der Zeit hat sich eine Marscherleichterung eingeschlichen. Das Notwendigste, das Verbandzeug und so, habe ich aber immer bei mir.»

«Und das Kochgeschirr auch», ergänzte, für alle hörbar, der Zugführer laut und schleuderte dem blamierten Gruppenführer den Tornister in hohem Bogen entgegen. Wir Rekruten lachten. Das hatte uns mächtig imponiert.

Der Zugführer ließ sich jetzt den prallen Tornister eines Rekruten geben. Dann ging es los. Auf seinen Befehl hin stürmten wir im Sprinttempo gruppenweise einen steilen Hang hinauf. Oben angelangt, waren wir völlig erschöpft. Einigen wurde sogar übel. Trotzdem wurde der Sturmangriff wiederholt. Der Offizier brüllte hinter uns her und warf mit Steinen nach jedem, der zurückblieb. Danach übernahmen die Gruppenführer den Befehl und setzten die Übung mit ihren Leuten fort. Der Sturm wurde so noch sehr oft geübt. Auch sie haben dabei mit Steinen nach ihren Männern geworfen. Doch ihr Sturmgepäck war nach wie vor leichter.

Am nächsten Tag wurden die Wiederholungen wiederholt, immer nach der gleichen Schablone: Der Kommandeur nannte das Angriffsziel — eine Ruine, ein Grabensystem oder einfach eine kahle Anhöhe. Dann kam der Angriffsbefehl. Sofort wurden das Maschinengewehr und die panzerbrechende Waffe in Stellung gebracht. Erst danach gingen die übrigen Rekruten der Gruppe vor, und zwar möglichst so gedeckt, daß sie vom «Gegner» nicht bemerkt werden konnten. Diese Phase der Übung mußte sehr sorgfältig ausgeführt werden, um den Überraschungseffekt nicht zu verlieren. Aus gleichem Grund wurden gerade immer die schwierigsten und unwegsamsten Abschnitte für den dann bevorstehenden Sturm ausgesucht, weil der Gegner dort am allerwenigsten einen Angriff vermutet. Um unter dem Feuerschutz der schweren Waffen stürmen zu können, ohne selbst von ihnen verletzt zu werden, hatten wir uns in einem möglichst günstigen Winkel zu deren Feuerlinie heranzupirschen. Geschossen wurde grundsätzlich mit scharfer Munition. Nur selten, bei großen Manövern, an denen auch die Infanteristen anderer Einheiten beteiligt waren, wurden Platzpatronen ausgegeben. Die Geschosse der Maschinengewehrsalven mußten unmittelbar vor der Sturmkette aufprasseln. Das war in felsigen Gegenden, wo die Geschosse das Gestein zertrümmerten, sehr gefährlich. Jeden von uns haben die umherfliegenden Steinsplitter einmal mehr oder weniger schlimm erwischt.

War das Signal zum Sturmangriff gegeben, kam es auf äußerst schnelle, aber streng zwischen linkem und rechtem Flügel koordinierte Bewegungen der Schützenkette an. Aufspringen und Stürmen, Hinwerfen und Feuerschutz für die andere Seite geben — das alles mußte gut klappen. Hatten wir endlich den Gipfel erreicht, mußte ohne Verschnaufpause zügig die Verfolgung des «Gegners» aufgenommen werden, bis das Kommando zur Feuereinstellung kam. Meistens sind wir dabei den gestürmten Berg auf der anderen Seite bis zur Hälfte wieder heruntergelaufen. Während der «Gegner» so verfolgt wurde, um ihn restlos zu vernichten, winkte oben der Kommandeur die Kämpfer mit den schweren Waffen herbei. In schnellem Tempo mußten sie wieder zur Hauptgruppe aufschließen. Sturm und Verfolgungsjagd endeten immer mit Beziehen der Stellung, um das eroberte Terrain abzusichern. Das hieß unverzüglich Schützenmulden graben, die Feuerlinien für die Verteidigung einzuteilen und schließlich die verbrauchte Munition abzurechnen und die «Verluste» anzugeben.

Spezialausbildung der Fallschirmjäger im Nahkampf am Rande eines Eukalyptuswäldchens am Jordan

Fallschirmjäger trainieren den Sturmangriff in der Negev-Wüste – wie immer mit scharfem Schuß

Hatten wir ein Haus, meist eine Ruine, zu stürmen, mußten unsere Handlungen exakt mit der der Panzerabwehrwaffe — einer amerikanischen Bazooka — koordiniert werden. Sekunden bevor die Gruppe die Ruine erreichte, mußte das panzerbrechende Geschoß treffsicher durch die Fensteröffnung eingeschlagen haben. Der Sturm durfte dabei nicht ins Stocken geraten. Auch dabei sind Soldaten meiner Kompanie verletzt worden.

Nach einer gewissen Zeit waren wir derart aufeinander eingespielt, daß jede Bewegung aus dem Effeff klappte. Wie lange wir dazu gebraucht hatten, weiß ich nicht mehr. Wir haben uns aber schon deshalb alle Mühe gegeben, um uns weitere Wiederholungen zu ersparen. Gegen «persönliche Einlagen» beim Sturm auf Häuser hatten die Vorgesetzten keine Einwände. Und so machten sich einige einen Spaß daraus, auf die Ruine zuzustürmen. Während sie sich dann links und rechts neben dem Eingang an die Wand preßten, zog der eine den Sicherheitssplint aus der Handgranate und warf sie im leichten Bogen seinem Gegenüber zu. Der fing sie auf und schleuderte sie — gerade noch rechtzeitig — durch die Türöffnung. Unmittelbar nach der Explosion stürmten sie 'rein und schossen ihre Magazine leer — ganz nach dem Muster der vielen amerikanischen Kriegsfilme, die wir häufig zu sehen bekamen.

Abgesehen von dieser «Einlage» verlangte man von uns stets hohen physischen Einsatz und exakte detaillierte Ausführung der Befehle, was immer wir auch trainierten, denn wir übten ja für den Ernstfall. Häufig mußten wir die Waffen untereinander austauschen, so daß alle mit jedem Typ gut umgehen konnten. Bei Einsätzen, aber auch bei Vorführungen, benutzte jedoch jeder die Waffe, mit der er die besten Ergebnisse nachgewiesen hatte. Spezialisierung war gefragt.

Normen für einzelne Übungselemente spielten eine sehr geringe Rolle. Alles wurde im Komplex beurteilt. Das Laden der Waffe, der schnelle Magazinwechsel in der Bewegung während des Sturmangriffs, das Ausheben einer Schützenmulde im Zusammenhang mit der Verteidigung selbst, die rasche Beseitigung von Ladehemmungen. Gerade letzteres haben wir, ganz im Gegensatz zu den besagten Kriegsfilmen, in denen pausenlos geballert wurde, sehr sorgfältig und häufig geübt. Natürlich besteht das Ziel jeder Armee darin, ihre Soldaten unter möglichst realen Gefechtsbedingungen zu trainieren. Die israelische Armee ist hierbei jedoch, gemessen an ihren Möglichkeiten, mit an vorderster Stelle, weil für sie die Unterschiede zwischen Gefechtsübung — längs der Grenze mit scharfer Munition abgehalten — und wirklichem Gefechtseinsatz weitgehend ineinanderfließen. Besondere Sicherheitsvorkehrungen für Schießplätze hielt man nicht für unbedingt erforderlich. Der israelische Soldat richtete seinen Lauf auf Zielscheiben, die in Richtung Grenze standen, egal, ob auf der anderen Seite ein arabisches Dorf lag oder nicht. Kriegsnahe Übungen ließen sich auch im Innern des Landes, in der Negev-Wüste oder in den fruchtbaren Gebieten Westgaliläas abhalten. Dort siedelten überwiegend Araber. Ich weiß noch, wie wir dort einmal mit dem Fallschirm über einem Melonenfeld abgesetzt wurden. Unmittelbar nach der Landung gingen wir zur Gefechtsordnung über und schossen, wie üblich, mit scharfer Munition. Doch auf dem Feld waren die Fellachen gerade bei der Ernte! Für sie bestand äußerste Lebensgefahr. Außerdem richteten wir einen großen materiellen Schaden an.

An diesem Zustand hat sich bis heute nichts geändert. Schießübungen, zurückgelassene Munition oder Blindgänger bedrohen weiterhin das Leben der Fellachen und deren Vieh. Von offizieller Seite kümmert sich niemand darum. Hin und wieder, wenn es sich nicht mehr verschweigen läßt, erscheinen Meldungen von Unglücksfällen in der Presse, z. B. über das arabische Dorf Moavijah, dessen Bewohner wiederholt besonders viele Opfer und hohe Viehverluste zu beklagen hatten.

Zum Teil waren diese Übungen der Kompanie mit Einsätzen an den Grenzen oder mit der Bewachung und Sicherung von Militärobjekten aller Art verbunden. So wurden wir ständig in Gefechtsbereitschaft gehalten. Außer dem Bettgestell und dem fast leeren Seesack darauf — Schränke gab es für uns nicht — hatten wir so gut wie nichts im Camp zurückgelassen. Die Kompanie war praktisch immer so ausgestattet und mit Munition versehen, daß sie jederzeit von der Ausbildung oder Übung in den Wach- und Patrouillendienst überwechseln, ja sogar in das Gefecht gehen konnte. Chagor Pilim — Elefantenlast — nannten die Soldaten ihre Ausrüstung, die sie ständig mit sich tragen mußten. So sicherten wir Treibstoff- und Munitionslager in der Negev-Wüste, bewachten wir Radarstationen auf dem Karmelberg und Militärhafenanlagen an den Küsten des Mittelmeers und im Golf von Akaba am Roten Meer. Manche Nacht lagen wir in einem Wadi, dessen Zugänge wir zuvor vermint hatten, an der Grenze zum ägyptischen Gazastreifen im Hinterhalt. Gerade war die Übung eines Angriffs, koordiniert mit Napalmeinsatz durch die Luftwaffe, beendet, wurden wir auch schon wieder abkommandiert zu einer Flugbasis im Norden, wo wir die Eingänge der Betonbunker zu den Flugzeugen und die Schutzwälle zu bewachen hatten. Wir überwachten die Gleisanlagen und begleiteten Züge nach Jerusalem, die damals streckenweise noch durch jordanisches Gebiet fuhren. In verschneiten Nächten lagen wir frierend auf zu Festungen ausgebauten Dächern in Jerusalem an der Grenze zwischen Alt- und Neustadt, den jordanischen Soldaten unmittelbar gegenüber. Ständig waren wir auf Achse und durchstreiften auf diese Weise im Verlaufe der 30 Monate unseres Wehrdienstes mehr als einmal das ganze Land. Ausgang bekamen wir recht selten und dann nur in kleinen Gruppen. Fuhren wir in den Urlaub, und zwar nicht von unserem Stützpunkt aus, nahmen wir die Maschinenpistolen mit. Darin bildeten wir keine Ausnahme. Überall an den Straßen, in Zügen und Bussen begegnete man besonders in Zeiten von Spannungen an den Grenzen bewaffneten Soldaten sämtlicher Waffengattungen und Teilstreitkräfte.

Natürlich hielten nicht alle Soldaten der Kompanie diesen harten Dienst und die Strapazen durch. Manche versuchten auch, auf leichtere Weise ihre Zeit abzudienen. Wer keine Ambitionen hatte, zum Unteroffizierslehrgang zugelassen zu werden und damit erneute Härten auf sich zu nehmen oder gar später die Offizierslaufbahn einzuschlagen, was mit einer Verlängerung der normalen Dienstzeit verknüpft war, der fand auch Auswege. Man mußte nur beharrlich suchen und eine Zeitlang auch Diskriminierungen in Kauf nehmen können, wie beispielsweise Akrabi. Mit allen Mitteln hat er versucht, von der kämpfenden Truppe wegzukommen. Akrabi war mit seiner Familie aus dem Irak eingewandert. In Haifa hatten sie sich so recht und schlecht durchs Leben geschlagen, bis er zu ZAHAL gekommen war. Eigentlich mochten wir ihn alle, vor allem auch deshalb, weil er auf langen, eintönigen Fahrten zu unserer Erheiterung und Unterhaltung beitrug. Einmal, als wir auf einem Bahnhof auf den Zug warten mußten, vollführte er Bauchtänze und zeigte allerlei artistische Verrenkungen, daß sogar die Zivilisten stehenblieben und ihm zusahen. Nun ging er noch mehr aus sich heraus. Bei Rock and Roll im Kasino war er der Meister. Im Dienst hingegen war er weniger eifrig. Oft versuchte er sich mit allerhand Verstellungskünsten vor Arbeiten und Einsätzen zu drücken. So manches Mal mußten wir seinetwegen Übungen wiederholen. Dann waren wir wütend auf ihn. Den Vorgesetzten war er längst ein Dorn im Auge, und sie schikanierten ihn, wo sie nur konnten. Eines Tages mußte er vor die Kompanie treten. Außer seinem Sturmgepäck hatte man ihm eine Tasche voller Hülsen der Panzerabwehrgranaten, die mit Sand gefüllt waren, aufgeladen. In die angewinkelten Arme legte man ihm nun noch ein langes Metallrohr und befahl ihm, in die Knie zu gehen und zu hüpfen. Der Spieß hielt ihm eine Rute unter das Kinn und erzwang sich so den Gehorsam. Zynisch kündigte er den Soldaten Akrabi als Panzerschreck an. Das war blanke Menschenverachtung. Damit sollte nicht nur Akrabi diskriminiert, sondern der ganzen Kompanie gezeigt werden, wie es einem Freiwilligen ergeht, der ausscheiden will. Warum er so hartnäckig von der Kompanie weg wollte, sagte Akrabi nicht. Jedenfalls schaffte er es und wurde Lagerverwalter, ein ruhiger Posten.

Auch Turko — seinen richtigen Namen habe ich vergessen, wir nannten ihn so, weil er aus der Türkei stammte — hatte viele Diskriminierungen und Schikanen zu erdulden, bis er endlich in der Küche landete. Von dort konnte er seiner in ärmlichen Verhältnissen lebenden Familie nun ab und zu ein Lebensmittelpaket zukommen lassen. Am besten hatte es Simchoni getroffen. Er wurde Kraftfahrer. Die Ausbildung dazu war für ihn später in seinem Zivilleben sicher sehr nützlich.

Pinchas, ein Bursche aus Jerusalem, schoß sich sogar noch gegen Ende seiner Dienstzeit ins Bein, um von unserer Kompanie wegzukommen. Dafür wurde er vor das Militärgericht gestellt.

Auch unter den Kibbuzniks hat es tragische Fälle gegeben. Großes Aufsehen entstand, als sich ein Kibbuznik während der Rekrutenzeit bei 202 erschoß, weil er den Drill und die Schikanen nicht mehr ausgehalten hatte. Im allgemeinen sprangen von den Kibbuzniks aber nur wenige vorzeitig ab. Sie waren auf die Armeezeit viel besser als die Städter vorbereitet, kannten das kleine Land sehr gut von ausgedehnten Wanderungen und Fahrten während ihrer Schulzeit und den Veranstaltungen des Jugendverbandes. Sie waren vertraut mit Kompaß und Karte und von kleinauf eng mit der Natur verbunden. Die Städter waren im Gelände einfach hilflos. Sie schafften es nicht, während der kurzen Pausen schnell ein Feuer zu entzünden und sich aus der Konservenbüchse eine warme Mahlzeit zu bereiten oder sich ein Plätzchen im felsigen Gebirge als bequemes Nachtlager herzurichten. Aufgewachsen im Kollektiv, ordnete sich der Kibbuznik schneller in eine neue Umgebung ein und paßte sich der Situation rasch an. Brüderlich teilte er mit den Kameraden, was er hatte, und seien es Briefpapier, Seife oder andere Dinge des persönlichen Bedarfs. Beim nächsten Urlaub im Kibbuz konnte er seine Bestände wieder kostenlos auffüllen, ohne sein Sparkonto erleichtern oder seiner Familie auf der Tasche liegen zu müssen wie der Soldat aus der Stadt. Auch im Umgang mit Handfeuerwaffen waren die Kibbuzniks meist gut vertraut, weil viele ihrer Siedlungen im Grenzgebiet lagen. In solch einem Grenzkibbuz bin ich, wie schon erwähnt, aufgewachsen. Die Deckungsgräben, die quer durch die Siedlung führten, bildeten für uns Kinder ein vorzügliches Gelände, um Räuber und Gendarm zu spielen. Die Älteren mußten regelmäßig Zivilschutzübungen mitmachen. Und noch ein Umstand kam hinzu, der uns Kibbuzniks schon mit dem Armeeleben vertraut gemacht hatte: In unserer Siedlung war eine Nahal-Einheit stationiert, jene Truppe der israelischen Armee, die sich «kämpfende Pionierjugend» nannte und bei denen Arbeit auf den Feldern sowie militärische Ausbildung eine Einheit bildeten. Innerhalb der Kibbuzsiedlung hatte man für sie standardmäßig sechs Unterkunftsbaracken, eine Sanitärbaracke und eine Klubraumbaracke errichtet. Auch einen Appellplatz gab es. In regelmäßigen Abständen wurden die Nahalim von der Arbeit befreit, um ins Manöver zu ziehen. So hatten wir schon als Kinder sozusagen Anschauungsunterricht im Soldaten- und Kasernenleben. Später fiel es deshalb dem herangewachsenen Kibbuznik auch nicht schwer, vom Kettentraktor auf den Panzer umzusteigen.

Tnuva-Kinder

Keine Gesellschaftsgruppe in Israel ist so eng mit dem Militär liiert wie der Kibbuz. Es ist dies keine Geschäftspartnerschaft, wie sie zwischen Rüstungsmagnaten und führenden Militärs besteht. Hier handelt es sich um die Gesamtheit der Beziehungen zwischen der zionistischen Kibbuzbewegung mit all ihren gesellschaftlichen Organisationen und dem Militär als staatliche Institution.

Der Kibbuz war jahrelang Israels Siedlungspotential, also die Kraft, die die Expansionsziele der zionistischen Führung verwirklichte. Sicherheit und Siedlung sind in Israel Synonyme. Korrekt ausgedrückt müßte es «zionistische Siedlung» oder besser «zionistische Kolonisierung» heißen, weil das Adjektiv «zionistisch» die Besonderheit dieser Kolonisationsform, nämlich die Besiedlung fremden Landes, sowie die dafür notwendige Allianz zwischen Kibbuz und Militär erst hervorhebt.

Betrachten wir das Synonym «Sicherheit», so ist erst einmal objektiv zu sagen, daß ein natürliches Bedürfnis jeder Pionierbewegung, die mit Neusiedlung verbunden ist, darin besteht, sich zu verteidigen. Die Auseinandersetzung mit der Natur, der Schutz vor der fremden oder gar feindlichen Umwelt zwingen sie dazu. Die Besiedlung Nordamerikas z. B. wäre ohne Waffen und ohne die Absicherung durch das Militär undenkbar gewesen. In Palästina und später im Staate Israel bildete sich jedoch eine Allianz zwischen zionistischer Kolonisation und Armee heraus, wie sie bis dahin nirgendwo auf der Welt zu finden war. Das liegt wohl darin begründet, daß die zionistische Siedlungsbewegung permanent mehr mit der Vertreibung von ursprünglich ansässigen Menschen als mit der Urbanisierung beschäftigt war. Die Ausrottung der indianischen Ureinwohner war eine unmenschliche Begleiterscheinung der Besiedlung Nordamerikas. Bei der zionistischen Besiedlung ist die Vertreibung der palästinensischen Araber eine Kernfrage der israelischen Ideologie und Praxis. In der Unabhängigkeitserklärung der Vereinigten Staaten von Nordamerika von 1776 wurde die Gleichberechtigung aller Konfessionen zumindest schriftlich fixiert. Der Zionismus hingegen setzte von Anbeginn das Charisma, die Berufung des Judentums, in den Mittelpunkt seines Handelns. Als besonders geeignet für die Durchsetzung der zionistischen Ziele erwies sich dabei die Kolonisationsform des Kibbuz. Man kann sagen, daß die ersten organisierten zionistischen Streitkräfte, Haganah und Palmach, die später den Kern von ZAHAL bildeten, aus dem Kibbuz hervorgegangen sind, ja lange Zeit mit ihm eins waren. Noch heute ist der Einfluß des Kibbuz in der israelischen Armee relativ groß.

Die Idee des Kibbuz war ganz und gar nicht neu, sondern eher eine Kopie der Kommunen der utopischen Sozialisten. Die Gründer der Kibbuzbewegung waren geistig stark beeinflußt von russischen kleinbürgerlichen Revolutionstheorien. In ihrer Mehrzahl kamen sie aus dem Kleinbürgertum und dem Mittelstand und suchten nach anderen, besseren Lebensformen gegenüber denen, die sie in ihren Elternhäusern in Osteuropa kennengelernt hatten. Für ihre Siedlungen, die aus dem jüdischen Nationalfonds finanziert wurden (der Fonds wird übrigens heute noch durch Schnorren von Almosen der Zionisten aus der ganzen Welt gespeist), schwebte ihnen einst eine Kommune völlig ohne privates Eigentum und ohne Lohnarbeit vor, in der jeder entsprechend seinen Fähigkeiten gibt und seinen Bedürfnissen gemäß erhält. Diese Theorien ließen sich in der kapitalistischen Wirklichkeit nicht realisieren. Der Grund und Boden gehörte dem kapitalistischen Staat, der ein unmittelbares Interesse daran hatte, daß eine hochmoderne, intensive kapitalistische Landwirtschaft entwickelt wurde, wofür er großzügig Kredite gewährte. Gleichzeitig floß ausländisches und inländisches Privatkapital in die Kibbuzim. Es entstanden zahlreiche moderne Industrieanlagen sowie Hotels und andere Dienstleistungsbetriebe, in denen u. a. auch nicht zum Kibbuz gehörende Lohnarbeiter beschäftigt wurden. So entwickelten sich die Kibbuzim zu leistungsstarken Wirtschaftsunternehmen. Sie entfernten sich aber immer mehr von ihren Ursprungsidealen.

Doch wir wollen hier nicht so sehr auf die Ideen und Theorien der Kibbuzbewegung eingehen, sondern die praktische Bedeutung ihrer Siedlungsform für aggressive militärstrategische Zwecke näher betrachten. Unter den primitiven Bedingungen der Urproduktion in der Landwirtschaft im heißen Klima, im Kampf gegen Heuschreckenplagen und Malaria hat die Kooperation zunächst immer Vorzüge gegenüber der Einzelwirtschaft. Natürlich gab es auch andere Formen der Kooperation, wie den Moschaw (Plural: Moschawim), der sich ebenfalls bis heute in Israel gehalten hat. In ihm sind nur die Produktionsmittel Gemeineigentum. Die Wirtschaft, also der Hof, sowie der Verkauf der Produkte sind Privatsache. Aber im Vergleich dazu und zur arabischen Wirtschaftsform war der Kibbuzgedanke zu jener Zeit überlegen. Da die Kibbuzsiedlungen nicht aus Einzelgehöften bestanden, konnten sie auf engstem Raum sogar in Form von Festungen errichtet werden. So war es möglich, in Gebiete vorzudringen, die bislang nur von Arabern bewohnt waren, und sich dort zu behaupten. Bald entstand die bereits erwähnte Bewegung «Choma u-Migdal» («Mauer und Turm»), deren Mitglieder ihre Unterkünfte zu Festungen mit Wachturm und Palisaden ausbauten. Arbeiterbataillone (Gdude Avoda) wurden gebildet. Mit ihnen zogen die Bataillone zur Verteidigung der hebräischen Sprache (Gdude megine Ha'safa) und zur Befreiung des Bodens (lig'ol) – natürlich nicht nur von Sümpfen oder von Wüstensand! – aus. Noch heute ist die Kibbuz-Jugend in Jugendregimentern organisiert – eine erstaunlich militante Begriffswelt für die harmlos erscheinende Bezeichnung Kommune. Die Kibbuzsiedlungen stellten sich der Haganah und der Palmach als Militärbasen zur Verfügung. Sie dienten regelrecht als Ausgangspunkte für militärische Operationen. Der Kibbuz Chanita an der Nordgrenze zu Libanon war ein klassisches Beispiel dafür, wie die Zionisten mit massiver militärischer Deckung eine Siedlung in vorwiegend arabischem Gebiet als Festung errichtet haben. Später diente die Siedlung der Palmach oft als Sammellager. Dieser Kibbuz Chanita spielte auch im Leben von Uris Vater eine gewisse Rolle, als er einmal als Kurier der Haganah durch das Jesre'el Tal reiste, um Freiwillige für eine Sonderaktion der Palmach zu gewinnen. Er erzählte: «Ich schickte sie nach Chanita, wohin zuvor der Auftrag erging, alle notwendigen Voraussetzungen für die Unterkunft und Verpflegung von 40 Mann zu schaffen. Eine solche Aktion wäre in einem Moschaw mit privaten Gehöften nicht so einfach zu organisieren gewesen.»

Ganze Kompanien der Palmach wurden in den Kibbuzsiedlungen illegal untergebracht, Lehrgänge für Führungskader u. a. durchgeführt. Den britischen Mandatsbehörden konnte man sie bei Kontrollen als Gäste oder als neue Siedlungsgruppen vorstellen, die in der Praxis der Landwirtschaft Erfahrungen sammeln wollten. Abends saß man dann mit ihnen beim Kumsitz (eine Art Schlachtefest) am Lagerfeuer und sang: «Hineh matov u manajim» — wie schön ist doch die Eintracht.

Noch war nicht deutlich differenziert zwischen Widerstand gegen die britische Kolonialmacht und Aktionen gegen die Araber Palästinas. Nach der Staatsgründung änderten sich die Aufgaben des Kibbuz. Nun galt es, die — wenn auch unrechtmäßig geschaffenen — Grenzen zu halten. Jetzt unterstützten Regierung und Armee die Grenzkibbuzim (auch unter dem Namen Wehrdörfer bekannt geworden) mit allen Mitteln. Sicherheit für den Staat hieß unter den Bedingungen von neu erobertem Territorium: besiedeln, kolonisieren. Damit sollte das «Recht» der neuen Besitzer auf diese Gebiete jenseits der Grenzen demonstriert werden. Man wollte kein Niemandsland entstehen lassen. Und das ließ sich der Staat etwas kosten. Die Armee mußte den neuen Kibbuzsiedlungen Fahrzeuge und Ausrüstungen zur Verfügung stellen. Soldaten wurden, auch wenn sie nichts von den Ideen und den Lebensformen der Kibbuzbewegung hielten, zur Arbeit im Kibbuz verpflichtet. Die Nahal wurde gegründet, deren Soldaten man nach dem Vorbild der Palmach in Grenzkibbuzim stationierte. Der Kibbuz nutzte deren Arbeitskraft auf den Feldern. Die Armee sparte die Verpflegung ein. Das Bataillon 88 der Fallschirmjägerbrigade 202 war aus solchen Nahal-Soldaten formiert worden.

Heute ist dieser Geist des Kibbuz immer mehr im Abklingen. Besonders schwer tut sich der Kibbuz bei der Integration von Nahal-Einheiten, deren Soldaten Einwanderer aus asiatischen oder afrikanischen Ländern sind. Es werden immer weniger, die nach ihrer Dienstzeit im Kibbuz bleiben. Die Kibbuzbewegung trommelt gegenwärtig ihre inneren Reserven zusammen und schickt Menschen und Material zur landwirtschaftlichen Erschließung der Negev-Wüste. Eine ständige Gefahr sehen die Zionisten dabei in den dort umherziehenden Beduinenstämmen. Diese Nomaden beachten keine Staatsgrenzen und schlagen ihre Zelte einmal auf jordanischem und ein andermal auf israelischem Gebiet auf. Ein großer Störfaktor für die Zionisten. Die Beduinen werden deshalb verdrängt, ihr Land wird aus «Sicherheitsgründen» beschlagnahmt und den Kibbuzim zur Bearbeitung zur Verfügung gestellt. Für die Anlage neuer Siedlungen reicht die «Pionierkraft» kaum noch aus.

In den vorangegangenen Kriegen haben sich die Kibbuzsiedlungen am schnellsten auf die neuen Bedingungen eingestellt und ihre Bunker und Sicherungsgräben selbst gebaut. Der Staat brauchte nur für die Finanzierung zu sorgen. Sie bauten die Ortsstraßen aus, legten Minenfelder im Grenzgebiet an und organisierten die Verstärkung ihrer Wachen. Die Kibbuzniks errichteten ihre

Schutzzäune selbst und installierten die Sicherheitsbeleuchtung rund um ihre Siedlung. So war der Grenzkibbuz eine zuverlässige Bastion im Kriegsfall und fester Bestandteil des staatlichen Grenzsicherungssystems.

Heute ist der Kibbuz keine strategische Notwendigkeit mehr. Der Kibbuz Mezar im okkupierten Golangebirge z. B. bietet mit seinen Anlagen höchstens noch den Reiz der Exotik. Der Tourismus ist ein einträgliches Geschäft. Man lebt dort wie in einem Fünf-Sterne-Hotel. Die staatliche Unterstützung ist enorm. Welch ein Kontrast gegenüber vergangenen Jahren!

Mit ihren 275 Siedlungen bildet die Kibbuzbewegung eine ständig schwindende Minderheit im Lande. Bei 65000 Mitgliedern und 120000 Kibbuzbewohnern insgesamt ist ihr Anteil an der Bevölkerung Israels auf ganze 3,5 Prozent geschrumpft. Dabei hat sich der Kibbuz stets zur Avantgarde der Armee gezählt. Kibbuzniks hatten in ihr führende Positionen inne und stellten schon auf Grund ihres höheren Bildungsstandes die Elite bei der Luftwaffe, den Panzern und den Spezialeinheiten der Infanterie. Sie haben auch verhältnismäßig große Opfer gebracht. 25 Prozent der Toten und Verwundeten in den Kriegen nach der Staatsgründung waren Kibbuzniks.

Mit großem ideologischen Aufwand kämpfen die Veteranen der Kibbuzbewegung auch um deren Fortbestand und um die Erziehung ihrer Jugend in diesem Sinne. Stets weisen sie auf die Traditionen der Gründerjahre und auf die Verdienste der Bewegung in der Haganah, der Palmach und der ZAHAL hin. Und in der Tat: Die Lebensweise im Kibbuz, der höhere Bildungsstand der Jugendlichen im Vergleich zu dem des Durchschnittsisraeli und die Ideale, die sie mitbrachten, bildeten stets eine gute Nachwuchsgrundlage für die Armee. Bis heute erweist sich die Kibbuz-Erziehung für die Sicherung des Kadernachwuchses der Armee als überlegen. Sowohl bei den grundlegenden Musterungstests wie auch bei den Eignungsprüfungen für Offiziere fällt das Verhältnis von 2:1 nahezu regelmäßig zugunsten der zahlenmäßig sehr viel geringeren Kibbuzjugend aus.

Die Jugendverbände aller Kibbuzbewegungen haben den paramilitärischen Übungen stets große Aufmerksamkeit gewidmet. Ihre Mitglieder übten sich beispielsweise in der Machna'uth, was zwar soviel wie Camping heißt, jedoch mit naturverbundener Erholung entsprechend unserer Begriffswelt keinesfalls zu vergleichen ist. Vielmehr war das eine Form der Vorbereitung auf den späteren Militärdienst, schloß Spiel und Wehrsport gleichermaßen ein. Die Jugendlichen lernten sich selbständig im Gelände zu bewegen, nach Karte und Kompaß zu wandern, aus einfachen Decken Zelte zu bauen, Feuerstellen einzurichten, an denen auch gekocht wurde, sowie Hindernisse zu überwinden. Welche Veranstaltungen auch immer auf die Jugendlichen warteten – vor allem lernten sie Disziplin, lernten sie, sich ein- und unterzuordnen. So waren sie schon bald in der Lage, selbst Kollektive zu führen. Das Gefühl, zur Elite der israelischen Gesellschaft zu gehören, wurde auf solchen Veranstaltungen stark geprägt. Die Erziehungsgrundsätze waren: Hochhaltung der Kibbuzideologie, Selbstdisziplin, kollektives Handeln, intensivste Aneignung von Führungseigenschaften. Die Einbindung intellektueller Aktivität, hauptsächlich das Studium der Geschichte, aber auch kulturelle Betätigung und Folklore waren stets mit im Programm.

Das dogmatische Idealziel des Kibbuz sah ein Leben in absoluter Gemeinschaft vor, in dem das Privateigentum völlig ausgeschaltet und das Zivilleben weitgehend verdrängt war. Als Jugendliche, im Leben noch unerfahren und mit diesen Dogmen ausgestattet, haben wir manche Kampagne geführt, beispielsweise eine Fahrradkommune gegründet, um den Privatbesitz dieser Fahrzeuge einzudämmen. Ein andermal haben wir mit viel Eifer einen Prozeß geführt, richtig mit Anklage und Verteidigung. Angeklagt waren die Erwachsenen, welche Kaninchen privat hielten. Später, als wir in den täglichen Arbeitsprozeß integriert und weit weniger naiv waren, machten wir unserem Ärger laut Luft, wenn ein alter Funktionär in der Vollversammlung gegen die Beschäftigung fremder Lohnarbeiter auftrat, weil wir für uns Überstunden befürchteten.

Bis zu dem Tag, an dem wir als Erwachsene feierlich offizielle Mitglieder der Kommune wurden und ein Zimmer unser eigen nennen konnten, verbrachten wir also unsere Zeit immer in der Gemeinschaft, deren kleinste Einheit die Kwutza — die Gruppe — ist. Angefangen im Kindergarten und später in der Schule, bildete sie die Lern- und Wohngemeinschaft der Kinder bzw. Jugendlichen. Innerhalb der Gruppe absolvierte der Jugendliche seine ersten Arbeitseinsätze, mit ihr verbrachte er den größten Teil seiner Freizeit. Abends befaßte man sich mit zionistischer Theorie und Geschichte. Gemeinsam bereiteten sich die Jugendlichen der Kwutza auf die Jugendweihe, die Bar-Mitzwa — eine Art Einsegnung —, auf die Aufnahme als Mitglied in die Kibbuzgenossenschaft und auf den Dienst in der Armee vor.

Die Kinder fanden das Leben im Kibbuz ideal. In der großen Gemeinschaft fühlten sie sich geborgen, hatten viele Möglichkeiten, ihren persönlichen Neigungen und Interessen nachzugehen. Dafür standen viele Werkstätten mit moderner Ausstattung zur Auswahl. Es gab ein gut funktionierendes Schulsystem mit Abiturabschluß für jeden. Schule und Jugendverbände organisierten Ausflüge, durch die der Jugendliche im Laufe der Jahre systematisch das Land kennenlernte, angefangen mit der näheren Umgebung bis hin zu den entlegensten Gebieten der Negev-Wüste. Unsere Wanderungen durch die Berge Obergaliläas führten uns in den ersten Schuljahren zum Tanur — einem reizvollen Wasserfall in der Form eines Kamins, nach Tel Chai, der Festung der zionistischen Kolonisatoren aus den Anfängen des 20. Jahrhunderts, und bis auf die Gipfel bei Manara, von wo aus man das gesamte Chuleh-Tal überblicken konnte. Wir nahmen teil an Pilgerzügen, die alljährlich von Tausenden zu den aus dem 2. und 3. Jahrhundert u. Z. stammenden Ruinen bei Meron unternommen wurden. Dort, in 1208 Metern über dem Meeresspiegel, entzündeten sie die weithin sichtbaren Feuer des Lag b' Omer zum Gedenken an die Gelehrten des Talmuds[5], die einst hier gewirkt haben sollen.

In der 11. und 12. Klasse führten unsere Wege in den Süden des Landes, in die Negev-Wüste. Wir wanderten zu den Salinen von Sodom am Toten Meer und in die nahe gelegene Steinwüste Judäa mit der herrlichen Oase Ejn-Gedi. Unbeschreiblich schön waren die Kupferminen von Timna aus der Zeit König Salomons. Unendlich schien sich die Arawa, die Steppe, nach Süden hinzuziehen. Wir besichtigten dort Vulkankrater, von denen Machtesch Ramon mit einer Ausdehnung von 35 km x 8 km und einer Tiefe von 500 m der größte war, und gelangten schließlich bis nach Eilat am Roten Meer. Ein Höhepunkt war der Marsch nach Masada gewesen, einer Festung, die den Römern heroischen Widerstand geleistet hatte. Zu jener Zeit wurden dort gerade die ersten archäologischen Funde freigelegt. Heute ist der Weg dorthin für den Tourismus erschlossen. Damals war er noch äußerst beschwerlich. Besonders die letzten Meter von dem durch die Legionäre des Titus errichteten Wall bis hinauf auf das Felsplateau hatten es in sich. Ich weiß noch, wie Uri und Zipora mit einer kleinen Gruppe vorauseilten, um eine Zeremonie vorzubereiten. Als wir dann mit der Hauptgruppe am Fuß des Felsens angelangt waren, deklamierten sie von der Höhe herab. Fanfaren und Trommelschläge erklangen, die von den umliegenden Bergen als Echo zurückhallten. Im Gestein wurden Fackeln zu der Losung angeordnet: «Ein zweites Mal wird Masada nicht fallen.» Sodann wurde Salut geschossen. Daraufhin setzte sich die ganze Kolonne wieder in Marsch, um den letzten und schwierigsten Teil des Weges nach oben zu nehmen. Es war für uns alle ein beeindruckendes Erlebnis.

Niemand fand es verwunderlich, daß wir auf unseren Wanderungen wie beim Militär stets in Gruppen und Züge eingeteilt waren. Die Besten und Stärksten hatte man zu Kommandeuren ernannt. Die Jungen und manches Mädchen waren mit Karabinern bewaffnet. Gjora, Dodiks Bruder, trug sogar Handgranaten am Koppel. Aus der Feldflasche durfte nur auf Befehl getrunken werden. Einmal, es war, glaube ich, in der 7. Klasse, habe ich meine Feldflasche ohne Erlaubnis geöffnet und wollte gerade daraus trinken, als ich von einem Nahalnik aus unserem Kibbuz erwischt wurde. Er zwang mich, das Wasser auszukippen und dafür Sand in die Flasche zu füllen. So litt ich den ganzen Tag Durst und mußte voller Empörung noch die schwere Feldflasche schleppen.

In den großen Ferien organisierten die Landesverbände der Kibbuzjugend ihre überregionalen Massenveranstaltungen. Hier traf man sich mit Gleichaltrigen aus anderen Kibbuzim zu gemeinsamen Arbeitseinsätzen, zu Sportwettkämpfen und zu theoretischen Seminaren mit den Spitzenpolitikern Allon, Galili, Tabenkin u. a.

Die Schüler der 11. und 12. Klassen mußten jährlich Pflichtübungen in der

---

5 Als Talmud wird die jüdische Schriftensammlung bezeichnet.

Bewaffnete Oberschüler eines Kibbuz auf einer Wanderung durch den Negev. Solche Ausflüge waren militärisch organisiert

Gadna, der paramilitärischen Jugendorganisation, absolvieren. Vor der Sinai-Aggression von 1956 verlegte man alle Schüler dieser Altersklasse, gleich, welcher politischen Zugehörigkeit, zu sechswöchiger Ausbildung in Gadna-Stützpunkte oder in Militärlager.

Natürlich gab es noch viele andere Formen der paramilitärischen Betätigung, bei denen Armee und Jugendverbände der Kibbuzbewegung eng zusammenarbeiteten, beispielsweise die sogenannte Mitzádah, ein Marschwettbewerb. Solche Leistungsvergleiche hatte die Armee Ende der 50er Jahre unter ihren Einheiten austragen lassen. Bald darauf wurden sie mit viel Aufwand und Propaganda zu einer Volkswanderbewegung ausgeweitet.

Der Kibbuznik war also in vielfacher Hinsicht auf den Militärdienst gründlich vorbereitet. Vom Leben in der Stadt wußte er aber so gut wie nichts, noch weniger von den Verhältnissen in den großen Maábarot, jenen Durchgangslagern vor allem für die Einwanderer aus Ländern Afrikas und Asiens, deren Elendsquartiere sich von anderen Slums der kapitalistischen Welt einzig dadurch unterschieden, daß die Blechhütten, vom Staat errichtet, sozusagen in Reih und Glied standen. Aufgewachsen in einer wohlhabenden Gemeinschaft, die ihn frei hielt von persönlichen materiellen Sorgen, hatte der Kibbuznik keine Vorstellungen vom täglichen Existenzkampf der Arbeiter. Erst in der Armee erfuhr er davon, wenn seine Kameraden aus der Stadt darüber berichteten. Sie bezeichneten damals den organisierten Vortrupp der zionistischen Jugend des Kibbuz als Tnuva-Kinder nach der Gesellschaft für den An- und Verkauf landwirtschaftlicher Produkte — Tnuva, weil sie wohlbehütet, aber eingeschlossen wie Hühner auf dem Lande aufgewachsen waren. Deshalb fehlte ihnen oftmals völlig das Verständnis für Menschen wie Akrabi, Simchoni und Turko. Andererseits stießen sie bei den meisten Jungen und Mädchen aus der Stadt auf wenig Sympathie, am wenigsten bei der Arbeiterjugend, zu der sie sich selbst gerne zählten, und bei den sephardischen Juden. Für sie gehörte der Kibbuznik zu den wohlhabenden Ashkenazim, den Westjuden, auch wenn er seinen Wohlstand nicht öffentlich zur Schau trug. Doch immerhin gab es in so mancher Kibbuzsiedlung Swimmingpools, Kulturpaläste, Sportstätten, Parkanlagen und Komfortwohnungen, wovon andere Bevölkerungsschichten Israels nur zu träumen wagten. Für Soldaten, die vor oder nach ihrer Dienstzeit ihre Arbeitskraft zum Verkauf anbieten und dabei erst einmal eine Arbeitsstelle finden mußten, waren darum die patriotischen Reden der Kibbuzniks, die sich selbst zur Elite der Gesellschaft zählten und bei jeder Gelegenheit ihre Zugehörigkeit zur Arbeiterklasse beteuerten, wenig überzeugend.

Andererseits war der junge Kibbuznik in der Armee erstmalig auf sich allein gestellt. Er mußte sich ohne die Kwutza bewähren und «seine» Theorien, «seine» Ideologie verteidigen. Manch einer igelte sich angesichts der Kluft zwischen dem Leben im Kibbuz und dem in der Stadt ein. Natürlich unternahm die Kibbuzbewegung viel, um ihren Sprößlingen während dieser Zeit Beistand zu leisten. Sie mietete Klubräume in den Stadtzentren, organisierte Meetings und Besuche für die Soldaten in den Camps, zu denen sie sich dank ihren guten Beziehungen zur Armee leicht Zutritt verschaffen konnte. Doch die vielen Mühen waren den Aufwand nicht wert. Manch einer fand das freie Leben in der Stadt viel reizvoller als die tägliche Routine und Eintönigkeit in seiner Kommune. Die zu Hause als kleinbürgerlich verachteten «Salontänze» gefielen ihm plötzlich. So war die Armee für viele Jungen und Mädchen eine willkommene Erlösung. Auch ich wußte damals nicht, was mir lieber war: im Kibbuz die begonnene Arbeit zu vollenden oder alles stehen- und liegenzulassen und der Reservisteneinberufung Folge zu leisten. Manche haben aus dem gleichen Grund versucht, ihre Armeezeit zu verlängern. Im Kibbuz gab es kaum Mädchen, die heirateten, um dem Militärdienst zu entgehen, wie das viele ihrer Altersgenossinnen aus der Stadt taten.

Man könnte sicherlich noch viele andere Beispiele aufzählen, um den Drang der Kibbuzjugend zur Armee und dann zur Offizierslaufbahn zu erklären, was auf der gesellschaftlichen Begrenztheit dieser Gemeinschaft beruht. Im Laufe der Zeit ist vieles einer pragmatischen Wirklichkeit gewichen, in der sich die Widersprüche verschärften. Geblieben ist als Gemeineigentum das Kibbuz-Vermögen, doch es wird längst nicht mehr aus eigener Arbeit geschaffen. Hinzugekommen ist ein beträchtliches Maß an Privatbesitz und eine allgemeine Flucht aus dem Gemeinschaftsleben.

Heute ist der Mythos müde. Die Alten stellen Überlegungen an, wie die Mehrarbeit bewertet, wie der Konsum im Kibbuzladen individualisiert werden kann. Die einst bedeutende Mitgliederversammlung leidet im Zeitalter des Fernsehens an mangelnder Beteiligung. Die Führung im Kibbuz haben die Technokraten übernommen. Sie bauen heute Produktionsstätten auf, in denen von kompletten, modernen Maschinen bis zum Tinnef alles produziert wird, was Geld bringt. Der Kibbuz stellt die Manager, und das Proletariat von außerhalb, ganz gleich ob Juden oder Araber, führt die Arbeit aus. Veteranen und Jugend leben längst nicht mehr in der Eintracht der idyllischen Kommune. In Diskotheken setzt sich die Jugend von den Idealen der Väter ab. Die Bilanz des Wandels ist nüchtern. 50 Prozent der Jugend verläßt den Kibbuz, und die Zahl steigt. Als Hauptgründe werden angegeben: Diskrepanz zwischen Idealen und Wirklichkeit; der Wunsch, sein Leben selbst zu gestalten, und Nichteinverstandensein mit den kollektiven Erziehungsformen. Und die, die bleiben, lassen sich von den materiellen Vorzügen des Kibbuz gegenüber dem verschuldeten und von Krisen geschüttelten Land leiten: materielle Sicherheit, bessere soziale Fürsorge, Geborgenheit im Krankheitsfalle usw.

Die Elite hat keine Erben. Den neuen Menschen hat das Leben im Kibbuz nicht hervorgebracht. Für die Armee verliert er allmählich seine Bedeutung. Die rechtsradikale Tchijah (Erneuerungsbewegung) und die Fanatiker der Gusch-Emunim (Bund der Gläubigen) realisieren die Träume von einem Groß-Israel auf ihre Weise. Sie errichten ihre Siedlungen (nicht als Kommunen) in den besetzten Gebieten des Westjordanlands mit bequemen Staatsanleihen und auf der Basis anderer Vergünstigungen, die die Likud-Regierung ihnen großzügig gewährt. Unter dem Schutz der israelischen Besatzungsmacht terrorisieren sie die arabische Bevölkerung der Westbank und versuchen, ihre Ansprüche auf das «Land ihrer Väter» mit der Religion zu begründen.

Unter dem Regime des Likud-Blockes mit seinen Führern Menachem Begin und Yitzchak Schamir, den Terroristen von einst, wird der Kibbuz zum Objekt heftiger demagogischer Attacken. Auf einem Likud-Wahlplakat in Kiryath Schmoneh stand: «Ruhe! Die Kibbuzmafia ist da!» Darunter ein Bild, auf dem Schakale, Wölfe und Bluthunde mit gefletschten Zähnen unter der Führung eines Neandertalers auf das friedliche Städtchen losgehen. Die Tiere verkörperten die umliegenden Kibbuzim, der Neandertaler stand für die Dachorganisation der Kibbuzbewegung. Es erscheint absurd, daß ausgerechnet die verdienten Zionisten des Kibbuz an den Pranger gestellt werden, aber die Demagogie des rechtsextremen Zionismus ist genauso häßlich, gefährlich reaktionär und irreführend für das Volk wie jede gleichartige Bewegung dieser Welt.

Andererseits ist gegen Mitte der 80er Jahre in der vereinigten Kibbuzorganisation (Takam) des Kibbuz Meuchad ein ideologischer Kampf um das Thema der Kriegsdienstverweigerung in Libanon ausgebrochen, der auch die Kibbuzsoldaten erfaßt hat. Viele von ihnen wollen nicht mehr «Opfer des Adels» sein. Das sind die Tauben. Die Falken in diesem Kampf rekrutieren sich hauptsächlich aus Offizieren der Armee, deren Ansichten dem Likud und sogar der Tchijah alle Ehre machen würden. Einige von ihnen haben sich sogar der neuen radikalen Zometh-Bewegung des ehemaligen Generalstabschefs Raful angeschlossen. Ihre Sprecher, darunter der Reserveoffizier Moshe Peled aus dem Kibbuz Beit-Haschitah, fordern den Ausschluß von Kriegsdienstverweigerern aus der Kibbuzorganisation und deren Rausschmiß aus den Siedlungen.

Andere Falken fordern sogar die Bestrafung der Kriegsgegner, deren Entfernung aus dem Schul- und Lehramt, das Verbot, sich zu organisieren und Öffentlichkeitsarbeit zu leisten. Dabei sehen sie das Übel nicht in der kriegsmüden Jugend des Kibbuz, sondern in der Erziehung durch die Alten.

Noch sind diese Stimmen in der Minderheit, und die Diskussionen in der Kibbuzbewegung gehen weiter. Doch die Tatsache, daß solche Stimmen im Kibbuz überhaupt laut werden konnten, zeugt davon, daß die rechtsgerichteten Kräfte an Boden gewonnen haben.

Hohe Schule

Die Kompanie Aleph bestand bald aus erfahrenen Soldaten. Sie zählten mittlerweile zu den Dienstältesten des Bataillons. Fast alle Soldaten meiner Kompanie wurden jetzt als Unteroffiziere ausgebildet. Praktisch hatte sich für uns Kursanten damit aber nicht viel geändert. Wir waren nach wie vor in jeder Hinsicht in das Kampfbataillon voll integriert und mußten wie alle anderen Einsätze, Patrouillen u. a. mitmachen. Unsere Ausbilder waren frischgebackene Offiziere, unter ihnen viele, die uns schon einmal als Gruppenführer geschliffen hatten. Im allgemeinen wurde der Soldat gegen Ende der langen Grundwehrdienstzeit nicht mehr so sehr schikaniert, und das Verhältnis zwischen ihm und dem Vorgesetzten hatte sich als normal und erträglich eingepegelt. Doch nun, als Unteroffiziersanwärter, mußten wir erneut vier Monate harten Drills, darunter auch manche Schikane, über uns ergehen lassen. Das galt in noch viel schärferem Maße für Offiziersschüler. Wer bei ZAHAL weiterkommen wollte, mußte schon einiges schlucken können. Hatte sich der Kursant darauf nicht beizeiten eingestellt, schied er aus dem Lehrgang aus.

Jeder von uns kam jetzt einmal an die Reihe, die Gruppe zu kommandieren oder die Funktion eines Zugführers oder des Offiziers vom Dienst zu übernehmen, natürlich unter Aufsicht von Offizieren. Unsere Handlungen und Befehle wurden innerhalb des Lehrgangs ausgewertet. Ein ehernes Gesetz bei ZAHAL, so lehrte man uns, sei die Zieltreue, d. h. die unbedingte, korrekte und schnelle Ausführung des Befehls. Natürlich war auch selbständiges, initiativreiches Operieren jedes einzelnen wie auch der Gruppe gewünscht. Wir hatten Prüfungen im Gelände und am Sandkasten zu bestehen, wobei bestimmte «Einlagen» der Vorgesetzten uns vom befohlenen Ziel ablenken sollten. Dann verfolgten sie besonders aufmerksam unsere Entscheidungen und Befehle. Wer sich vom Ziel hatte ablenken lassen, konnte gleich wegtreten. Oberstes Gebot sei, stets die Initiative in der Hand zu behalten, und das nicht nur beim Angriff, sondern auch bei der Verteidigung und beim Rückzug. Einem überlegenen Gegner müsse man geschickt ausweichen, der Rückzug sei schnell zu organisieren, Tote oder Verwundete dürften nicht zurückgelassen werden — das waren wichtige Prinzipien, die man uns lehrte und in der Praxis in allen Details üben ließ. Und mit welcher Intensität! Vor allem das Üben des geordneten Rückzuges aus einem Wadi hatte es gehörig in sich. Wir mußten uns ununterbrochen im Laufschritt bewegen und dabei den Gegner immer unter Feuer halten, kilometerlang, soweit sich das Wadi hinzog. Verlief der Wechsel von Feuerschutz und schnellem Rückzug der aufgeteilten Einheit aus den Anhöhen beiderseits des Flußlaufes nicht synchron, wurde die Übung wiederholt, mit noch mehr «Verwundeten», die zu schleppen waren. Die Träger keuchten und schwitzten, während die Getragenen froren und arg durchgeschüttelt wurden. Überhaupt hat uns der Verwundetentransport die meiste Kraft gekostet. Doch man hatte uns immer wieder eingeschärft: Der israelische Soldat wird nicht im Stich gelassen. Damit sollte das Gefühl des Zusammenhalts, das Bewußtsein des Soldaten gefördert werden, daß er sich auf seine Kameraden verlassen kann, auch wenn er verwundet ist. Ganz im Kontrast hierzu malte man uns ein Bild vom feigen Araber, der seine Kameraden und die Waffe im Stich ließe und türme oder brutal und rücksichtslos seine Gefangenen mißhandele.

Zugleich lehrte man uns, den Feind unter allen Umständen vernichtend zu schlagen, ihm keine Chance zu lassen, aus der Umklammerung zu entkommen. Wer das mißachtete, wurde hart bestraft. Ich erinnere mich da an einen Einsatz um die Chanuka-Zeit, dem Weihnachtsfest ähnlich. Der ganze Lehrgang lag Nacht für Nacht an der Grenze zu Jordanien auf der Lauer. Man vermutete um die Festtage verstärkte Aktionen der Palästinenser. Jeder von uns bekam einen «Flachmann» voll Whisky zum Aufwärmen mit. Als wir dann im Gebüsch mit geladener und entsicherter Waffe lagen, waren wir trotzdem bald durchgefroren. Vor uns regte sich nichts. Auch am nächsten Tag und in der nächsten Nacht nicht. Nach den Festtagen kehrten wir unverrichteterdinge in die Kaserne zurück und rüsteten zum Ausgang als Entschädigung für den Dienst während der Feiertage. Bereits in Ausgehuniform, mußten wir plötzlich antreten. Im großen Mannschaftsspeisesaal kam dann alles zusammen, was im Camp an Männern noch aufzutreiben war. Schlagartig wurde es still im Saal, als aus der Küchentür sechs Soldaten und ein Offizier traten. Sie kletterten auf ein Podest. Dann wurde ein Schnellverfahren eröffnet, in dem man diese Männer aburteilte, weil sie versagt hatten. Der Vorfall wurde kurz geschildert: Im Gefecht mit dem Gegner hatten sie nur dessen Aufklärer getötet und die zurückgelassenen Gegenstände eingesammelt, die Hauptkräfte aber entkommen lassen. Man ließ den sieben Männern keine Chance, sich zu verteidigen. Alle bekamen die Höchststrafe, die ohne Militärgericht verhängt werden konnte. Die Kursanten wurden vom Lehrgang suspendiert, der Offizier degradiert. Erst nach dieser Vorführung bekamen wir Urlaub.

Der Bataillonschef Rafael Ejtan, genannt Raful, ließ es sich nicht nehmen, uns persönlich theoretischen Unterricht zu erteilen. An eine seiner Lektionen kann ich mich noch gut erinnern, weil ich ihm als Diensthabender Meldung über die angetretenen Lehrgangsteilnehmer zu erstatten hatte und sehr aufgeregt war. Raful war nicht groß, seine energischen Gesichtszüge flößten sofort allgemein Respekt ein. Sonst meist finster und verbissen blickend, nahm er meine Meldung jedoch mit einem verschmitzten Lächeln entgegen. Erleichtert setzte ich mich, während er mit seiner Vorlesung begann. An alle Einzelheiten kann ich mich nicht mehr genau erinnern, aber ich weiß noch, wie Raful u. a. voller Stolz berichtete, daß das Pentagon sämtliche Operationspläne der israelischen Armee von den letzten «Vergeltungsschlägen» mit großem Interesse ausgewertet habe. Allerdings, so hätten die Erfahrungen gezeigt, könnten massive Schläge durch kleinere Einheiten im Hinterland des Gegners wirksamer sein, wenn man sie so ausstattete und bewaffnete, daß ihre Kampfkraft weitaus größeren Kräften nahe käme. «Wir haben schon immer mehr aufmunitioniert, als die Norm vorschreibt», sagte Ejtan. «Wenn die Umstände es erlauben, werden wir ein Versteck der Fedayin mit Artillerie belegen, ihre Hütten mit Panzern bekämpfen. Unsere Gruppen müssen mit zwei statt einem Maschinengewehr ausgerüstet werden. Nicht ein Sanitäter soll den Zug begleiten, sondern ein Ärzteteam mit kompletter Ausstattung. Immer ist das Ziel zu verfolgen, mit weniger, aber gut ausgestatteten Kräften zu operieren. Niemand wird uns vorhalten, daß wir Munition verschwendet haben. Aber alle werden uns kritisieren, wenn die Opfer hoch sind.» Raful sprach Dugri, wie die Israelis sagen, also Klartext, und zwar ohne Umschweife und diplomatisches Geplänkel.

Daß der Mann nach diesen Theorien auch handeln, ja, seine Ansichten für die ganze Armee verallgemeinern würde, hat er 1982/83 in Libanon bewiesen. Als Generalstabschef erteilte er in voller Übereinstimmung mit seinem Vorgesetzten und Gleichgesinnten dem israelischen Kriegsminister, Arik Sharon, den Befehl, das Feuer der Panzer, Artillerie und Jagdbomber gegen die Wohnviertel von Tyr, Saida und Beirut zu richten.

In anderen Vorlesungen ging es um taktische Grundsätze. «Die Nacht ist der natürliche Verbündete von ZAHAL. Der Araber ängstigt sich in der Dunkelheit», referierten die Lektoren. Deshalb waren sorgfältig vorbereitete Nachtübungen schon in der Kompanie Aleph ein wesentlicher Bestandteil unserer Ausbildung gewesen. Bevor es ins Gelände ging, mußte jeder von uns auf der Stelle hüpfen, um zu beweisen, daß nichts an seiner Ausrüstung Geräusche verursachte. Um nachts nicht gesehen zu werden, schwärzten wir Gesicht und Hände mit angefeuchteter Erde. Es durfte keine blanken Metallteile an der Ausrüstung geben.

Mit der Morgendämmerung griffen wir dann an, weil es die schwierigste Zeit für die Posten des Gegners ist. Dann sind sie am Ende ihrer Wache und neigen am ehesten infolge von Übermüdung zur Unaufmerksamkeit. Zugleich achteten wir darauf, die Sonne im Rücken zu haben, damit der Gegner geblendet war – ein wichtiger taktischer Grundsatz in dieser Region, wo meist klarer, unbedeckter Himmel vorzufinden ist.

Was wir damals schon als Rekruten praktisch erprobt hatten, wurde nun bei unserer Ausbildung zum Gruppenführer theoretisch untermauert. Die Hohe Schule war getragen von Thesen, die das Spezifische, das Überraschende, das Unerwartete hervorheben sollten. Dazu gab es dann die praktischen Prüfungen im Gelände.

Das wichtigste Kriterium war stets die Erfüllung der Aufgabe – das Kleben

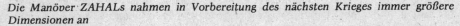

Die Manöver ZAHALs nahmen in Vorbereitung des nächsten Krieges immer größere Dimensionen an

am Ziel, wie man das nannte. Jeder Gruppenführer mußte die Topographie beherrschen, mit Kompaß und Karte gut umgehen können. Er wurde geschult, exakte Karten- und Lageskizzen anzufertigen. Dem Exerzieren auf dem Kasernenhof schenkte man dagegen wenig Beachtung.

Die Mehrheit der Kursanten meines Lehrgangs schloß erfolgreich ab. Sie wurden danach Gruppenführer in den neuen Rekrutenkompanien.

Für mich war die Zeit gekommen, Abschied von den Kameraden zu nehmen, mit denen ich nahezu 1$^1/_2$ Jahre gemeinsam die Strapazen der Ausbildung ertragen hatte. Ich hatte mich für einen Speziallehrgang an der Kommandoschule der 202 in Tel Nof beworben und wurde Ausbilder. Das entsprach meinen Neigungen, da mich das Fallschirmspringen und die Fliegerei schon seit längerem faszinierten. Es bedrückte mich jedoch, daß ich mich auch von meinen Schulkameraden Uri und Simcha, mit denen ich zusammen einberufen worden war, trennen mußte. Unsere Wege nahmen von nun an einen grundverschiedenen Verlauf. Es wird noch darüber zu berichten sein, wie es den beiden später erging. Vorerst beschritten sie in ihren neuen Einheiten den üblichen Weg der israelischen Fallschirmjäger. Dieser führte geradewegs in den nächsten Krieg.

ZAHAL trat zu jener Zeit in eine neue Ära der Vorbereitung von Kampfhandlungen ungeheuren Ausmaßes ein. Das zeigte sich allmählich in immer deutlicheren Konturen. Die Übungen wurden in immer größeren Maßstäben durchgeführt. Gemeinsame Manöver der Fallschirmjäger mit anderen Waffengattungen, in denen der Soldat nur ein Schräubchen im großen Getriebe war, wurden immer häufiger abgehalten. Diese Manöver stellten geringere Anforderungen an die physischen Kräfte der Soldaten. Der Tag gestaltete sich dafür durch lange Fahrten oder zahlreiche endlose Märsche, deren Sinn und Zweck sie nicht durchschauten, stupider. Soviel Militär in Feldmarschordnung hatten sie während ihrer ganzen Dienstzeit noch nicht gesehen. Reservisten waren an diesen Übungen ebenfalls stark beteiligt. Auch sie konnten sich nicht erinnern, jemals an solchen großen Manövern teilgenommen zu haben.

Dann kamen wieder anstrengendere Übungen, wie der koordinierte Angriff von Infanterie und Panzern, die den Männern äußerste Kräfteanspannung abverlangten. Wenn die Reservisten nach den Manövern wieder heimkehrten, rückten die Fallschirmjäger zur Spezialausbildung aus. In Sprengkursen lernten sie mit Dynamit umzugehen, Gebäude oder Anlagen zu sprengen, Minen zu legen oder zu entschärfen. Fuhren andere Einheiten in Urlaub, bezogen die Fallschirmjäger Stellung am Genezarethsee an der syrischen Grenze. Sie waren mit ihren roten Baretten beim Gegner bekannt und am meisten gefürchtet. Im Herbst trainierten sie mit der Marine Seeanlandungen. Unter Feuerschutz wurden sie von Schnellbooten an Küsten abgesetzt, oder sie ruderten in Schlauchbooten heimlich im Schutze der Dunkelheit an Land. Dann ging es wieder zurück zu ihrer Basis, um in die Maschinen zu steigen, die sie zu einem

Luftlandemanöver brachten, bei dem sie mit dem Fallschirm abgesetzt wurden. Sie führten Patrouillen im Niemandsland dicht unterhalb der Golanstellungen der Syrer durch, um deren Reaktionen zu testen. Die Soldaten durchschauten die Strategie der Manöver und der Einsätze nicht, doch sie ahnten etwas und sprachen auch davon, daß wieder etwas im Busche sei.

Sie hatten gelernt, einen riskanten Dienst zu verrichten. Das wurde mit höherem Sold und einer schicken Uniform honoriert. Die Fallschirmjäger waren von einem Mythos umgeben, doch sie wußten auch um ihre zahlreichen Opfer. Trotzdem waren die meisten von ihnen stolz auf ihre Einheit, und mancher brannte darauf, beim nächsten Einsatz wieder mitzumachen. Auf ihren Märschen sangen die Soldaten des Bataillons 88 der Fallschirmjäger nach den Calypsorhythmen des Bananasongs von Harry Belafonte ihren eigenen Text: «... sechzig, siebzig, achtundachtzig, ein Hund ist, wer zu den Fallschirmjägern geht.»

Königin der Schlacht

«Das Schicksal künftiger Kriege im Nahen Osten wird die Panzerwaffe entscheiden. Sie ist die Königin der Schlacht.» Diese Sätze sprach ein führender Militär der israelischen Armee nach dem Sinai-Feldzug aus, um den Aufbau dieser Waffengattung in ZAHAL anzukurbeln. Vor dieser Aggression war die Panzerwaffe für ZAHAL von untergeordneter Bedeutung gewesen. Im Sortiment des internationalen Waffenhandels waren Panzer bis dahin nur zaghaft geführt worden. Erst in unmittelbarer Vorbereitung des Sinai-Feldzuges hatte Frankreich eine nennenswerte Menge von leichten AMX 13 geliefert, die den Israelis die Überlegenheit auch auf diesem Gebiet sicherten. Damit war eine neue Phase des Wettrüstens im Nahen Osten eröffnet. Die Wirkung der Panzerwaffe im Sinai-Feldzug hatte überzeugt. Bei ZAHAL wurde ein Konzept erarbeitet, nach dem die bis dahin kleine Kraft von insgesamt drei Panzerbrigaden (davon 2 Reservebrigaden) schnell ausgebaut, mit neuen Waffen versorgt und trainiert werden sollte. Wichtig erschien vor allem, einen festen Stamm von Führungskadern der Panzerwaffe zu formieren. Doch wie und woher sollte man so schnell diese Kommandeure beschaffen, wo man doch bis dato die Panzerwaffe als ein Abstellgleis der Armee betrachtet hatte? Es wurde damit begonnen, vor allem aus den Reihen der Infanterie Führungskader für die Panzereinheiten zu gewinnen. Ehemalige Kompanieführer der Infanteriebrigaden Golani und Giwati ließen sich überzeugen und übernahmen die neuen Aufgaben, was mit einer raschen Beförderung honoriert wurde. Nachdem David Elazar zu den Panzern übergewechselt war, begann auch für ihn die steile Karriere bei ZAHAL. Im Yom-Kippur-Krieg war er schon Generalstabschef. Chaim Bar-Lev, nach dem später die Befestigungslinie am Suezkanal benannt wurde, die die Ägypter im Yom-Kippur-Krieg erfolgreich stürmten, und Israel Tal (Talik) gehörten ebenfalls zum neuen Kern der Panzerkommandeure. Auch der ehrgeizige Ariel Sharon, ehemaliger Kommandeur der Fallschirmjägerbrigade 202, wurde zum Kommandeur einer Panzerbrigade der Reserve ernannt und kletterte auf den Rang eines Brigadegenerals empor.

Mit einer großangelegten Kampagne wurden die Soldaten rekrutiert. Ganze Jahrgänge verpflichtete man zur Panzerwaffe. Doch bei der Pflicht allein sollte es nicht bleiben. Man suchte deshalb nach Möglichkeiten, wie man die Jugend besonders für die schwarzen Barette begeistern konnte. Zuerst einmal wurde der Tag des Panzersoldaten eingeführt. An diesem Tag, der seit 1957 — also ein Jahr nach dem ersten größeren Einsatz der Panzerwaffe im Sinai-Feldzug — regelmäßig begangen wird, paradieren Panzer vor der breiten Öffentlichkeit, läßt man die Jugend durch die Luken in die Panzer klettern, damit sie die neue Technik von nahem bewundern können. Doch Show- und damit Werbeeffekte hatten zuvor auch schon die Flieger und die Fallschirmjäger erzielt. Das war nichts Neues. Wie konnte man der Öffentlichkeit noch besser mit der «eisernen Faust ZAHALs», mit der «Königin der Schlacht», wie die Militärs die neue Waffengattung nannten, imponieren, um das Kaderproblem zu lösen? Ein großer Chor von 300 Männern sollte den entsprechenden Eindruck von der geballten Kraft der Panzerwaffe am anschaulichsten zum Ausdruck bringen. Doch um in der Armee 300 Sänger aufzutreiben, mußte man nach Stimmen suchen, auswählen, geeignete Lieder komponieren, einen passenden Dirigenten finden und proben. Es wurden keine Kosten gescheut. Der Männerchor kam zum Singen, trat im Freien auf unter Flutlicht. Der Eindruck war enorm.

Das nächste Register wurde gezogen: Die Jugend liebt den Fußball, also ging man daran, eine Fußballauswahl der Panzereinheiten zu gründen. Man verpflichtete namhafte Sportler, engagierte geeignete Trainer und stiftete einen Pokal, den unter allen Umständen die Panzerleute gewinnen mußten. Presse und Rundfunk sorgten für die notwendige Publicity.

Die Panzerwaffe war unersättlich. Sie brauchte immer neue Kader: Fahrer, Funker, Schützen, Schlosser, Mechaniker, Elektroniker. Die Werbung ging also weiter. Es wurden riesige Fahrzeugkolonnen zusammengestellt, die die Jungen kilometerweit in die Wüste Judäa zur historischen Festung Masada brachten, um sie dort zu Hunderten feierlich zu vereidigen. Es waren wahre Kultveranstaltungen, deren Zelebration über die Medien ging. In Tel Aviv wurde ein neues, großes Gebäude als Haus der Panzersoldaten eingerichtet. Gegen diese Galawerbungen waren die Shows der Fallschirmjäger mit ihren paar Dutzend Männern am Himmel oder das Figurenbilden im freien Fall durch ihren Spitzenmann Toppol und seine Leute von 202 lediglich Nachmittagsvorstellungen gewesen.

Eine Parade von «Centurion»-Panzern zum Tag des Panzersoldaten, der nach dem Sinai-Feldzug in Israel eingeführt wurde und seitdem jährlich begangen wird

In der Zeit vor der Staatsgründung symbolisierte der Kämpfer mit der Strickmütze, der Palmachnik, das Soldatenprofil. Danach und in den fünfziger Jahren war es der Fallschirmspringer mit dem roten Barett, der schicken Uniform und den hohen Schnürstiefeln, der der Jugend die Kühnheit des Kommandokämpfers präsentieren sollte. Nach dem Sinai-Feldzug übernahm der Panzersoldat die Rolle, der Jugend die stählerne Rüstung als Kraftsymbol der Zeit vorzuführen.

Mit den neuen Panzertypen «Centurion» und «General Patton» verbesserte sich auch die technische Ausrüstung der Truppe. Die neuen Führungskader Bar-Lev, Tal und Elazar gingen jetzt daran, taktische Grundsätze für das Gefecht zu entwerfen, nach denen die Truppen zu trainieren waren. Die äußeren Richtlinien gab ihnen die Doktrin vom Präventivkrieg. Sie mußte nur auf die Panzerwaffe übertragen werden. Die praktische Umsetzung geschah in Auswertung der großen Panzerschlachten des zweiten Weltkrieges und des Koreakrieges. Alles, was an Erfahrungen für den Einsatz der Panzerwaffe vorlag und dessen sie habhaft werden konnten, nutzten die Israelis und paßten es ihren spezifischen Faktoren und topographischen Bedingungen an. Mit mechanisierten Truppen sahen sie Möglichkeiten, das Tempo des Überraschungsangriffs weiter zu erhöhen und noch tiefer in gegnerisches Gebiet vorzudringen.

Die neuen Dimensionen erforderten auch neue Formationen. In der Infanterie galt die Brigade als die größte taktische Formation. In der Panzerarmee ging man daran, das operative Zusammenwirken mehrerer Brigaden unter einheitlichem Kommando zu exerzieren. Dieser neue Typ des Truppenkörpers nennt sich Ugda.

Neue Gefechtslehren, Theorien und Formationen bildeten bei den Israelis nie ein Dogma. Ihre Offiziere waren unkonventionell und hingen nicht an Überliefertem, sondern testeten und verbesserten. Das «typisch Israelische» war synonym für alles Unkonventionelle, Überraschende, Neue und wurde ausdrücklich gefördert. Die 7. reguläre Panzerbrigade unter dem Kommando von David Elazar tat sich bei Neuerungen und Verbesserungen besonders hervor.

Das Prinzip des Panzerkampfes der Israelis basierte, wie gesagt, auf dem Überraschungsangriff, dem Durchbruch in die Tiefe des Gegners. Der Durchbruch war offensiv auf engem Raum mit dem Ziel zu führen, strategische Punkte im Hinterland des Feindes zu besetzen, ihn von seinen Nachschubbasen abzuschneiden und den eigenen Nachschub dorthin zu sichern. Solch ein Panzerangriff konnte auch mit Fallschirmjägereinsätzen kombiniert werden, wie das schon im Sinai-Feldzug der Fall war. Sie besetzten strategische Punkte in der Tiefe, zu denen die Panzer in kürzester Zeit die Verbindung erzwangen. Immer bestand das Ziel darin, die Linien des Gegners aufzubrechen, in die Tiefe vorzustoßen, an wichtigen Punkten eine Übermacht zu konzentrieren. Mit dem Ziel, die Überraschung zu vervollkommnen, wurde der Panzerdurchbruch im großen Stil auch in der Nacht geübt. Dazu wurden die Panzer mit speziellen Scheinwerfern ausgerüstet, die den Gegner blenden sollten. Ein Panzerangriff, in mehreren Linien gestaffelt, die sich gegenseitig Deckung gaben, erschien den Israelis zu schwerfällig. Der Defensivkampf mit Verteidigungslinien, Panzersperren und konzentrierter Artilleriedeckung paßte ebenfalls nicht in die Panzerdoktrin der Israelis. Als Begründung galt immer: Das eigene Territorium sei zu klein für gestaffelte Verteidigungslinien. Die Panzerwaffe könne sich nur in den Räumen des Gegners entfalten. Jedes Gefecht müsse daher sofort auf das Territorium des Feindes getragen werden.

Die israelischen Panzertruppen liefen bald allen anderen Waffengattungen in ZAHAL den Rang ab. Sie wurden zur dominierenden Kraft der Landstreitkräfte. Andere Kräfte wie Luftwaffe, Infanterie und Artillerie wurden auf sie abgestimmt, d. h., ihr Einsatz richtete sich nach der Durchbruchsdoktrin der Panzerwaffe. Das Zusammenwirken aller Waffengattungen in großen Verbänden zu trainieren, war das Hauptanliegen der Manöver von ZAHAL vor dem Sechs-Tage-Krieg. Bis dahin wuchs die Anzahl der Panzerbrigaden weiter an. Zunehmend wurden auch die Infanterie, die Aufklärungseinheiten und die Grenztruppen mit Panzern ausgerüstet.

Elik war Panzersoldat. Er gehörte zur neuen Generation, die nicht aus der Infanterie kam, sondern von Anfang an bei den Panzern diente. Er hatte, wie die Israelis sagen, die ganze «Spur» durchlaufen. Er war Richtschütze, Ladeschütze, Kanonier gewesen. Später führte er den Panzer. Er diente in der Sadnah, wo die Panzer überholt oder repariert wurden. Einen Kursus für Funker hatte er ebenfalls besucht und war sogar in das Ausland zur Qualifizierung und zur Vorbereitung auf den Einsatz neuer Panzertypen geschickt worden. Zu Hause hatte er früher als Traktorist gearbeitet und schon als Junge einen schweren amerikanischen Kettentraktor vom Typ «Caterpillar» gefahren. Als Offiziersanwärter mußte er für 12 weitere Monate unterschreiben. Uns Fallschirmjäger verwickelte er gern in Diskussionen darüber, welcher Dienst wohl in der Armee der wichtigste sei. Dabei konnte er oder wollte er den Stolz auf seine Waffengattung nicht verbergen. Der Panzer sei unschlagbar, erklärte er voller Überzeugung. Eine Panzer-Ugda könne jedes Hindernis nehmen. In der Negev-Wüste hätten sie kürzlich den Durchbruch in die Tiefe bei Nacht geübt. Die Panzer seien mit hohem Tempo durch das Gelände gebraust und hätten nach Erteilung des Befehls ohne große Vorbereitungszeit aus Entfernungen von 800 bis 1000 m und mehr das treffsichere Feuer mit Kanonen und Maschinengewehren auf die angeleuchteten Attrappen eröffnen müssen. Jeder Schuß sei ein Treffer gewesen, weil sie das ja auch ausführlich und lange trainiert hätten.

Elik berichtete auch von einem Vortrag, den der neue Kommandeur der Panzerarmee, Elazar, vor den Offiziersanwärtern über die Durchbruchsdoktrin gehalten hatte. Danach soll Elazar referiert haben: «Wir müssen ein solches Niveau erreichen, daß wir uns nachts Dutzende von Kilometer im feindlichen Gebiet bewegen können, um die ausgekundschafteten Stellungen zu überraschen. Die Panzer müssen dort angreifen, wo sie am allerwenigsten erwartet werden. So können wir zeitliche und örtliche Überlegenheit schaffen. Die syrischen und ägyptischen Verteidigungslinien sind tief gestaffelt. Die müssen wir alle durchbrechen, um zum Kern ihrer Stellungen vordringen und den Gegner vernichten zu können.» Die Araber hätten viel mehr Panzer zur Verfügung als ZAHAL. Der israelische Panzermann müsse dies durch besseres Können, entschlosseneres Handeln und kühneres Vorgehen wettmachen.

Was entschlosseneres Handeln bedeutete, sollten die israelischen Panzertruppen bald erfahren. Auch Eliks Mannschaft nahm an mehreren Einsätzen teil, wo sie ihr Können unter Beweis stellen mußte. Bei Tel Dan, an der syrischen Grenze, brachten sie ihre Panzer, äußerst sorgfältig getarnt, in Stellung. Die Israelis wollten die Arbeiten der Syrer beim Ausbau ihrer Grenzbefestigungen und zur Umleitung von Wasserquellen des Jordans unbedingt verhindern. Die Panzerleute richteten ihre Rohre auf die Bauausrüstungen und warteten auf den Schießbefehl. Man suchte nur noch nach einem Anlaß. Und der war bald gefunden. Man schickte sogenannte Routinepatrouillen ins Niemandsland, dicht unterhalb der syrischen Golanbefestigungen. Es kam zum Schußwechsel. Diese «Grenzzwischenfälle» lieferten den Panzerleuten den Anlaß, ein Höllenfeuer auf die Bautechnik an den Jordanzuflüssen Banias und Chazbani zu eröffnen. Die Panzer verschossen Spezialmunition, die Brände auslöste. In den Nachrichten wurde jedoch allgemein nur von Grenzgefechten gesprochen.

Gegen Anfang des Jahres 1967 wurden die Israelis immer dreister. Sie verlegten ganze Panzerbataillone und Artillerie in die Gegend von Tel Kazir, Haon und Maagan, mit denen sie Feuerüberfälle in immer größerem Ausmaß verübten. Dabei wurden sie von der Luftwaffe unterstützt. Führende Militärs wie der Generalstabschef, der Chef des Panzerkorps, der Kommandeur der Nordfront bis hin zum Premierminister Eschkol persönlich beobachteten mit dem Fernglas die «Schlacht um die Jordanquellen und um Hoheitsrechte», wie in der israelischen Presse später geschrieben stand. Aber noch waren es nur Stellungsgefechte. Doch die Panzerarmee war für Größeres vorgesehen. Sie hatte schließlich die mobile Kriegführung, den schnellen Durchbruch durch die gestaffelten Verteidigungslinien des Gegners trainiert.

Gut vorbereitet auf einen neuen Krieg waren auch die anderen Waffengattungen. Die Luftüberlegenheit wurde als lebensnotwendig erklärt. Eventuelle feindliche Luftangriffe auf dicht besiedelte israelische Zentren wurden in den grellsten Farben und mit den entsetzlichsten Folgen für das kleine Land ausgemalt. Damit sollte die Doktrin gerechtfertigt werden, den Feind aus der Luft an seiner Basis anzugreifen, seine Startpisten, die Maschinen am Boden und die technischen Ausrüstungen des Flugsicherungsdienstes zu zerstören. Die Luftwaffe müsse zu einer Mehrzweckstreitkraft ausgebaut werden, die die vielfältigsten Aufgaben lösen könne. Von diesen Leitsprüchen ausgehend, drängten ihre Kommandeure auf den Ausbau ihrer Waffengattung in völlig neuen Dimensionen. Die Luftwaffe müsse fähig sein, jedes Ziel zu Lande, auf dem Wasser und in der Luft zu vernichten. Erhöhte Feuerkraft, höhere Geschwindigkeiten, größere Flugweiten seien Grundvoraussetzungen dafür. Luftspionage, Bombardements, Transport und Landung von Truppen und Material sowie die Koordination von Operationen mit den Landstreitkräften wurden zur Mannigfaltigkeit der Mehrzweckstreitkraft Luftwaffe gezählt.

Die Maschinen wurden immer teurer. Neue Beschaffungsprogramme mußten aufgestellt werden. Staatliche Zuführungen, Kredite, Steuern und Geldsondersammelaktionen reichten längst nicht mehr aus. Die USA halfen. Sie wurden zur entscheidenden, für die Luftwaffe bald zur einzigen Waffenkammer Israels. Die Einführung von Hubschraubern in großer Zahl eröffnete der aggressiven Führung ZAHALs nun qualitativ neue Möglichkeiten, Truppen und Ausrüstungen im Hinterland des Feindes abzusetzen und damit das Überraschungsmoment als den wichtigsten Bestandteil der Präventivkriegsdoktrin weiter auszubauen. Die Piloten der israelischen Luftwaffe wurden auf diese Aufgaben gut vorbereitet.

«Die Besten zur Luftwaffe», hieß jetzt der Werbeslogan, denn die komplizierte Technik verlangte qualifizierte junge Kader. Bei der Sicherung dieser Kader ging man den spezifischen Weg der Selektion. Von mehr als hundert Mann, die einen Flugkurs belegten, bestanden lediglich ein Dutzend Leute die Pilotenprüfung für Kampfflugzeuge. Alle übrigen dienten vorwiegend in Einheiten der Luftwaffe mit «niedrigem Profil», angefangen bei den Staffeln der Transportfliegerkräfte bis hin zum technischen und Überwachungspersonal. Die Spitzenkräfte waren die Piloten der Strahltriebflugzeuge, durchweg Offiziere. Die Fliegerschule hatten sie mit dem Rang eines Leutnants absolviert.

In Vorbereitung auf die kommenden Aggressionen der Zionisten trainierten die Flugstaffeln und Geschwader den Tiefflug und die effektive Zerstörung von Start- und Landepisten an Objekten in der Negev-Wüste, die dort als Attrappen in möglichst originalgetreuer Größe zur Wirklichkeit der ausgewählten Feindbasen errichtet worden waren. In Manövern mit den Fallschirmjägern und anderen Einheiten der Landstreitkräfte setzten sie Napalm ein.

Die aggressive Politik der Armeeführung bot den Fliegern, ebenso wie den Infanteristen und Panzersoldaten, ausreichend Gelegenheit, schon in Zeiten allgemeiner Waffenruhe ihre Fähigkeiten in kriegsmäßigen Einsätzen zu beweisen. Noch vor dem Sechs-Tage-Krieg unternahmen sie schwere Luftprovokationen gegen Syrien. Sie waren an keine Grenzen gebunden. Sie hatten Befehl, nach eigenem Ermessen zu handeln, und wenn sie den Gegner bis nach Damaskus jagten.

Die Ergebnisse der Aufklärung und Luftspionage füllten die Akten mit allen Details über die Gebiete des Gegners, über dessen Luftbasen und Schutzmaßnahmen sowie über dessen Truppenbewegungen. Am Vorabend des Sechs-Tage-Krieges erging von höchster Stelle, vom damaligen Premierminister Levi Eschkol, die Order, Spionageflüge in großem Umfang über ägyptischem Territorium zu unternehmen.

Ausnahmslos reihten sich in das aggressive Konzept ZAHALs die Seestreitkräfte ein. Schwere und teure Kriegsschiffe kamen, wie es offiziell hieß, aus ökonomischen Gründen für sie nicht in Betracht. Nach dem Sinai-Feldzug von 1956 hatte man sich sogar noch über die israelische «Seemacht» lustig gemacht. Während des Krieges konnte die israelische Luftwaffe den ägyptischen Zerstörer «Ibrahim el Awal» zur Kapitulation zwingen, doch die Marine mußte ihn einbringen, weil sich das ja aus der Luft nicht machen ließ. Auf die spöttische Frage, wer das ägyptische Schiff nun eigentlich besiegt hätte, lautete damals im Soldatensender «Gale ZAHAL» die ebenso spöttische Antwort: «Die einen mit Avion, die anderen mit Halluzination.»

Nun, die israelische Marine ist zu jener Zeit keinesfalls ein Phantasiegebilde gewesen, wenngleich sie jahrelang im Schatten von Luftwaffe und Heer gestanden hatte und ihr Profil keine gewaltigen Kampfschiffe zierten. Sie war nicht nur auf Küstenwacht ausgerichtet, sondern auf den Angriff gegen feindliche Schiffe auf hoher See oder auf den Beschuß fremder Küsten vom offenen Meer her. So wurden das ägyptische Rafah von See aus durch israelische Kriegsschiffe beschossen und Panzer und Nachschub nahe Scharm asch-Scheich von See angelandet.

Mit dem Ausbau des Kriegshafens in Eilat hatte sich das Operationsfeld der Marine nach Süden inzwischen beträchtlich erweitert. Gemäß der allgemeinen Doktrin des Präventivkrieges war die Marine u. a. auch darauf spezialisiert, in Häfen des Gegners einzudringen, Schiffe und Hafenanlagen zu zerstören. Dementsprechend war sie mit leichten Schnellbooten ausgerüstet, die Torpedos, Artillerie und Raketen trugen. U-Boote statt großer Überwasserschiffe und spezielle Seekommandoeinheiten wie «Shajetet 12», die mit hoher Feuerkraft operierten, waren die Faktoren, mit denen ZAHALs Doktrinen auf See in die Tat umgesetzt werden sollten.

Niemals zuvor waren alle Verbände ZAHALs so gründlich und so umfassend ausgerüstet und vorbereitet wie am Vorabend des Sechs-Tage-Krieges. Alles war auf einen schnellen Sieg orientiert. Israel wollte sich nicht in lange, zehrende Kampfhandlungen verwickeln. Deshalb auch drängten die führenden Militärs, weil sie fürchteten, daß der entscheidende Faktor ihrer Präventivdoktrin, die Überraschung, verlorengehen könnte.

Die Geheimnisse von damals sind durch den Sensationsdrang von heute gelüftet worden. In einer Flut von Memoiren, Kriegstagebüchern und militärischen Schriften, die den Büchermarkt überschwemmen, versuchen israelische Generale, ihren persönlichen Anteil an den Erfolgen ZAHALs im Sechs-Tage-Krieg und an seiner Vorbereitung hervorzuheben. Der Generalstabschef der Israelis im Sechs-Tage-Krieg, Yitzchak Rabbin, schildert beispielsweise in seinem Buch «Wehrpaß», wie sich die Akten des Generalstabs mit Operationsplänen gefüllt hatten, mit denen die allgemeinen Auffassungen vom Überraschungsangriff aktuell umgesetzt worden sind. «Diese Operationspläne», so Rabbin, «wurden den Kommandeuren der verschiedensten Kommandoebenen zur Kenntnis gegeben, damit sie sich gedanklich und praktisch vorbereiten konnten.»

Der Codename für den Generaloperationsplan hieß «Sdan» (Amboß). Er enthielt das Gesamtkonzept. Sämtliche Pläne waren ausgesprochene Angriffspläne. Sie waren Jahre vor dem Sechs-Tage-Krieg erarbeitet und ständig aktu-

alisiert worden. Ihnen lagen wenige, doch sehr aufschlußreiche Prämissen zugrunde:
- Die Angriffsrichtungen der Landstreitkräfte sollten auf jeweils einen Abschnitt, Norden, Mitte oder Süden, konzentriert sein. Die detaillierten Pläne dazu hießen «Makewet» (Hammer), «Pragol» (Peitsche) und «Kilschon» (Zange). Sie enthielten jeweils die militärischen Maßnahmen zur Vernichtung der syrischen, der jordanischen und der ägyptischen Armee.
- Während des Hauptangriffs nach einem dieser Pläne hatten sich die Kräfte an den anderen beiden Abschnitten auf die Abwehr möglicher Angriffe des Gegners einzustellen. Aber auch diese Verteidigung sollte offensiv sein, z. B. durch die Besetzung von strategischen Punkten auf feindlichem Territorium.
- Jeder Angriff war mit höchstem Tempo vorzutragen. Die Zeit war ein wichtiges Element der militärischen Überraschung und ein bedeutender politischer Faktor. Bis der Weltsicherheitsrat zusammengetreten war, bis die Großmächte intervenieren würden und die öffentliche Weltmeinung mobilisiert war, sollten die Operationsziele erreicht, d. h. vollendete Tatsachen geschaffen worden sein.

Es war also alles bis ins Detail geplant und vorbereitet. Trotzdem behauptete später die zionistische Kriegspropaganda, man habe improvisieren müssen, um den Eindruck zu erwecken, daß Israel in einen Krieg hineingedrängt worden sei, den es gar nicht gewollt habe. In Wahrheit hatte man die Kommandeure angewiesen, den Soldaten klarzumachen, daß sich ZAHAL auf einen Krieg vorbereitete. Der Generalstab wartete nur noch auf den Anlaß, den Casus belli.

Krieg de Luxe

Am 17. Mai 1967 verließen die UNO-Truppen auf Verlangen von Präsident Gamal Abdel Nasser die Sinaihalbinsel, wo sie seit der Dreieraggression Frankreichs, Großbritanniens und Israels im Jahre 1956 stationiert waren. Am 5. Juni 1967 begann der israelische Blitzkrieg. Zu Beginn sprachen Israels Militärs von einem Existenzkampf. Später nannten sie den Sechs-Tage-Krieg einen «Krieg de Luxe».

Israel hatte den Sechs-Tage-Krieg wesentlich besser geplant und vorbereitet als jeden seiner Kriege zuvor; und es hatte eine für jedermann spürbare Vorkriegsetappe gegeben. In der israelischen Öffentlichkeit bezeichnete man sie mit Konnenut, sprich: die Phase der Bereitschaft. Sie war durch die allgemeine Mobilmachung gekennzeichnet.

Der Öffentlichkeit außerhalb Israels blieb diese Konnenut-Phase weitgehend verborgen, ebenso wie die Hatascha, die Zermürbungsphase, in der über zwei Jahre währenden Nachkriegsetappe, die durch blutigen Stellungskrieg charakterisiert war. Weitaus weniger von der Sensation gekennzeichnet, stellte man die Gefechte jener Etappe, die an Opfer und Zerstörungen die Junischlachten noch übertrafen und für den Weltfrieden äußerst gefährlich waren, als übliche Grenzkonflikte im Nahen Osten dar. Berichte und Analysen konzentrierten sich hauptsächlich auf die wenigen Tage Anfang Juni 1967, denn die boten die Sensationen, waren spektakulär.

Konnenut – die Mobilmachung

Noch zum Jahrestag der Staatsgründung war die Stimmung im Lande nicht ungewöhnlich. Der 14. Mai 1967 zeigte sich als ein wunderschöner Tag. Die Sonne beherrschte den wolkenlosen Himmel mit der Milde des Frühjahres. Es war windstill und warm. Die Menschen hatten arbeitsfrei, sozusagen ein verlängertes Wochenende. In Tel Chai in Galiläa, unweit des Städtchens Kiryat Schmoneh, veranstaltete die Armee einen großen Zapfenstreich anläßlich der 19. Wiederkehr der Staatsproklamation. Ich war oft in Tel Chai, in jener Festung, die lange vor der Staatsgründung von Joseph Trumpeldor[6], einem Idol des Zionismus, errichtet worden war mit dem Ziel, die gewaltsame Kolonisierung im Norden Galiläas militärisch abzusichern. Unweit der Festung war ein gewaltiges Monument – ein brüllender Löwe auf einem hohen Betonsockel – errichtet worden. Früher zählte die Festung zu den Weihestätten der Betar-Jugend, jener Jugendorganisation der zionistischen Revisionisten, die aus Joseph Trumpeldor einen großen Helden machte. Das Städtchen Kiryat Schmoneh[7] (Städtchen der acht), ein ehemaliges arabisches Dorf namens Chalsa, hat seinen Namen ebenfalls in Verbindung mit Trumpeldor erhalten. Damit sollten er und weitere sieben Terroristen, die mit ihm bei einer seiner zahlreichen Gefechtshandlungen gegen die Araber ums Leben gekommen sind, geehrt werden. Mit den Jahren hatte der Staat die Zeremonie in Tel Chai übernommen und ließ die Armee hier alljährlich paradieren.

Etwa zur gleichen Zeit fand in Jerusalem die zentrale Militärparade ZAHALs statt, und am Abend wurde im Rechaviatal ein militärischer Zapfenstreich mit anschließendem Feuerwerk veranstaltet. Beides konnte man in Direktübertragung im Fernsehen verfolgen. Auch die Szene, die in den Monaten darauf noch so oft im Playback ausgestrahlt wurde: Premierminister Eschkol beugte sich auf der Tribüne zu seinem salutierenden General Rabbin hinüber und flüsterte ihm die neueste Nachricht von den ägyptischen Truppenbewegungen ins Ohr. Die Wiederholungen dieser Szene sollten dem Bürger dokumentieren, daß die Kriegsgefahr das Land bei seinen Feierlichkeiten überraschte.

Das Interview mit Generalstabschef Rabbin, in dem er massive Drohungen an die Adresse Syriens richtete, konnte man an diesem Tage gleich in drei verschiedenen Zeitungen in vollem Wortlaut lesen. In den folgenden Tagen hielten noch viele Persönlichkeiten des öffentlichen Lebens aus Anlaß des 19. Jahrestages scharfe Reden. Gazetten der Großbourgeoisie in den USA stimmten in diesen Tenor ein, denn die guten Beziehungen Syriens zur UdSSR paßten nicht in das Nahostkonzept Washingtons. In Tel Aviv wurde eine Information an die ausländischen Militärattachés überreicht, die viele von ihnen als die Ankündigung einer größeren militärischen Offensive gegen Syrien auffaßten.

Die Menschen in Israel konnten zu dieser Zeit noch nicht wissen, daß sie bald in Uniform gesteckt und in Marsch gesetzt werden würden, daß der 14. Mai einmal offiziell als der Beginn der Konnenut zählen würde, denn für

---

6 Joseph Trumpeldor, der höchstdekorierte jüdische Offizier der Armee des russischen Zaren, war Anarchist. Er hat mit der Zarenregierung über die Errichtung einer jüdischen Armee verhandelt, mit der er nach Palästina über den Kaukasus und durch Persien marschieren wollte. Heute, so kann man in dem Geschichtswerk ZAHALs «A History of the Israeli Army» von Zeev Schiff lesen, zählt Trumpeldor als Prototyp des modernen hebräischen Kämpfers.

7 Der Ort ging durch die internationale Presse, als dort 1983 die Separatverträge mit Libanon ausgekocht wurden, die jedoch bald darauf vom libanesischen Präsidenten wieder annulliert werden mußten.

sie schien alles in bester Ordnung an diesem Tag. Am Abend übertrug der israelische Rundfunk noch das beliebte alljährliche Bibelquiz. Wie gesagt, ein wunderschöner Tag, dieser 14. Mai 1967.

Jäh änderte sich die Situation für den kleinen Mann mit der forcierten Mobilmachung. Rundfunk und Fernsehen verlasen gegen Ende Mai pausenlos Mobilisierungschiffres. Israels Bürger wurden zu den Waffen gerufen. Sie erhielten ihre Gestellungsbefehle und strömten massenweise in die Camps.

Auch der zivile Sektor wurde aufgewühlt. Der Unterricht in den Schulen erlitt Einschränkungen. Die Schüler mußten Sandsäcke füllen, Gräben schaufeln und den Luftschutz üben. In öffentlichen Gebäuden wurde das Verhalten bei Fliegeralarm geprobt. Durch die Straßen fuhren Autos mit Lautsprechern, über die die Bevölkerung zum Blutspenden aufgerufen wurde. Das Land bereite sich auf einen Belagerungszustand vor, hieß es in den Medien. Ganze Seiten in den Zeitungen waren gefüllt mit Grüßen von besorgten Eltern, Frauen und Kindern an die einberufenen Soldaten. Der Rundfunk strahlte besondere Grußsendungen aus: «Nimra aus Tel Aviv grüßt liebevoll ihren Freund Oded von der Luftwaffe. Soldat Avner tröstet die Verlobte ...» Die medizinische Fakultät der Jerusalemer Universität gab bekannt, daß die Prüfungen für Studenten, die zur Armee eingezogen wurden, verschoben werden.

Luftwaffe und Marine gaben eigene Zeitungen heraus. Sie berichteten von der prächtigen Stimmung in den Einheiten. Einige Artikel bezeichneten das Warten auf den Angriffsbefehl als unerträglich. Sie kritisierten die Regierung ob ihrer mangelnden Entschlußkraft. Nach den demokratischen Spielregeln war es der Armee eigentlich untersagt, so zu schreiben. Ein Song ging über den Äther: «Frag nicht, wann und warum wir hier warten. Bekanntlich ist der Krieg schwer, doch schlimmer ist das Warten.»

Die Zeitungen berichteten vom Eintreffen der Vertreter des Internationalen Roten Kreuzes, was als ein schlechtes Omen für Israel gewertet wurde, von einer Fluchtwelle der Touristen und von der Evakuierung ausländischer Vertretungen. Manche Blätter benutzten dieses typische Kriegsvokabular von Flucht, Evakuierung und dergleichen, um damit die Isolation Israels in Zeiten der Not aufzuzeigen.

«Der Krieg ist unvermeidlich geworden», sagte Minister Allon Ende Mai auf einer Massenversammlung auf dem Vorplatz des Habima-Theaters in Tel Aviv, zu der er in Khakiuniform erschienen war. Derartige Kundgebungen wurden damals vielerorts abgehalten. Allon sagte auch — und die Zeitung «Háaretz» druckte es am nächsten Tag ab —, daß Israel nicht den geringsten Zweifel über den Ausgang des Krieges habe, und man vergesse dabei keinesfalls Jordanien und Syrien. Ja, die Phase der Konnenut war schon von wahrer Kriegshysterie gekennzeichnet. Die Menschen waren aufgeputscht, die Militärs und Politiker sagten manches, was in keiner Beziehung zu den Realitäten stand.

Natürlich löste die ungezügelte Kriegspsychose schließlich auch Panik unter der Bevölkerung aus. Obwohl Ausschreitungen dieser Art von der offiziellen Berichterstattung weitgehend totgeschwiegen wurden, zählten sie dennoch zu den Begleiterscheinungen der Konnenut-Etappe: Die Leute eilten in die Läden, um Konserven zu hamstern. Versicherungen der örtlichen Behörden, daß ausreichend Lebensmittelvorräte vorhanden seien, konnten die Menschen in ihrer Panik nicht bremsen. Die Folge war, daß Reis, Mehl, Zucker, Salz, Öl u. a. Produkte knapp wurden. Clevere Geschäftsleute witterten ihre Stunde und hielten ihre Produkte zurück. Die Preise kletterten in die Höhe, und der Schwarzhandel trieb seine Blüten. Ältere Leute erinnerten an die «Zenna», wie die Zeit der Rationierung in den fünfziger Jahren hieß.

Der israelische Rundfunk mahnte zur Ruhe und Besonnenheit, brachte aber in seinen Sendungen gleichzeitig Befürchtungen zum Ausdruck, daß die Luftangriffe der Araber vorrangig auf zivile Ziele konzentriert sein werden. Damit goß er nur weiteres Öl ins Feuer. Der Chefkommentator der Armee erörterte im Rundfunk die Gefahren eines arabischen Luftangriffes wiederum auf seine Weise. In großen Tönen verwies er auf die Überlegenheit der israelischen Luftabwehr. Er zöge den sicheren Aufenthalt in Tel Aviv dem Sitz in einem ägyptischen Bomber vor. – Angesichts solcher widersprüchlichen Meldungen wußte der Mann auf der Straße nicht mehr, was er nun eigentlich glauben sollte.

Feindbild und Existenzangst allein hätten blaß dagestanden, wenn sie nicht mit nationalem Heroismus verwoben worden wären. Auch in dieser Hinsicht bot die Konnenut ein typisches Beispiel. Ein Leitartikel der großbürgerlichen «Háaretz» erinnerte an die Zeiten, als die Juden noch um ihren Staat rangen. «Oftmals in den vergangenen Jahren war Kritik an dem mangelnden Gemeinschaftssinn, an dem Pioniergeist der Gründerjahre und dem Patriotismus unseres Volkes geübt worden. Das ist völlig haltlos», schrieb das Blatt und fuhr fort: «In Zeiten der Not überwindet das Volk den Egoismus und die Rücksichtslosigkeit. Es wächst der Kampfgeist und die Opferbereitschaft.»

Die Kommentatoren der Massenmedien beherrschten ihr Handwerk mit Geschick. Es mangelte ihnen auch nicht an Beispielen, die zeigen sollten, wie die Reichen mit guten Taten vorangingen. Da war die Rede von Firmen, die große Geldsummen spendeten, oder von Unternehmern, die zu den Finanzämtern eilten, um ihre Einkommenssteuern im voraus zu bezahlen. Aufrufe richteten sich an Arbeiter und Angestellte, es denen gleichzutun und Geld zu spenden. In aller Eile wurde eine zehnprozentige Lohn- und Einkommenssteuer verfügt. Einige Wochen zuvor hätten fünf Prozent Israels Werktätige in den Streik getrieben, doch jetzt stand ein Krieg bevor.

Israels Kapitalisten kam der Krieg sehr gelegen. Das Land steckte in einer tiefen Krise. Die jährliche Wachstumsrate war im Vergleich zu der bei Beginn der sechziger Jahre nur noch spärlich gestiegen. Es gab zehntausend Arbeitslose – ein ziemlich hoher Anteil an Israels arbeitender Bevölkerung. Das permanente Rüsten hatte Israel im Kreise der verschuldeten Länder immer weiter an die Spitze getrieben. Die Einwanderungsrate lag erstmals unter der der jährlichen Auswanderung. Das «zweite Israel», die vielen Menschen aus den orientalischen Ländern, wollten sich nicht länger mit ihrem menschenunwürdigen Los abfinden. Ihre Elendsviertel waren ein Hort permanenter sozialer Unruhen. Eine Anzahl politischer Affären vergiftete das Klima, und die Zersplitterung der Parteien hatte beängstigende Formen erreicht.

Nun waren schlagartig alle sozialen Differenzen verdrängt. In der Zeit der Not war aller Streit begraben, waren Arbeits- und Lohnkämpfe verbannt, denn alle saßen «in einem Boot». Ob arm oder reich, sie waren alle Kinder Israels. «Kol Israel Chawerim», eine alte zionistische Losung, erwies sich wieder als geeignet, um die Massen für den Krieg zu mobilisieren. Überhaupt hat es die israelische Führung immer verstanden, Emotionen hochzupeitschen, indem sie von der Schicksalsgemeinschaft aller Juden, von ihrem ewigen Leide, von ihrem Im-Stich-gelassen-Sein in Zeiten der Not sprach. Eine Berichtslawine über Freiwillige, über Furchtlosigkeit und Opferbereitschaft zog denn auch die letzten Zweifler in den Sog der Kriegshysterie. Wer wollte da schon abseits stehen, wenn sich, wie es hieß, Kinder und Alte, ja sogar Invaliden für alle möglichen Dienste anboten?

«Ewigen Ruhm» erwarben sich die jüdischen Frauen, die so viele Kuchen buken, daß das Armeehauptquartier Süd sie öffentlich auffordern mußte, von weiteren Kuchenpaketen abzusehen. Vielleicht war ihnen das Lied gewidmet, das man des öfteren im Radio hörte: «Liebste, schicke keinen Kuchen mehr.»

Oft habe ich gehört und gelesen, daß sich die Kriegsmotivationen der Israelis übermäßig auf religiösen Fanatismus gründeten. Ich kann nur sagen, daß die wirklich Religiösen in Israel eine Minderheit bilden. Natürlich macht sich fanatischer Klerikalismus gewöhnlich durch überlautes Scheppern bemerkbar. Das wird von Israels Staatsmännern geschickt ausgenutzt, beispielsweise für Territorialansprüche aus biblischen Zeiten. Das wiederum schürt den Konflikt mit den arabischen Nachbarn, von dem die israelische Sicherheitspsychose lebt, die die Emotionen der Israelis am meisten beeinflußt. «Der Krieg ist unvermeidbar», oder «Wir haben keine andere Wahl» waren Losungen, die bei vielen Israelis auf fruchtbaren Boden fielen, denn alles, was man seit Jahr und Tag hörte, war, daß die Araber kompromißlos das Land zerstören und das israelische Volk ins Meer treiben wollten. Das konnte man auch zu jener Zeit der Ansprache des Regierungschefs an die Nation entnehmen, das war der Tenor von politischen Massenveranstaltungen und Pressekonferenzen in den Wochen vor Kriegsausbruch. Nichts anderes vernahm man während der Dienstzeit in der Armee. Das wurde einem schon in der Schule eingepaukt.

Bitachon heißt Sicherheit und ist die landläufigste Phrase für die israelische Spielart der altbekannten Redensart von der «Vaterlandsverteidigung». Sicherheit war und ist das am häufigsten strapazierte Schlagwort im politischen Sprachgebrauch des Landes. Es gibt keinen Kriegsminister, sondern den Minister für Sicherheit. Der Apparat, das ist das Sicherheitsministerium, der Sicherheitsausschuß der Knesseth. Es gibt die Sicherheitsgesetze, die Sicherheitsbedürfnisse, das Sicherheitsbudget, die Sicherheitspolitik – ganz allgemein eben die Sicherheit, Bitachon. Die Sicherheit ist das zentrale Argument, mit dem Israels Bourgeoisie im Bündnis mit den zionistischen Parteien gegen die Stimmen der Kommunisten bislang noch immer den nationalen Konsens für den Krieg erreicht haben. Sie wird zur empfindlichsten Frage deklariert, zum unanfechtbaren Postulat erhoben. Die Sicherheit bildet den gemeinsamen Nenner für alle politischen Strömungen des Zionismus, für alle Klassen der israelischen Gesellschaft, für Klerikale und Nationalisten, für die Masse der einfachen Bürger, die vom Krieg und von der Unterdrückung fremder Völker keinen Gewinn hat.

Das Porträt vom furchtlosen Israeli, vom durch nichts zu erschütternden Soldaten, das die offizielle Kriegspropaganda zeichnete, war prosaisch-romantisch verbrämt. Die Realität war viel nüchterner. Der israelische Soldat fühlte wie jeder Mensch, der in den Krieg zog. Er sorgte sich um sein Leben. Feiglinge und Drückeberger gab es auch. Und nicht alle Israelis ließen sich vom Chauvinismus gegen die Araber beeinflussen. Doch auf die Formel Sicherheit waren sie alle zu vereinen, der Held und der Feigling, der Chauvinist und der Tolerante. Dagegen wären selbst tiefgehende religiöse und historische Verbundenheit mit dem Heiligen Land, Gottesfügung wie messianische Berufung eine zu schmale Basis für den Kriegswillen gewesen. Freimütige Äußerungen von Soldaten offenbarten alles andere als religiösen Überschwang und gläubige Melancholie. Die Mehrheit war nicht so sehr mit jüdischer Identität oder mit einem Ausflug in die Glorie der Vergangenheit beschäftigt. Wenn das Gespräch mit einem Tel Aviver oder einem aus Galiläa auf das ewige Jerusalem kam, zeigte der meist weltlich orientierte Jugendliche wenig Verständnis für Traditionen und Überlieferungen, und er zuckte mitunter verständnislos mit den Schultern, wenn von den edlen Ruinen der Historie gesprochen wurde. Sobald man ihm aber darlegte, daß die Sicherheit des Landes auf dem Spiel stand, war er in dem Teufelskreis des Krieges eingefangen. Dabei wurde nach dem Sechs-Tage-Krieg einmal mehr offensichtlich, daß die Zionisten mit ihrer Kriegspolitik die Sicherheit der in Israel lebenden Juden nicht zu garantieren vermochten. Israel ist im Gegenteil für die Juden zum unsichersten Land geworden. Das haben die Kommunisten des Landes wiederholt betont.

Was ging in den Soldaten, die glaubten, um der Existenz ihres Staates willen in den Krieg zu ziehen, eigentlich vor?

Sobald sie die Zivilkleider mit der Uniform vertauscht hatten, begann die militärische Routine. Der Soldat hat viel Zeit, wenn große Formationen zu bewegen sind. Je größer die Formation, um so mehr Zeit hat der einzelne. Wird gar eine ganze Armee in Bewegung gesetzt, kann das Warten zur Qual werden. Man versuchte, die Zeit totzuschlagen. Die Alten erzählten ihre Geschichten von 1956 über Gaza, Khan Yunis oder von den Gebirgspässen Gidi und Mitla auf der Sinaihalbinsel. Die Jüngeren hörten teils ungläubig, teils gelangweilt zu. Viele waren mit Briefeschreiben beschäftigt. Andere vertrieben sich die Langeweile mit Kartenspiel oder beim Scheschbesch, einem sehr beliebten Brettspiel. Man konnte es in allen orientalischen Kaffeestuben beobachten. Obwohl es ein Zwei-Mann-Spiel war, saßen die Soldaten meist wie die Trauben um die Akteure herum und gingen mit ihnen förmlich mit. Das Spiel bot allerhand Möglichkeiten, den Gegner zu überlisten. Es gewann zunehmend an Tempo, und wer nicht die Übersicht behielt, wurde zum Gaudi der Zuschauer tüchtig übers Ohr gehauen.

Es gab auch ernste Gespräche unter den Soldaten. Die Leute vom Norden erzählten über die jüngsten Grenzkonflikte mit Syrien im Streit um Wasser, Boden und Hoheitsrechte, wie es in der offiziellen Sprache hieß. Was aber wußte der Soldat von diesen Konflikten wirklich? Da war beispielsweise die Rede von einem israelischen Projekt zur Umleitung des Jordans. Die Gebirgsflüsse Dan, Banjas und Chazbani, die vom Golan hinabfließen, münden in den Jordan und bilden dessen wichtigste Quellen. Der Oberlauf des Jordans, der See Genezareth und der Yarmuk liefern den größten Teil des Wasserreservoirs für Israel. Ein Regierungsprojekt sah vor, das Wasser des Genezarethsees über Pipelines und Aquädukte hinunter in die Negev-Wüste, südlich von Beer Shewa, zu leiten. «Es ist ein phantastisches Projekt», hieß es dazu in Israels Presse. «Es bringt Wasser in die Negev-Wüste. Neue Siedlungen können errichtet werden. Das kostbare Naß wird nicht mehr unnütz ins Tote Meer fließen und dort versalzen. Das Projekt entsteht auf unserem Gebiet. Wir haben ein Recht darauf, auch wenn die Araber dagegen sind.»

Was die Presse verschwieg, war, daß nach der Umleitung nur noch wenig Wasser südlich von Baisan ins jordanische Gebiet fließen würde. Das Projekt hätte den Jordan zum Rinnsal gemacht. Das eben wußte der Soldat nicht, denn er war nur auf die Meldungen der öffentlichen Medien angewiesen. Daß Israel sich das Recht anmaßte, über das ganze Wasser des Genezarethsees zu verfügen, war für ihn selbstverständlich — wie damals auch für mich. Als aber die Araber im Gegenzug auf syrischem Boden die Quellflüsse des Jordans umleiten wollten, ließ Israels Regierung die Argumentation, jeder könne auf seinem Hoheitsgebiet mit dem Wasser umgehen, wie er wolle, nicht mehr gelten. ZAHAL schlug, wie schon beschrieben, mit Panzerkanonen zu.

Noch verzerrter war das Bild der meisten Israelis über die Rechtslage hinsichtlich der Gebiete am Fuße der Golanhöhen. Das Waffenstillstandsabkommen von 1949 hatte die Schaffung einer entmilitarisierten Zone zwischen

Israel und Syrien vorgesehen. Israel verwehrte jedoch den Arabern die Rückkehr in ihre Dörfer und vertrieb diejenigen, die während der Kämpfe von 1948 noch dort verblieben waren. Deren Hütten standen noch bis in die sechziger Jahre verlassen da, und ich erinnere mich noch sehr gut an die Bustane, jene arabischen Gärten, die wir als Kinder im Sommer immer aufsuchten, um Aprikosen und Feigen von den «herrenlosen» Bäumen zu pflücken.

Vor dem Sechs-Tage-Krieg mußten die Syrer von ihren Beobachtungsposten an den Hängen des Golan zusehen, wie israelische Landwirte eigentlich ihnen gehörende Äcker bestellten, wie durch Bauarbeiten und Bewässerungskanäle die alten Besitzverhältnisse völlig verwischt wurden. Wie sollte es an solch einer Grenze Ruhe geben? Mich und meine Kameraden hat diese Frage damals jedoch nicht beschäftigt. Meinem Schulkameraden Elik, der mit seiner Panzereinheit sehr häufig in dieses Gebiet eingedrungen war, um israelische Traktoren vor syrischem Feuer zu schützen, war nicht bewußt, daß durch die Traktoristen, die fremdes Land bestellten, die Abkommen von 1949 und nachfolgende UNO-Resolutionen verletzt worden waren, die vorsahen, daß den syrischen Bauern ihr rechtmäßiger Besitz zurückerstattet wurde, was Israel bis dato ignorierte. Die Waffenstillstandsabkommen wurden in Israel entweder verfälscht wiedergegeben oder waren überhaupt nicht bekannt. So konnte die Regierung ein Bild des Terrors entwerfen, von friedlichen israelischen Bauern, die von Artillerie und Maschinengewehren der Syrer und Jordanier bedroht wurden. Über die Rechtslage in diesen Gebieten schwieg sie sich weiter aus. Wen wundert es da, wenn die meisten Soldaten zu der Auffassung gelangten, daß die Syrer aus ihren Stellungen an den Golanhängen vertrieben werden müßten? Mit der gleichen Selbstverständlichkeit wären sie auch bereit gewesen, in den Sinai vorzudringen. Israels Soldaten haben überhaupt keine Vorstellungen über die wahren Grenzen ihres Staates. Und die Regierung spricht offiziell davon, daß sie keine territorialen Ansprüche stelle, aber der Sicherheit des Landes Rechnung tragen müsse. Das ließ alles offen, auch die Präsenz der israelischen Soldaten am Suezkanal. Natürlich sagte man den Soldaten auch nicht so deutlich, daß General Elazar mehr wollte, als nur die Stellungen der Syrer am Golan zu vernichten. Das ganze Golanplateau sollte so weit besetzt werden, bis Damaskus in Artilleriereichweite geriet. Die ganze Sinaihalbinsel wollte man erobern. Der Gazastreifen würde ihnen damit von selbst in die Hände fallen. Nur so meinte man in Israel Druck auf die Regierungen Syriens und Ägyptens ausüben zu können, den geschaffenen Status quo anzuerkennen. Diese Zielvorstellungen sind nach dem Krieg offen ausgesprochen worden.

Auch die Operationsziele für Jordanien sahen mehr vor, als die kühnsten Politiker es damals offen zu sagen gewagt hätten. Jerusalem war eine geteilte Stadt. Dieser Status paßte den Israelis nicht. Einen Monat vor dem Krieg wurde ein Lied mit dem Titel «Goldenes Jerusalem» aus der Taufe gehoben.

Mit seiner sehnsuchtsvollen Melodie und seinem melancholisch-romantischen, ja harmlos klingenden Refrain wurde es zur «Lili Marleen» des Sechs-Tage-Krieges:

«Jerusalem aus Gold, Kupfer und Licht,
zu deinen Liedern begleitet meine Geige dich.»

Und dann:

«Die Brunnen sind ausgetrocknet, der Markt verlassen. Niemand bewacht den Tempelberg in der Altstadt, und keiner wandert zum Toten Meer auf dem Weg nach Jericho.»

Jericho? Ein Blick auf die Karte verrät den tieferen Sinn, denn das war jordanisches Gebiet, was hier besungen wurde. Die Folgestrophen wurden noch deutlicher:

«Nie werden wir dich vergessen, goldenes Jerusalem.
Wir kehren zurück zu Brunnen, Tempelplatz und Markt.
Das Shopharhorn erklingt zum Gebet, und wir steigen hinab zum Toten Meer auf dem Weg nach Jericho.»

Wußten die Soldaten, was sie da sangen? Machten sie sich Gedanken darüber, wie sie den Arabern als Besatzungssoldaten gegenüberstehen würden, in Jericho, Hebron oder anderswo in der Westbank? Da gab es wohl in der Truppe am Vorabend des Junikrieges keinen. Die ideologische Mobilisierung erstreckte sich schließlich schon über einen viel längeren Zeitraum.

Inzwischen tagte die Regierung pausenlos und kam zu keiner Entscheidung über den Kriegsbeginn. Seit Tagen war die Spannung bei der mobilisierten Truppe gestiegen. Man hatte sie an die Grenzen verlegt. Nun hänge alles von der Regierung ab, erklärten die militärischen Führer. Die direkt übertragene Ansprache des Premierministers im israelischen Rundfunk hatte auch keine Klarheit darüber gebracht, wann bzw. ob der Krieg beginnen würde. Sie enthielt weder einen Aufruf zum Kampf noch vermittelte sie die Zuversicht, daß die Politiker die Krise abwenden würden. Sie war in einem pathetischen Ton und mit zitternder Stimme vorgetragen worden. In der Armee machte man sich darüber lustig: Stünde nicht schon in der Bibel, daß Israels erster Führer, Moses, ebenfalls schrecklich gestottert haben soll? Der Herr befahl ihm, das Volk nach Kanada zu führen, und Moses verhaspelte sich beim Übermitteln und nannte als Ziel Kanaán.

Manche warfen dem alten Eschkol sogar Unfähigkeit vor. Einige äußerten Bedenken, daß die Armee nicht stark genug sei, einen Krieg gegen mehrere arabische Länder zugleich zu führen. Die Masse war aber wohl davon überzeugt, daß ZAHAL gut trainiert, hervorragend ausgerüstet und nicht unerfahren im Kampf gegen die Araber war. Man wußte, dieser Krieg würde etwas anderes als die Grenzkonflikte oder die «Vergeltungsaktionen» sein. Die Situation war auch nicht mit der von 1956 zu vergleichen. Manche Politiker sagten, daß Israel isoliert sei. Das ewige Sicherheitsproblem Bitachon und das unumstößliche Postulat: «Wir haben keine andere Wahl» wurden während dieser Tage des Wartens häufig diskutiert.

Israels Generale nannten diese Etappe ihres ungeduldigen Harrens auf den Tag «X» die Zipijah, das Warten. Im Gegensatz zur Generalität zeigte sich die Regierung weiterhin unentschlossen. So kam es zum Konflikt. Die Konnenut entwickelte sich zu einer Staatsaffäre. Sein Zögern kostete, wie noch zu sehen sein wird, den Premierminister Levi Eschkol schließlich das Amt des Sicherheitsministers, das es bis dato — nur mit einer Ausnahme — immer in Personalunion mit dem höchsten Posten in der Regierung gab. Fast hätte Eschkol auch noch den Stuhl des Premiers eingebüßt.

Tauben und Falken

Worauf wartete die Regierung? Waren mit Nassers Entscheidung, die Kanalzone militärisch zu sichern, nicht alle Bedingungen für die Anwendung der militärischen Präventivdoktrin gegeben, an der die ZAHAL-Führung so lange gearbeitet hatte? Sollten die Operationspläne des Generalstabs für den Papierkorb geschrieben worden sein? Wann würde die Regierung den Militärs endlich freie Hand geben? — Eine Kabinettssitzung jagte die andere, doch eine Grundsatzentscheidung kam nicht zustande. Die ungeduldigen Militärs führten das darauf zurück, daß es in der Regierung nur einen einzigen ehemaligen General gab: Yigal Allon, den Arbeitsminister. Die Verdienste des Premier- und Sicherheitsministers Eschkol lägen im zivilen Bereich, vom Militär habe er keine Ahnung, behauptete die großbürgerliche Zeitung «Háaretz».

An Eschkols Koalitionskabinett waren die drei zionistischen «Arbeiterparteien» Mapai, Achdut-Háavoda und Mapam beteiligt. Weitere Koalitionspartner waren der Block der Religiösen und die Liberalen. Die zionistischen Revisionisten befanden sich in der Opposition. Die fähigen Männer, die Falken — so die bürgerliche Presse —, saßen in der Rafi, der israelischen «Arbeiterliste», die ebenfalls noch zur Opposition zählte. Zahlenmäßig war die Rafi eine Zwergpartei — wie so viele Splittergruppen in Israels Politik —, doch der Einfluß ihrer Spitzenmänner, durchweg Militärs, auf die öffentliche Meinung war beträchtlich. Als Ben Gurion 1965 der Mapai den Rücken gekehrt und die Rafi gegründet hatte, hatte er die führenden Militärexperten mitgenommen: Moshe Dayan, Chef der Armee im Sinai-Feldzug; Yáakov Dori, erster Generalstabschef von ZAHAL; Shimon Peres, langjähriger Generaldirektor für Rüstung im Sicherheitsministerium. Auch Zwi Zur, ebenfalls ein ehemaliger Generalstabschef, schloß sich dieser Partei an, die jetzt von der israelischen Bourgeoisie massive Unterstützung erhielt.

Während sich die Zeitungen aller zionistischen Parteien im Mai 1967 gleichermaßen auf Meldungen über die düsteren Absichten der arabischen Länder konzentrierten, standen sie ganz im Dienste des Krieges. Die Blätter richteten zwar das Feuer ihrer Kritik je nach parteipolitischer Orientierung entweder gegen die Regierung oder befaßten sich mit der Abwehr von Kritik an der Regierung. Doch in der Sache des Krieges unterschieden sie sich kaum, denn es gab unter ihnen in dieser Hinsicht keine nennenswerten Gegner. Um so heftiger ging der Streit um den günstigsten Zeitpunkt dafür und um die fähigeren Personen in Israels Regierung. Man ging nicht zimperlich miteinander um. Die im Bunde mit Gachal, dem Kern des späteren Likud-Blocks unter Führung Menachem Begins, stehende Presse eröffnete ein wahres Trommelfeuer gegen Levi Eschkol. Die Angriffe nahmen mitunter persönlichen Charakter an: Er sei mit seinen 72 Jahren viel zu alt und krank für die Doppellast, die er als Premier- und Sicherheitsminister zu tragen hätte, warfen ihm seine Kritiker vor, verbunden mit der Aufforderung, zu designieren. Andererseits buhlte man vor allem um die Gunst der Jugend, indem man ihr das Bild eines unentschlossenen Greises malte, der mit seinen endlosen Reden von überholten Idealen und seinem ewigen Hang zu Kompromissen langweilte. Bei der Truppe wurden Witze darüber in Umlauf gesetzt. Einer bezog sich auf die endlosen Kabinettssitzungen. Man sitzt und berät pausenlos, und am Ende fragt der Premier: «Nun, Kinderlach, was für einen Beschluß sollen wir fassen?»

War Eschkol wirklich so unentschlossen, wie seine Kritiker behaupteten? Seine Beziehungen zur Armeeführung waren ausgezeichnet. Vielleicht, weil er kein Militärexperte war und die Generale dadurch in seiner Amtsperiode noch mehr freie Hand hatten, als unter Ben Gurion. Er hatte ihnen bislang auch alle nur erdenkliche Unterstützung gegeben, sich beispielsweise bei Manövern in Galiläa gezeigt, um politischen Rückenwind für die Angriffe des Kommandierenden der Nordfront, David Elazar, auf die Syrer zu signalisieren. Zusammen mit General Rabbin hat er die Truppen der Südfront inspiziert. Schließlich ist unter Eschkols Regie Ben Gurions auf Frankreich orientierte Politik beizeiten durch die Allianz mit den USA ersetzt worden, was ZAHAL den Zufluß von modernsten Waffen und Israel politische Rückendeckung auf der internationalen Bühne sicherte. «Noch nie war ZAHAL so gut vorbereitet wie auf den Sechs-Tage-Krieg», konnte sein 30 Jahre jüngerer Generalstabschef Rabbin stolz in seinem Buch «Wehrpaß» schreiben.

Rabbin hatte der Planung von Kampfhandlungen verstärkte Aufmerksamkeit gewidmet. Unter seiner Führung hatte der Generalstab die Doktrinen des Präventivkrieges verfeinert, die Operationspläne für die Fronten erarbeitet und evident gehalten. In Israel dauert normalerweise die Amtszeit eines Generalstabschefs drei Jahre. Rabbin war auf Grund seiner Fähigkeiten für eine zweite Amtsperiode bestätigt worden, ein Privileg, das vor ihm nur Dayan zugestanden worden war. Aber auch Rabbin geriet unter die Kritik. Ihm fehle es an Durchsetzungsvermögen, jener Rücksichtslosigkeit, derer es

Premier- und Kriegsminister Eschkol, Generalstabschef Rabbin und Arbeitsminister Allon (v. l. n. r.) inspizieren die Südfront zu Ägypten in der Phase der Mobilmachung für den Sechs-Tage-Krieg

zu Kriegszeiten bedarf, hieß es. Der Generalstab drängte ihn, mehr Druck auf die Regierung auszuüben. Als das nicht fruchtete, wurden die Militärs beim Premierminister vorstellig und verlangten sofortige Aktionen. Es ist erstaunlich, was ihnen dabei in jenen Maitagen alles an Umschreibungen für die beabsichtigte Aggression einfiel. Den Krieg nannten sie Konflikt. Für Angriff sagten sie Initiative oder Aktion. Anstelle USA sprachen sie von internationalen Faktoren. Die Generale versuchten zu erreichen, was ihr Chef, Rabbin, bisher nicht geschafft hatte: die Regierung zum militärischen Handeln zu bewegen. Doch die zögerte immer noch. Ihre Minister wollten sich einer hundertprozentigen Unterstützung vor allem seitens der USA versichern und entsandten den Außenminister, Abba Eban, zu persönlichen Gesprächen ins Ausland. Die Militärs waren über seine Reisen ganz und gar nicht glücklich, weil dadurch ein weiterer Zeitverzug verursacht wurde. Darum geriet nun auch er ins Kreuzfeuer der Scharfmacher, während er mit persönlichen Botschaften Eschkols an Präsident Johnson, Premierminister Wilson und General de Gaulle unterwegs war.

Eban war kein Friedensapostel. Warum sie ihn attackierten, ergab sich ganz einfach aus der Tatsache, daß er sich um diplomatische Rückendeckung bemühte, die nach der Auffassung der Militärs schon längst in ausreichendem Maße vorhanden war. Und damit hatten sie recht. Außerdem hielten sie ZAHAL für genügend gerüstet, um einen Krieg auch allein gewinnen zu können.

Die Chefs von Armee und Geheimdiensten stimmten nun den Kassandraruf an. In schrillen Tönen verbreiteten sie sich über die unheilvollen Folgen eines arabischen Angriffs für Israels Industriezentren und seine Zivilbevölkerung infolge der Verzögerung des Kriegsbeginns. Prominentester Mann unter ihnen war Meir Amit, der Chef der Sicherheit, dem die Spionageeinrichtungen Mossad und Schinbet unterstanden. Er wartete gegenüber dem Premierminister mit Zahlen auf über ägyptische, syrische, jordanische und irakische Truppenstärken und meldete Zweifel an, daß Eban bei seinen Verhandlungen im Ausland das Problem der Sicherheit Israels in genügendem Maße darzulegen vermochte. Die Generale setzten auf diese Weise durch, daß Geheimdienstchef Meir Amit zu einem Blitzbesuch nach Washington abreiste und Verhandlungen mit dem damaligen Verteidigungsminister McNamara u. a. führte.

Inzwischen war Eban von seiner Reise zurückgekehrt, und es gab abermals lange Debatten im Kabinett, zu denen auch der Generalstabschef Rabbin geladen war. Was verlangten die Militärs eigentlich von Eschkol und seinem Außenminister, Eban? Sollten sie als Diplomaten etwa öffentlich eingestehen, daß sie trotz zugesicherter US-amerikanischer Unterstützung weiterhin eine diplomatische Isolierung Israels befürchteten? Wieso waren sich die Militärs ihrer Sache so sicher?

Der militärische Geheimdienst hatte die Regierung über so manches Detail seiner Aufklärung und Spionage im unklaren gelassen. Er schätzte real ein, daß die arabischen Staaten ausnahmslos auf einen Krieg nicht vorbereitet waren. General Amit, der über eine Direktleitung zum Pentagon verfügte und dessen Zusammenarbeit mit der CIA für niemanden in Israel ein Geheimnis war, hatte nach weniger als 48 Stunden aus Washington weitere Neuigkeiten mitgebracht. Er konnte dem Kabinett berichten, daß man in den USA nichts gegen einen Krieg Israels um die Straße von Tiran einzuwenden hätte und daß sie Israel im Sicherheitsrat und in der Vollversammlung der UNO entsprechend unterstützen würden — also grünes Licht für einen sofortigen Kriegsbeginn.

Der Generalstab hatte längst ausführliche Operationspläne im Schubkasten. Die Kampfkraft des Gegners war durch die eigene Armee immer wieder in den vielen Grenzkonflikten und «Vergeltungsschlägen» bewußt abgetastet worden, so daß er sicher sein konnte, daß ZAHAL nicht nur über Manövererfahrungen verfügte. Dayan berichtete nach seinen sogenannten privaten Inspektionsreisen an die Südfront, daß Oberst Gorodisch zum sofortigen Einsatz bereit sei, was immer das Ziel auch sein möge. Seine Panzer könnten auch ohne Artillerieunterstützung und ohne Luftsicherung auskommen. Generalmajor Arik Sharon hätten die Augen geleuchtet, als er Dayan seinen Plan für einen Panzervorstoß gegen den gegnerischen Befestigungsgürtel im Raum Kusseima – Um Shihan – Um Katef erläuterte. Die größte Sorge des Kommandierenden der Nordfront, General Elazar, bestand darin, daß er durch die

Schwerpunktverlagerung nach Süden in eine Verteidigungsrolle geraten könnte. Er warnte seine Kollegen im Generalstab vor einer «Ägyptenpsychose» und unterbreitete dem Politiker Allon, den er des öfteren in seinem Kibbuz Genossar in Galiläa besuchte, Pläne zur Eroberung von Damaskus.

Nach dem Krieg hieß es aus den Reihen der führenden Militärs: Die Probleme seien entstanden, weil Eschkol und seine Regierungsmannschaft dem Lager der Tauben angehört hätten und sie sich deshalb ihnen gegenüber nicht verständlich machen konnten.

Dabei hatten auch Israels «Tauben» längst prächtige Falkenfedern gespreizt. Und daß sie sich nicht für ein sofortiges Losschlagen entscheiden konnten, lag bestimmt nicht an ihrem friedlichen Gurren. Gegen einen Krieg hatten sie nie etwas einzuwenden gehabt, lediglich die Zeit hielt man noch nicht für reif genug. Das politische und militärische Risiko erschien ihnen zu hoch. So ließ Shapiro, der Innenminister und Führer der nationalreligiösen Partei, den Ruf «Schmah Israel!» – Höre Volk von Israel – erschallen, nicht weil er den Krieg für eine Sünde hielt. Er hatte höchst weltliche Motive, als er am 23. Mai 1967 im Anschluß an eine Sitzung des ministeriellen Ausschusses für Sicherheitsfragen auf General Rabbin heftig einredete, daß man Schützenlöcher ausheben müsse, statt stürmen zu wollen.

Minister Shapiro war nicht gegen einen Krieg, befürchtete aber einen Mehrfrontenkrieg und die unzureichende Unterstützung durch die imperialistischen Großmächte.

Die Generale setzten nun den Oberrabbiner der Armee, Schlomoh Goren, auf Shapiro und dessen Ministerkollegen vom religiösen Block an. Sie überzeugten zuvor den Militärrabbi davon, daß seine Mission von historischer Bedeutung für Israel sein könnte, wenn es ihm gelänge, das Vertrauen dieser Politiker in die Armee zu stärken. Und ihm gelang es. «Gut, Reb Goren», erwiderte Minister Shapiro auf die umständlichen Überzeugungsversuche des Militärrabbis, «sobald wir Dayan im Amt haben, stimme ich zu.» Er erklärte dies zum politischen Ultimatum für die weitere Mitwirkung seiner Fraktion in der Koalition Eschkol.

Nach dem Krieg betonte er für sich und seine Mannschaft, daß sie keineswegs unbegrenzt hatten warten wollen. Ihnen sei es nur darauf angekommen, eine Regierung mit breitester Basis und einen kriegserfahrenen Sicherheitsminister zu haben. Auch andere «Kriegszauderer» versicherten nun in der siegestrunkenen Öffentlichkeit, daß sie nicht prinzipiell gegen ein militärisches Vorgehen gewesen seien.

Doch gegen Ende Mai 1967 spitzten sich die Kontroversen weiter auf eine politische Krise zu, die nun voll in die Öffentlichkeit getragen wurde. Auf Ansprachen an die Nation, Regierungserklärungen und Pressekonferenzen folgte eine zügellose Kampagne der Kriegsbefürworter aller Parteien, gleich, ob sie zur Koalition oder zur Opposition zählten, sowie aus den Kreisen der Militärs.

Der Oberrabbiner ZAHALs, Generalmajor Schlomoh Goren, bläst das Shofar-Horn. In seinem linken Arm hält er die Thora, das mosaische Gesetzbuch. Seit der Antike hat kein jüdischer Geistlicher mehr einen Krieg gesegnet

Im Hauptquartier der Armee erwartete man den Regierungschef und Minister für Sicherheit Eschkol. Der Generalstab hatte sich bereits im Krisenbunker, in der sogenannten Höhle, etabliert. In dem tiefen und weiträumigen Bunker, der mit einem eigenen Energieversorgungssystem, mit Klimaanlagen und elektronischen Sicherheitssystemen auf das modernste ausgestattet war, herrschte eine Atmosphäre, als wäre der Krieg schon in vollem Gange. Hier liefen die direktverkabelten Verbindungen zu den Leitstellen des Regierungsapparates und den Kommandozentralen der Waffengattungen und Frontabschnitte der Armee zusammen. Das Hauptquartier im Bunker war mit der Außenwelt durch Telexanlagen, bestehend aus Fernschreibern, Dekodern, Telexboxen mit elektronischen Schreibmaschinen und Terminals sowie mit einer leistungsfähigen Funkanlage verbunden. In unmittelbarer Nähe hatte man einen Landeplatz für Hubschrauber eingerichtet.

Seit dem frühen Nachmittag des 28. Mai herrschte auf den vielen Gängen und Treppen ein reges Treiben. Ordonnanzen, auch weibliches Personal, pendelten eifrig zwischen dem Sitzungssaal und dem sogenannten Kriegszimmer sowie den Kabinen der Telex und Telefonie hin und her. Die einen trugen dechiffrierte Streifen, andere Kartenmaterial und neueste Luftaufnahmen. Wieder andere sorgten für Getränke, Sandwiches und Zigaretten. Es wurde viel geraucht in dem Bunker. Der Generalstabschef gab als Kettenraucher das Beispiel für alle. Die Militärs benutzten die moderne Kommunikationstechnik der «Höhle», um in Erfahrung zu bringen, wie die politische Stimmung draußen war, und bemühten sich um Kontakte zu ihren Parteizentralen. Weitere Generale waren in Begleitung ihrer Stabsoffiziere eingetroffen und begaben sich zu dem Versammlungsort. Hubschrauber brachten die Frontkommandeure Nord, Süd und Mitte heran. Es war bereits Abend geworden. Der gesamte Generalstab hatte sich im Sitzungssaal versammelt und wartete auf Levi Eschkol. Der kam geradewegs vom Rundfunk, wo er eine Ansprache an die Nation gehalten hatte. Er war von Generalstabschef Rabbin persönlich darum gebeten worden, selbst einmal vor den Generalen aufzutreten.

Eschkol kam in Begleitung eines weiteren Kabinettmitglieds, des ehemaligen Generals Yigal Allon, der hier im Bunker viele persönliche Freunde antraf. Beim Betreten des Sitzungssaales lächelte Eschkol wie stets den viel jüngeren Generalen jovial-väterlich zu und begrüßte, abweichend vom Protokoll, jeden einzelnen, ehe er seinen Platz einnahm. Die Militärs wußten zu diesem Zeitpunkt schon, daß seine Ansprache an die Nation von Parteien und Presse als miserabel eingeschätzt wurde. Die Wärme, die der 72jährige Premier mit seinem gutmütigen Gesichtsausdruck in die Runde auszustrahlen versuchte, drang nicht in sie ein. Die allgemeine Stimmung der Generale war gereizt. Gespannt hörten sie auf die Worte des Zivilisten, dem sie zum Gehorsam verpflichtet waren. Ihre Erwartungen erfüllte er wiederum nicht. Eschkol bemühte sich, betont ruhig zu sprechen. Er war höflich in seiner Ausdrucksform, denn er wollte die gereizte Meute nicht noch mehr aufbringen. Er, der sonst redegewandte Schnellformulierer, legte beim Sprechen lange Pausen ein, in der Hoffnung, die Militärs nach und nach auf seine Worte einstimmen zu können, denn er wußte, der Inhalt seiner Rede würde deren Geschmack nicht gleich treffen. Die politischen Umstände, so erläuterte er, erforderten ein weiteres Hinauszögern des Angriffs. Er berichtete u. a. über Depeschen von Kossygin und Johnson. Die USA, Großbritannien, Kanada und die Niederlande hätten erwogen, eine internationale Flottille in die Meerenge von Tiran zur Sicherung der Durchfahrt zu entsenden. Man rede von einer «operativen Regatta».

Nahezu alle Generale beteiligten sich an der anschließenden Diskussion. Die Frontbefehlshaber trugen ihre Beschwerden vor. Die Stimmung in der Armee sei gefährdet. Man könne nicht ewig in der heißen Negev-Wüste sitzen, ohne etwas zu unternehmen. Verschiedentlich sei schon Alarm ausgelöst worden, der hinterher widerrufen werden mußte. So könne man den Kampfgeist der Soldaten unmöglich erhalten. Eschkol nickte verständnisvoll und wendete seine Blicke dem nächsten zu, dem der Armeechef Rabbin das Wort erteilte. General Mati Peled, Stabschef für Kader, wies darauf hin, daß die Wirtschaft kurz vor dem Zusammenbruch stehe, weil die Reservisten nahezu vollständig mobilisiert worden seien. Er weigerte sich aber, auch nur einen Mann aus der Armee zu entlassen.

Der Stabschef für militärische Aufklärung, General Jariw, spitzte die Auseinandersetzung weiter zu. Mit scharfer Zunge erklärte er, daß in den Flüchtlingslagern Jordaniens der Nationalismus herrsche. Die Palästinenser stehen im Begriff, in ihre Häuser nach Israel zurückzukehren. Eschkol fragte ihn, ob er ängstlich sei, und lächelte ihn gutmütig an. Das steigerte die Wut der Generale noch mehr. Jariws Stimme wurde immer lauter. Die Regierung solle sich nicht darauf verlassen, daß andere ihr die Arbeit abnehmen.

Was sie alle wohl am meisten aufbrachte, war, daß fremde Mächte und nicht ihre eigenen Streitkräfte die Durchfahrt in der Straße von Tiran sichern sollten. General Sharon meldete sich zu Wort. Er erklärte kategorisch, daß ZAHAL mit dem heutigen Tag seine Abschreckungskraft eingebüßt habe. Daran sei allein die Regierung schuld, weil sie in der Frage der freien Schiffahrt nicht sofort reagiert habe. ZAHAL sei in der Lage, die ägyptische Armee allein zu vernichten, doch jede Verzögerung werde die Zahl der Opfer erhöhen. Andere Redner nannten Eschkol sogar Ziffern über die Opfer, die ein weiteres Warten mit sich bringen würde.

«Die Armee ist zutiefst enttäuscht», eröffnete General Yoffe von der Südfront seinen Diskussionsbeitrag. Er versuchte es auf die sanfte Tour und setzte der Heftigkeit des bisherigen Diskussionsverlaufes ein vorläufiges Ende. In seinen Tenor stimmte auch General Tal ein. In mildem Tonfall stellte er das Recht der Regierung nicht in Frage, das letzte Wort über Krieg oder Warten zu sprechen. Die Politiker müßten nur begreifen, daß es nicht um die freie Schiffahrt, sondern um die Existenz Israels gehe. Man müsse Nasser eine Lehre erteilen. Seine Panzerarmee sei in der Lage, schon morgen eine ägyptische Division zu vernichten. Andere würden weitere Divisionen Nassers vernichten und so Israels Sicherheit für mindestens 15 Jahre garantieren.

Eschkol hörte geduldig zu, auch als General Peled zum wiederholten Male die Belastung der Wirtschaft durch die mobilisierten Reservisten erläuterte, die am Ende doch nur herumsäßen und nicht angreifen dürften. Dann meldete sich Elazar, Kommandeur der Nordfront, zu Wort. Er versicherte erst einmal, keine Politik machen zu wollen. Nur die Fakten wolle er sprechen lassen. Ein Grundprinzip sei, daß ZAHAL als erste angreifen müsse, sonst könne ihr Sieg nicht vernichtend für den Gegner sein. Die Regierung müsse der Armee endlich wieder die Abschreckungskraft zurückgeben.

Das war für den geduldigen Eschkol zuviel. Als auch noch Sharon dieser Meinung beipflichtete und zudem behauptete, daß die Regierung die Armee behindere, nur um die Goys (die Nichtjuden der Welt) milde zu stimmen, war das Maß überschritten. Heftig reagierte Eschkol: Die Regierung müsse sich der Unterstützung der Verbündeten versichern, auch wenn ZAHAL die Ägypter besiegen könne, sonst bliebe Israel in der Welt isoliert. Die Generale mögen bedenken, daß auch eine geschlagene Armee wieder aufgebaut werden könne, oder hätte jemand in diesem Kreis vor, das ganze ägyptische Volk zu vernichten?

Für einen Moment trat völlige Stille ein. Hatte man bisher mit vielen Reden,

Drohungen und Beschwörungen tüchtig vom Leder gezogen, mochte sich zu dieser Frage niemand äußern. Sie war wohl auch nur ein rethorischer Kniff des erfahrenen Funktionärs und Politikers Eschkol. Er nutzte die Unterbrechung, um nun wieder, ganz im Kontrast zu vorher, mit Wärme seine Ausführungen fortzusetzen. Er beschwor die Generale, mehr Geduld an den Tag zu legen. Fast verlegte er sich aufs Bitten, damit sie ihm und seinem Kabinett mehr Vertrauen entgegenbrachten. Er rechnete damit, daß sie seine persönliche Befürwortung eines sofortigen Angriffs kannten, aber er durfte ihnen hier nur die offiziellen Kabinettsbeschlüsse mitteilen und sie verteidigen. Es gelang ihm jedoch nicht, die aufgebrachten Militärs umzustimmen. Im Gegenteil. Nun mußte er sich auch noch Zwischenrufe gefallen lassen, was die Grenzen des Erlaubten eigentlich überschritt. Die Lage sei heute völlig anders, als das Kabinett sie sehe, schallte es durch den Raum. Als Allon die Gefahr erkannte, daß die Diskussionen auf einen neuen Höhepunkt zusteuerten, schlug er vor, eine Pause einzulegen. Ohne die Reaktion der Militärs auf diesen Vorschlag abzuwarten, standen Eschkol und Allon auf und verließen den Raum. General Rabbin konnte gerade noch aufspringen, um die Herren zum Aufgang zu begleiten. Die Zusammenfassung der Debatte mußte er ohne sie vornehmen. Das Fazit hieß: warten. «Ich wollte nicht, daß der Premier den Eindruck gewinnt, daß wir auf einen Putsch aus sind, deshalb betonte ich in meinem Diskussionsbeitrag, daß wir die Entscheidung der Regierung letztlich akzeptieren müssen», resümierte Elazar nach dem Krieg auf einem Kommandeurstreffen des Nordabschnittes.

Als der Premier den Generalstab verlassen hatte, standen die Militärs vor dem Problem, ihre offizielle Auffassung für die Regierung schriftlich zu formulieren. Dazu brauchten die Generale einen weiteren Tag. «Wir sollten uns selbst eingestehen», meinte Elazar dabei, «daß jeder von uns lieber heute als morgen in den Krieg ziehen will, doch wenn die Frage so steht: sofortiger Angriff – nein, aber in 10 Tagen – ja, bin ich der Auffassung, daß wir in der Lage sind, auch in 10 Tagen anzugreifen.»

Das Resultat der Zusammenkunft im Armeehauptquartier, oder besser gesagt, die Ergebnislosigkeit, wurde in der Öffentlichkeit ausgewalzt – eine Demokratiedemonstration mit makabrem Anstrich. Waren doch alle für den Krieg. Mit der Forderung nach einer Regierung der nationalen Einheit, in der alle Parteien der Knesseth von Wand zu Wand, wie es hieß, vertreten sein sollten, bahnte sich auf politischer Ebene eine neue Kampagne an. Natürlich hatte man dabei die Abgeordneten der Kommunistischen Partei Israels nicht mit ins Auge gefaßt. Vielmehr war an die erklärten Falken, an Männer wie Dayan, ja, sogar Begin, den Führer der rechtsradikalen Gachal-Opposition, gedacht worden. Die Regierung wehrte sich zunächst. Golda Meir, die Vorsitzende der Regierungspartei Mapai, war der Auffassung, daß es nicht nötig sei, den Ruhm des Sieges mit anderen zu teilen. Doch innerhalb weniger Tage entstand ein solcher Druck, daß der Widerstand gegen eine große Koalition zerbrach. Politiker, Militärs und Regierungsbeamte entwickelten eine große Geschäftigkeit, um miteinander die Posten in der neuen Koalition auszuhandeln. Doch wer sollte die Spitzenposition im Sicherheitsressort übernehmen?

Der Ruf nach einem starken Mann war nicht mehr zu überhören. Dayan war als Sieger von 1956 das Symbol für militärische Stärke. Die Oppositionsparteien Gachal und Rafi machten ihre Beteiligung an einer Koalition der nationalen Einheit von der Berufung Dayans zum Sicherheitsminister abhängig. Auch Shapiro unterstützte Dayans Kandidatur und drohte, die ganze Koalition zu Fall zu bringen, wenn die Mapai nicht einlenke. Nun hing alles von den großen Regierungsparteien ab. In einer gemeinsamen Sitzung der Fraktionen, der Knesseth von Mapai und Achdut Haavoda, verlangte man von Eschkol, daß er das Sicherheitsressort zur Verfügung stellte. Voller Groll willigte dieser ein, machte aber zur Bedingung, daß General Allon diese Aufgabe übertragen würde. Für Dayan sah er eine Verwendung in der Armee vor. Der Parteivorstand der Mapai hatte nun zwischen Allon und Dayan zu entscheiden. Erneut kam es zu langen Diskussionen. Dabei zeichnete sich eine Spaltung zwischen den Mapai-Abgeordneten ab. Wissend, daß der eine Teil von ihnen mit der Gachal von Menachem Begin und der Rafi eine neue Mehrheit bilden würde, die Allon und Eschkol am Ende sogar den Sitz im Kabinett kosten konnte, zog der übrige Teil der Mapai schließlich die Kandidatur Allons zurück.

Die Falken hatten sich in diesem innenpolitischen Ränkespiel durchgesetzt. Nun mußte endlich etwas geschehen. Und in der Tat, Dayan verlor keine Zeit: Er war bereits vor seiner Berufung vom Generalstab der Armee bestens unterrichtet worden und gab zuerst einmal Order für die Bildung seiner Mannschaft, ohne Rücksicht auf Eschkols Bitte zu nehmen, nicht allzuviel Köpfe im Sicherheitsministerium rollen zu lassen.

Dayans Berufung war gleichbedeutend mit der Vollmacht zum unverzüglichen Kriegsbeginn. Die dafür noch ausstehende Grundsatzentscheidung von der politischen Ebene wurde als eine formale Angelegenheit betrachtet, ebenso wie die Frage nach dem ersten Schuß. Eine Kabinettsabstimmung war nicht mehr nötig, weil die neue Mehrheit den baldmöglichen Kriegsbeginn sowieso befürwortete. Dayan konnte nun den Einsatzbefehl für die Armee erteilen, wann immer er und der Generalstab es für richtig hielten. Obwohl er als Minister noch nicht vereidigt war, eilte er von einer Lagebesprechung zur anderen. Mochte doch das neue Kabinett ohne ihn debattieren, ob Israel den ersten Schuß abgeben dürfe oder nicht. Für ihn waren die Würfel gefallen. Er wußte, was er zu tun hatte. Freilich war er dem Premierminister Eschkol unterstellt, doch dem fühlte er sich gewachsen und völlig überlegen in allen militärpolitischen Angelegenheiten. Das Rad kam ins Rollen. In diesem Krieg würde er sein eigener Herr sein.

In Uniform ohne Generalsrangabzeichen erschien er am 3. Juni 1967 vor zahlreichen Kameras zu seiner ersten Pressekonferenz als offizielles Regierungsmitglied und erklärte den nahezu dreihundert Korrespondenten, daß die neue Regierung zunächst einmal bestrebt sein werde, sämtliche Möglichkeiten der Diplomatie auszuschöpfen, um einen Krieg zu verhindern. Zwei Tage später stiegen die Maschinen der israelischen Luftwaffe auf. Um 8.15 Uhr gab das Oberkommando Süd auf das Codewort «Nachschonim» den Befehl zum Angriff.

Sechs Tage?

Punkt halb 8 Uhr am Morgen des 5. Juni 1967 erscheint Dayan in der Kommandozentrale der Luftwaffe. Der neue Sicherheitsminister trifft hier alte Bekannte. Eine recht persönliche Beziehung hat er zu Generalmajor Mottie (Mordechai) Hod, dem Chef der Luftstreitkräfte, den er schon seit seiner Jugendzeit aus dem Kibbuz Deganiah kennt, bevor er mit seinen Eltern auf eine private Farm nach Nahalal überwechselte. Wesentlich kühler ist Dayans Verhältnis zu Ezer Weizman, dem Amtsvorgänger von Hod. Weizman hatte einmal als Chef des Operationsstabes fungiert. Für gewöhnlich ist dieser Posten das Sprungbrett zur höchsten Funktion, zum Generalstabschef der Armee. Diesen Weg hat Dayan ihm gerade abgeschnitten. Sofort nach seiner Amtsübernahme ernannte der neue Sicherheitsminister General Bar Lev zum stellvertretenden Oberkommandierenden der Armee. Es gibt also keinen Grund für eine herzliche Begrüßung zwischen den beiden Männern an diesem Morgen. Die Atmosphäre in der Kommandozentrale ist ohnehin gespannt, denn in wenigen Minuten wird die Stunde «X» für den großen Lufttrick der Israelis beginnen, der den Grundstock ihrer weiteren Kriegshandlungen bilden soll.

Der Raum ist zweckmäßig eingerichtet, klimatisiert, schallgedämpft und vollkommen gesichert. In der Mitte des Raumes steht ein großer Kartentisch, der die visuelle Aufmerksamkeit der Männer auf sich zieht, während ihre Ohren gespitzt sind, um kein Wort zu überhören, das jeden Augenblick aus den Lautsprechern ertönen kann. Noch herrscht die befohlene vollständige Funkstille. In einer Ecke des Raumes hört man das leise Rattern der Telexapparate. Hier gehen die Wetternachrichten ein.

Der Luftwaffengeneral Mottie Hod und die Offiziere seines Stabes sitzen hinter einer gläsernen Wand, welche sie von der zweiten Garnitur der Offiziere des Stabes trennt, die zwar alles mitsehen und -hören, den General jedoch nicht ohne weiteres ansprechen sollen. Minister Dayan fügt sich den Gepflogenheiten. Er setzt sich hinter der Glaswand in die erste Reihe. Die

Männer sehen ständig zur großen Wanduhr und auf ihre Armbanduhren, als wollten sie sich immer wieder vergewissern, daß es keine Zeitdifferenz gab. Nach den Vorausberechnungen des Navigationsassistenten muß der Eröffnungszug des Krieges in diesem Augenblick getan worden sein. Es war alles bis ins Detail geplant. Am Vortage hatte Hod persönlich die Einsatzbesprechung mit den Gruppenkommandeuren geleitet. Diese hatten noch am selben Tag die Befehle an die Staffelführer weitergegeben. Gegen 4 Uhr morgens waren die Piloten in ihre Aufgaben eingewiesen worden. Jeder sollte nur einen einzigen Auftrag von drei möglichen erfüllen: Entweder mußte er die Landebahn des gegnerischen Flugplatzes mit einer eigens dazu entwickelten Spezialbombe, die sich vor der Detonation tief in den Beton einbohrte, zerstören, oder er hatte am Boden abgestellte Maschinen zu vernichten oder die Radarstationen anzugreifen. Luftkämpfe sollten möglichst vermieden werden. Die einzige Unbekannte bei ihrem Auftrag waren die Fla-Raketen und Fla-Kanonen der Ägypter. Daher die Spannung bei den Piloten und auch hier in der Zentrale. Sonst hatten die Männer um General Hod jedes Detail einkalkuliert. Man würde die erste entscheidende Runde in der Zeit zwischen 7.45 Uhr und 8.55 Uhr fliegen. Zu dieser Zeit, das hatte man ausgekundschaftet, saßen Ägyptens Piloten und Offiziere beim Frühstück. Die Nebelschwaden über dem Nil hatten sich gewöhnlich bis dahin aufgelöst.

Die Maschinen der ersten Angriffswelle nahmen einen Umweg über das Mittelmeer. Frühwarnung und gegnerische Fla-Raketen wurden durch Tiefflug über das Mittelmeer und Eindrehen erst nördlich des Nildeltas weitgehend ausgeschaltet. Dann folgte der Angriff auf die Basen in der Kanalzone und auf der Halbinsel Sinai im Sturzflug, die Sonne direkt im Rücken. Umfangreiche Tricks zur elektronischen Ablenkung und Verwirrung trugen neben dieser Flugtaktik wesentlich zum Erfolg bei.

Über Funk gehen jetzt die ersten Meldungen der Piloten ein. Der Überraschungsangriff der ersten Welle war geglückt. Das ist den Offizieren in der Zentrale bald klar. Nun gab es keinen Grund mehr, die Funkstille weiterhin aufrechtzuerhalten. Die Funkgeräte werden jetzt auf Dauerbetrieb eingestellt. Meldungen gehen ein, neue Befehle werden gesendet. Die Offiziere der Befehlszentrale erkennen die meisten Piloten an ihrer Stimme. Sie nehmen deren in knappem Fachjargon abgefaßte Berichte entgegen, führen Listen, registrieren Fakten und Daten.

Die erste Welle ist mit 183 Maschinen gegen 11 ägyptische Flugplätze geflogen worden. Nun folgten, wie geplant, weitere. So wurde in knapp einer Stunde alles in Schutt gelegt. Die Ägypter hatten keine Chance, dagegen irgend etwas zu unternehmen. Der Abwurf von Bomben mit Verzögerungszündern behinderte in der Zeit zwischen der ersten und der zweiten Angriffswelle wirkungsvolle Gegenmaßnahmen. 197 am Boden stehende Flugzeuge und 16 Radarstationen waren in kürzester Frist außer Gefecht gesetzt. Insgesamt verlor Ägypten an diesem Morgen ³/₄ seiner Luftstreitkräfte. Bis in die Abendstunden hinein wurden auch die Flugbasen in Jordanien, Syrien und teilweise in Irak angegriffen. Den Kern der jordanischen Luftstreitmacht bildeten in diesem Krieg ganze 22 Hawker-Hunter-Kampfmaschinen, von denen lediglich 15 einsatzbereit waren. Für die von den USA gelieferten Maschinen des Typs «Starfighter» gab es keine Piloten – sie standen noch in der Ausbildung. Auch die Syrer waren nicht vorbereitet. Ihre Maschinen und Piloten befanden sich zur Ausbildung weitab von der Front.

Die israelische Flugbasis Ramat David lag in Reichweite der jordanischen Artillerie. Diese hätte die Israelis an dem reibungslosen Auftanken ihrer Maschinen hindern können, doch sie kam nicht mehr zum Einsatz. Luftkämpfe gab es in diesem Krieg nur ganz vereinzelt. Noch geringer waren die Abschüsse von arabischen Flugzeugen durch die israelische Luftabwehr.

Die Erringung der Lufthcrrschaft bereits am ersten Tag des Krieges ermöglichte Israel zugleich den frühzeitigen Einsatz der Luftwaffe zur Unterstützung seiner Aggressionshandlungen am Boden. Jetzt konnten sogar die veralteten Maschinen eingesetzt werden. Fouga «Magister» stürzten sich auf Bodenziele des Gegners. In der Wüste eingegrabene Panzer, Kfz-Kolonnen und Feldbefestigungen wurden mit Napalm aus der Luft vernichtet. Auch die großen Verluste der arabischen Staaten unter den Fahrzeugkolonnen im Sinai

Motorisierte israelische Einheiten 1967 auf dem Weg nach El Arisch. In entgegengesetzter Richtung werden gefangengenommene Ägypter hinter die Linien gefahren

115

und am Mitla-Paß, das Zerschlagen ihrer Stellungen westlich des Jordans und auf dem Golan waren insbesondere auf die Einsätze der israelischen Luftwaffe zurückzuführen. Der Gesamterfolg der Luftwaffeneinsätze war der Schlüssel zum Sieg in diesem israelischen Blitzkrieg. Dabei hatte die Vernichtung der arabischen Flugzeuge am Boden – in den ersten fünf Tagen waren es 451 Maschinen – den Hauptinhalt des israelischen Einsatzplanes gebildet. Erst an zweiter Stelle rangierten Schutz des Luftraums, Unterstützung der Landstreitkräfte, Transporte oder Bergung von Verwundeten. Der Plan basierte auf einer langfristig vorgenommenen Luftaufklärung und auf Militärspionage im großen Stil sowie auf einer exakten Zeitberechnung und sah eine hohe Konzentration der Kräfte vor. Piloten und Bodenpersonal hatten unter genauester Kalkulation der Flugdistanzen zu den Zielen den mehrfachen Einsatz der Maschinen vor allem am ersten Tag zu sichern. Der Plan baute auf die absolute Überraschung. Nach dem Junikrieg wurden allerlei Theorien über Blitzangriffe und die elektronische Kriegführung zur Desorientierung gegnerischer Abwehrsysteme unter verschiedenen klangvollen Namen wie Counter Air und Air Cover aufgestellt. Darin war die überragende Bedeutung der Luftstreitkräfte in begrenzten Konflikten als von grundsätzlicher und verallgemeinerungswürdiger Natur herausgearbeitet worden. In Israel sprach man im Überschwang des Erfolges von einem Krieg de Luxe dank der Luftwaffe. Ob sich dieser Lufttrick allerdings wiederholen läßt, erscheint auch vielen Militärexperten des Westens als äußerst fragwürdig.

«Nachschonim» hieß das Startzeichen für die Südfront. Der Überlieferung nach soll Nachschon, der Anführer des Stammes Jehuda der alten Hebräer, allen voran als erster das Rote Meer durchquert haben, welches Moses mit seinem Stab und Gottes Hilfe geteilt hatte, um mit den Kindern Israels dem Heer des Pharao zu entkommen und in das Gelobte Land, nach Kanáan, zu ziehen. Nun waren sie alle Nachschonim (Plural), wenn auch ihre Marschrichtung zu damals umgekehrt war. Den Zauberstab ersetzten ihnen Panzer und motorisierte Infanterie. Der israelische Angriffsplan für die Halbinsel Sinai sah im wesentlichen vor, von der Negev-Wüste aus bei Rafah und Abu Ageila in die Tiefe der ägyptischen Stellungen durchzubrechen und dann in Richtung Suezkanal vorzustoßen. Dabei sollten ägyptische Truppen unerwartet im Rücken angegriffen bzw. deren Rückzugswege abgeschnitten werden. Die israelische Invasion auf Sinai war eine Wiederholung der Aggression von 1956 im großen Stil. Sie stand unter dem Kommando von Shayke Gavish, dem Chef der Südfront, dessen 3 Panzergruppen unter den Generalen Tal, Yoffe und Sharon hier handelten. Sharon vor allem meinte Draufgängertum an den Tag legen zu müssen und drang mit seinen Panzern tief in die Halbinsel bis nach Um Katef vor. Die Panzerschlacht am Mitla-Paß, an der insgesamt etwa 1000 Panzer beteiligt waren, zählt zu den größten Materialschlachten, die je in einer Wüste geführt wurden.

Wie 1956 war auch diesmal das Endziel Scharm asch-Scheich am südlichen Zipfel der Halbinsel, am Roten Meer. Fallschirmjäger waren hier für den entscheidenden Schlag vorgesehen. Angriffe der ägyptischen Luftwaffe brauchten sie nicht mehr zu befürchten. Doch bevor diese Truppen eingesetzt wurden, hielt Dayan, der neue Sicherheitsminister, über den Armeesender eine Ansprache an die Soldaten:

«Soldaten von Israel! Für uns gibt es keine Eroberungsziele. Unser Ziel ist es, die arabischen Armeen an der Eroberung unseres Landes zu hindern. Sie wollen uns vernichten. Dazu haben sich alle arabischen Staaten vereint, von Kuweit bis Algerien. Unsere Feinde sind zahlenmäßig stärker, aber wir werden siegen. Wir lieben den Frieden, aber wir sind bereit, für unser Leben und unser Land zu kämpfen. Zweifellos wird unsere Zivilbevölkerung unter diesem Krieg zu leiden haben, aber die größten Anstrengungen werden von euch, den Soldaten, verlangt.

Soldaten ZAHALs! Unsere Hoffnung und unsere Sicherheit liegen in eurer Hand.»

Zu diesem Zeitpunkt kannte Dayan schon das Resultat des Luftüberfalls. Er wußte auch, daß die Panzer bereits über die Grenzen nach Ägypten vorgerückt waren. Nun konnte der Generalstab seine Pläne präzisieren, Kräfte umgruppieren. Die Jerusalemer Brigade erhielt Verstärkung durch einen aus Reservisten bestehenden Panzerverband der Küstenregion, einen weiteren Panzerverband von der syrischen Front und Teile der Luftlandebrigade, die im letzten Moment von der Südfront abgezogen worden war. Mit dieser Kräftekonzentration drangen die Israelis unter dem Befehlshaber des Abschnitts Mitte, Brigadegeneral Uzi Narkis, in die Steintäler der Westbank ein. Während die Jordanier den Hauptstoß auf der Höhe der großen Stadt Hebron erwarteten, überraschten die Israelis mit einem Durchbruch weiter nördlich in Höhe Jenin.

Die Luftlandebrigade unter dem Kommando von Oberst Motta Gur wurde mit Hubschraubern und mit Bussen herangeführt. Angriffe der jordanischen Luftwaffe brauchten sie nicht zu befürchten, denn schon gegen Nachmittag des ersten Kriegstages hatten die Maschinen der israelischen Luftwaffe in einem überraschenden Schlag die gesamte kleine Luftstreitkraft des jordanischen Königs auf den Flugplätzen von Amman und Mafrak vernichtet. Damit hatten die Israelis auch an der jordanischen Front die Luftherrschaft auf ihrer Seite und brauchten nicht einmal die jordanische Luftabwehr zu berücksichtigen, weil es keine Fliegerabwehrgeschütze gab. Die jordanischen Panzerkräfte auf dem Weg nach Jerusalem waren den israelischen Kampfflugzeugen schutzlos ausgesetzt, ihr Vormarsch kam ins Stocken. Auf den schmalen, serpentinenartigen Gebirgsstraßen konnten sie nicht manövrieren oder ausweichen und fielen den israelischen Jägern zum Opfer.

Auch der jordanischen Infanterie, die von Jericho nach Jerusalem verlegt

Israelische Soldateska durchsuchte 1967 die Stadt El Arisch im Norden der besetzten Sinaihalbinsel nach ägyptischen Patrioten, die einen Generalstreik gegen die Besatzer organisiert hatten

Am 7. Juni 1967 ließen sich Kriegsminister Dayan (Mitte) und Generalstabschef Rabbin (rechts) nach Jerusalem einfliegen, um gemeinsam mit dem Chef der Mittelfront, Narkis, in Siegerpose durch die Altstadt zu marschieren

Auch an der syrischen Front führte die Blitzkriegstaktik zu Vorstößen in die Tiefe des gegnerischen Verteidigungssystems

wurde, kamen die Israelis zuvor. Mit Hubschraubern setzten sie Soldaten an strategischen Punkten rund um Jerusalem ab. Einen dieser Punkte brauchten sie gar nicht erst zu besetzen, den hatten sie schon seit dem Krieg von 1948: den Scopusberg, eine israelische Enklave. Seit dieser Zeit war es den Israelis gestattet, Polizeikräfte auf diesem Berg zu unterhalten, die alle Vierteljahre abgelöst wurden und sich beim Passieren jordanischen Gebietes am Mandelbaumtor Kontrollen unterziehen mußten. In den Jahren nach 1948 schickten die Israelis Armeeangehörige in Polizeiuniform hoch, die den Berg unterhöhlten, befestigten und zu einem großen Waffenarsenal ausbauten. Von den Jordaniern wurde im Gegenzug eine Polizeischule in der Nähe errichtet und ebenfalls ein Hügel, der sogenannte Munitionshügel, zur Festung ausgebaut. Fallschirmjäger erhielten nun den Befehl zum Angriff auf die Polizeischule und den Munitionshügel, nachdem beide Objekte den ganzen Tag und die Nacht über mit schwerem Artilleriebeschuß belegt worden waren. Die Schlacht am Munitionshügel war für beide Seiten sehr verlustreich. Bis heute hat ZAHAL die Zahl ihrer Opfer bei dieser Schlacht nicht veröffentlicht. Sie ging unter in der Gesamtstatistik dieses Krieges. Doch wird die Schlacht um den Munitionshügel in Israels jüngster Kriegsgeschichte verherrlicht.

Trotz der Blitzkriegstaktik, mit der die Israelis ihre schnellen Erfolge erzielten, stießen die Eindringlinge an vielen Orten auf heftigen Widerstand. Hierzu zählten auch die Schlachten bei Tel El Fachar an der syrischen Front, die die Infanteriedivision Golani hohe Verluste kostete; die Schlacht bei Um Katef, in der ägyptische Truppen den Vorsturm von Sharons Einheiten lange aufhielten; und die blutigen Kämpfe, in die die Fallschirmjäger unter Raful durch die ägyptische 7. Division bei Rafiah im Norden der Sinaihalbinsel verwickelt wurden. Auch die Panzerschlachten bei El Arish, am Mitla-Paß und am Golan waren für die Israelis mit hohen Verlusten verbunden.

Am Morgen des 7. Juni hatten die israelischen Streitkräfte die Altstadt von Jerusalem durch eine Zangenbewegung eingeschlossen, die Straßen nach Jericho, Bethlehem und Ramallah besetzt. Bei einer Belagerung wäre die Altstadt nach wenigen Tagen zur Kapitulation gezwungen gewesen. Aber sofort nach der Einschließung folgte der Befehl zum Sturmangriff. Israels Militärs rechneten jetzt, drei Tage nach Kriegsbeginn, mit der Intervention des Sicherheitsrates. Es galt, um jeden Preis politische Fakten und vollendete Tatsachen zu schaffen.

Motta Gur erteilte seinen Kompanieführern den Befehl, durch das Löwentor in die Altstadt einzudringen. Die Soldaten brachen symbolisch das Tor auf – es wird ja nicht von Mauern flankiert – und stürmten nach links, Richtung Tempelberg, auf die Klagemauer zu. Die Jerusalemer Brigade drang durch das Misttor vor. Der Widerstand in der Stadt war noch nicht völlig gebrochen. Er forderte weitere Opfer unter den Eroberern. Die Zivilbevölkerung hatte sich in ihren Häusern eingeschlossen. Wenige Stunden später, der Gefechtslärm war gerade im Abklingen, erschien Dayans Wagen. Der Minister fuhr durch das Löwentor in die Altstadt ein und nahm dann zu Fuß, begleitet vom Generalstabschef Rabbin und dem Kommandeur der Mittelfront, Narkis, den Weg am Teufelsberg entlang durch das Mograbitor hinunter zur Klagemauer. Sie betraten feierlich in Uniform mit Stahlhelm und einer Pistole am Koppel den Platz. Dayan steckte einen Wunschzettel in einen Spalt zwischen den riesigen Steinquadern, wie es Brauch war unter den frommen jüdischen Pilgern. Beim Verlassen der Kultstätte gab er folgende Erklärung ab: «Wir sind zu unserer heiligsten Stätte zurückgekehrt und werden uns nie wieder von ihr trennen...»

Während die Fallschirmjäger die Stadt belagerten, wurden die Panzereinheiten weiter nach Osten, nach Jericho, in Marsch gesetzt. ZAHAL besetzte die Gebiete zu beiden Seiten des Jordans über die gesamte Länge des Flusses, also vom Quellfluß Dan im Norden bis zu seiner Mündung in das Tote Meer im Süden.

Am Morgen des 9. Juni sah es so aus, als ob Syrien als einziger arabischer Nachbarstaat den Folgen des israelischen Raubzuges entgangen war. In der Tat: Der Chef der Nordfront, Elazar, hatte immer noch keinen Einsatzbefehl, sosehr er darauf brannte. Dayan zögerte damit, weil er eine Ausweitung des

Mehrfrontenkrieges vermeiden wollte. Erst als er Gewißheit hatte, daß Ägypten in den Waffenstillstand einwilligen würde und von dieser Front weitere Truppen abgezogen und zur Verstärkung nach Norden geschickt werden konnten, gab er Elazar freie Hand, das Plateau des Golan zu stürmen. Nach sechs Tagen schien der Krieg zu Ende zu sein.

Der Propaganda-Feldzug

Mit überaus hohem Aufwand wurde der Öffentlichkeit nach dem Krieg ein Bild von ZAHAL gemalt, das dieser Aggressionsarmee ein geradezu romantisch-heroisches Antlitz verlieh. Rundfunkreporter, Fernsehkommentatoren sowie Korrespondenten der führenden Zeitungen der westlichen Welt eilten in großer Zahl an den neuen Kriegsschauplatz. Zu Hunderten ließen sie sich bei den Einrichtungen des israelischen Informationsministeriums akkreditieren. Die Israelis organisierten Dutzende von Pressekonferenzen, auf denen Generale auftraten, ausgerüstet mit Karten von den Kriegsschauplätzen, um den Journalisten die sensationellen Erfolge zu kommentieren. Israelexperten erhielten nach dem Sechs-Tage-Krieg in den führenden Militärzeitschriften des Westens einen festen Platz, um Fachartikel sozusagen aus erster Hand zu liefern. Israels Generale und Politiker überschwemmten den Markt mit Memoiren. Das Informationsministerium und das Büro für Öffentlichkeitsarbeit der Armee organisierten Führungen an die Frontabschnitte. Sie gestatteten Korrespondenten und Kamerateams großzügig, Kampfeinheiten ZAHALs zu begleiten. Hinzu kam das Heer der akademischen Experten, die sich den anspruchsvollen Aufgaben der Analyse und Wertung der Ereignisse widmeten: Orientalisten, Historiker, Politologen, Wirtschafts- und Militärexperten für die Nahostregion. Sie hätten sich mildernde Umstände für ihre Resümees erbeten sollen, denn nur kurze Zeit nach dem Krieg, als die Bilder vom Alltag der neuen Besatzungsmacht Israel, als die Berichte über gehetzte arabische Flüchtlinge und zerstörte Städte und Dörfer die Erfolgsmeldungen über siegreiche Schlachten ablösten, zeigte sich, daß die meisten ihrer Hypothesen spekulativ, einige absurd und manche gar lächerlich waren.

Ich brauche wohl nicht den Beweis der Allianz zwischen den USA und Israel zu liefern oder die gesellschaftlichen Kräfte aufzuzählen, die den globalstrategischen Zielen des Imperialismus Ende der sechziger Jahre im Nahen Osten im Wege standen. Das haben marxistische Gesellschaftswissenschaftler bereits viel gründlicher getan, als ich es je zu tun vermag. Aber ich möchte aus eigener Anschauung einige Aspekte der israelischen und der prozionistischen Propaganda hervorheben, die hauptsächlich und mit höchster Wirkung von den wahren Hintergründen des Sechs-Tage-Krieges ablenken sollten.

«Am Anfang waren weder die militärischen Dispositionen noch die Stimmung im Lande auf den Entscheidungskampf eingestellt. Es ist zweifelhaft, ob irgendeine andere Nation jemals so schnell aus relativer Ruhe in einen verzweifelten Kampf auf Leben und Tod hinübergewechselt ist. Eine der wenigen tröstlichen Tatsachen in der modernen Geschichte ist die, daß Kriege oft von denen gewonnen werden, die sie am meisten abzuwenden versucht haben ... Die Wahl lautete: zu leben oder unterzugehen, das nationale Dasein zu verteidigen oder es auf immer und ewig zu verlieren.»

Dieser Text stammt aus dem 1973 erschienenen Buch «Mein Land – das moderne Israel», geschrieben von Abba Eban, Israels Außenminister jener Jahre. Vor allem Ebans lügnerische Darstellung des heimtückischen Luftüberfalls auf ägyptische Flugplätze am Morgen des 5. Juni 1967 könnte selbst israelischen Generalen die Schamröte ins Gesicht treiben. Er schrieb: «Ägyptische Flugzeuge im Anflug auf Israel waren auf dem Radarschirm gesichtet worden ... In Übereinstimmung mit dem Regierungsbeschluß waren israelische Flugzeuge aufgestiegen, um die Angreifer abzuwehren. Aber diesmal war der Auftrag unserer Luftwaffe nicht nur taktisch begrenzt wie bisher. Sie führte einen vernichtenden Schlag gegen die ägyptische Luftwaffe. Kurz darauf beschossen ägyptische Landstreitkräfte im Gazastreifen die israelische Siedlung Nachal Oz. Israelische Panzereinheiten gingen jetzt zum Gegenangriff über. Der Kampf zwischen israelischen und ägyptischen Kräften zu Lande und in der Luft war in vollem Gange ... An der syrischen Front waren die israelischen Truppen durch das Tempo des syrischen Rückzuges so überrascht worden, daß sie in den Ort Kuneitra fast hineingezogen wurden.»

Nichts in diesem Krieg war irreführender als die Propaganda für das kleine, angeblich unschuldige, isolierte Israel, das den Feindseligkeiten der gesamten arabischen Welt ausgesetzt gewesen sei, sich, in seiner großen Existenznot allein gelassen, auf die eigene Kraft besonnen, seinen Schock überwunden und schließlich einen unfaßbaren Sieg davongetragen habe. Mit anderen Darlegungen versuchte man zu beweisen, daß beide Konfliktseiten ungewollt in den Kriegssog hineingeraten wären: Ägypten, indem es die UNO-Truppen in Sinai durch eigene ersetzt und die Straße von Tiran für israelische Schiffe als gesperrt erklärt habe; Israel, das daraufhin zur Generalmobilmachung gezwungen gewesen wäre. Die USA hätten nicht die Mittel gefunden, etwas gegen die Eskalation des Krieges zu unternehmen. Doch all das klang zu banal, als daß man es einer breiteren Öffentlichkeit hätte glaubhaft servieren können. Also wurde kräftig angereichert. Bald ging es gar nicht mehr um die freie Schiffahrt. Die Existenz Israels wurde ins Spiel gebracht. Die Hypothese von der Vernichtungsgefahr, angeblich ausgegangen von den arabischen Nachbarstaaten, sollte von den vorangegangenen eigenen Drohungen gegenüber diesen Ländern ablenken. In ihrer Mehrzahl waren die antiisraelischen Deklarationen der arabischen Nachbarstaaten in den Monaten vor dem Junikrieg von 1967 eine Reaktion auf die Kriegsdrohungen führender Repräsentanten Israels gewesen. Vor allem aber waren sie eine Reaktion auf die Eskalation der Grenzkonflikte, wie die Luftprovokation gegen Syrien, die Attacken auf syrisches Baugerät bei Tel Dan mit speziellen Panzerbrandgranaten oder die Feuerüberfälle bei Tel Kazir, Haon und Magan, von denen bereits berichtet wurde.

Bald nach dem Krieg stellte sich die «Existenznot» Israels als der große Bluff heraus. Führende Militärs und Politiker Israels gestanden es öffentlich ein. Dayan sagte 1975 in einem Vortrag an der Universität Bar Ilan, er könne nicht behaupten, daß Ägypten beschlossen hatte, Israel 1967 anzugreifen. Ezer Weizman, der Chef der Operationsabteilung des Generalstabes in jenen Tagen, sagte schon Anfang 1971, daß es keinerlei Gefahren für Israels Existenz gegeben hatte, und der israelische General Chaim Herzog, der vor dem Krieg zum militärischen Chefkommentator ernannt worden war, schrieb später in seinem Vorwort zu einem Siegesalbum des Junikrieges ziemlich ungeschminkt: «Der Westen erlitt eine Niederlage nach der anderen bis zu dem Tag, wo durch ZAHAL die politische Landkarte des Nahen Ostens über Nacht grundsätzlich geändert wurde.»

Nun waren die imperialistischen Großmächte an der Reihe, sich zu entlasten. So wurden aus deren führenden Kreisen bald Stimmen laut, die behaupteten, daß ihnen durch falsche Beurteilung der Lage in Nahost die Kontrolle und der Einfluß entglitten seien. Die USA hätten nach Auffassung des Nahostexperten Professor Walter Laqueur, Leiter des «Institute of Contemporary History» in London, erfahren müssen, daß ihrem Einfluß Grenzen gesetzt seien, wenn erst einmal die nationale Existenz eines kleinen Staates auf dem Spiel stehe. Israel, heißt es in seinem Buch «Nahost – vor dem Sturm», kämpfte nicht nur seinen, sondern den Kampf aller kleinen Staaten.

Auch der Weg in die Mystifikation ist in der Propaganda beschritten worden. Es mangelte auch nicht an Versuchen, der Öffentlichkeit die Rolle des Zufalls nahezubringen, denn die Gefahr, geheime Absichten und präzise Planung zu suchen, wo es vor allem Unberechenbarkeit gibt, bestünde schließlich nirgendwo mehr als gerade im Nahen Osten. In den Berichten von Gerhard Konzelmann, langjähriger Nahostkorrespondent des «Süddeutschen Rundfunks» und des BRD-Fernsehens, nimmt die Mystik bei der Beurteilung der am Krieg beteiligten Seiten sogar einen permanenten Platz ein. Er sucht die Gründe für den Krieg in religiösen Ritualen der Araber, in merkwürdigen Bräuchen, geheimnisumwitterten Personen und verschworenen Gemeinschaften. «Der Rausch zum Töten und Getötetwerden löscht in Abständen die Ansätze zu vernunftorientierter stabiler Staatsbildung aus», lautet ein Fazit seines Buches «Die Araber und ihr Traum vom großarabischen Reich». «Im politischen Kampf Arabiens», resümiert er, «gilt noch das Gesetz der Wüste.» Konzelmann weiß allerhand Parabeln in seine Berichte einzuflechten, die diese Mystik untermauern sollen. Die Ursachen für den Krieg hätten damit restlos aufgedeckt sein müssen, zumal Konzelmann weiter schreibt: «Ohne Vorbereitung, ohne strategisches Konzept stolperten Ägypten und Syrien in diesen Krieg. Gereizt durch böse Worte des Königs (von Jordanien – T. F.) über die feigen Ägypter ...» Manche Autoren haben sogar die Frage aufgeworfen, ob der Nahostkonflikt als ein Zusammenprall des Nationalismus beider Seiten oder gar als ein Religionskrieg zu bewerten sei.

Auf der Basis von orientalischer Mystik und arabischem Fanatismus ließ sich ein Heroismus der Israelis im Sechs-Tage-Krieg wie nie zuvor hochstilisieren und glaubhafter an den Mann bringen. Die Beschwörer der orientalischen Mystik wie die Verfechter der Berufung und die Apostel des Heroenkults hatten ganze Arbeit geleistet. Sie glänzten durch sensationelle Details und blieben matt in den Analysen zu den globalstrategischen Interessen des Imperialismus und der gesellschaftlichen Kräftekonstellation in der Region. Und das war ihr Fazit: Israels Regierung wäre auf Grund der schlagartigen Existenzbedrohung durch die Araber gelähmt gewesen. Arabischer Fanatismus und internationale Apathie hätten diplomatische Friedensbemühungen der Israelis verhindert. Nachdem die Armee ihren Anfangsschock überwunden habe, sei sie für militärische Aktionen eingetreten. Improvisiert, doch gekonnt, hätten die Soldaten ihr Land aus der tödlichen Umklammerung freigekämpft und fassungslos, mit feuchten Augen vor den heiligen Stätten, der Wiege ihrer Religion gestanden. Zaghaft habe sich ZAHAL nach dem Kriege bewegt. Bescheidenheit, nicht Triumph, Demut und Melancholie habe die Soldaten auf dem Boden ihrer Erzväter überkommen. Israel verwalte die neuen Gebiete und pflege gutnachbarlichen Kontakt zur arabischen Bevölkerung. Von einer Besatzungsmacht sei kaum etwas zu spüren.

Dies war ein demagogisches Bild, von dem arabische Sprecher nach dem Kriege sagten, daß sie den ausgeklügelten ideologischen Feldzug im Kampf um die öffentliche Meinung arg unterschätzt haben. Es steht allerdings auch außer Zweifel, daß die Israelis selbst Opfer dieser Propaganda geworden sind, indem nationaler Hochmut und Chauvinismus breite Massen erfaßte, die ihren ersten Dämpfer in den Stellungskriegen der Nachkriegsetappe bekamen.

Hatascha – der Krieg nach dem Krieg

Das Land berauschte sich an den Blitzerfolgen des Krieges. Die Soldaten kehrten heim und erzählten ihre Erlebnisse. Sie übertrafen sich dabei gegenseitig mit ihren Ruhmesgeschichten. Die Armee veranstaltete zahlreiche Zusammenkünfte: Treffen der Fallschirmjäger, der Panzerleute, der Pioniere. Eine Begegnung der alten und neuen Jerusalemkämpfer an den heiligen Stätten wurde organisiert. Das Oberkommando lud ein zu einer Abschlußkonferenz für Führungskader der Armee. Auf dem Skopusberg wurde der Grundstein für Einrichtungen der Hebräischen Universität gelegt, die dem Generalstabschef im Sechs-Tage-Krieg, General Rabbin, als dem großen Feldherrn die Ehrendoktorwürde verlieh. Für die Bevölkerung wurden Siegesparaden veranstaltet und Ausstellungen organisiert, auf denen erbeutete Waffen zu sehen waren. Der Vertrieb von farbigen Ruhmesblättern, sorgfältig in prächtigen Alben gebunden, nahm solche Ausmaße an, daß selbst General Rabbin von einer Überschreitung des guten Geschmacks sprach.

Viele Menschen wandelten im Siegestaumel, der ihnen die Sinne betäubte und ihre Empfindungen verzerrte. Sie gaben sich Illusionen hin, als hätte der Krieg alle inneren und äußeren Probleme des Landes auf lange Sicht gelöst. Es sah so aus, als hätten die Falken, die in der Vorkriegsphase mit lautem Kampfgeschrei ihre scharfen Krallen gezeigt hatten, recht behalten. Selbst für manchen redlichen Bürger schien mit dem grandiosen Sieg der israelischen Armee der Kreislauf des Nahostkonfliktes mit Gewalt durchbrochen zu sein. Doch der Schein trog, und das Trugbild war von äußerst kurzer Dauer. Noch während des Siegestaumels im Sommer zogen die Wolken des Krieges wieder auf und trübten jede Hoffnung auf einen dauerhaften Frieden. Die Araber konnten ihre Niederlage auf dem Schlachtfeld nicht hinnehmen. Das zeigte sich schon bald auf der arabischen Sicherheitskonferenz von Khartum Ende August 1967. Sie beschlossen, keine Verhandlungen mit dem Aggressor unter den Bedingungen einer Okkupation zu führen. Es war noch kein voller Monat vergangen, da flammten an den neuen, den sogenannten violetten Waffenstillstandslinien zu den arabischen Nachbarstaaten die Kämpfe wieder auf. Eine für Israel völlig neue Art des Krieges, ein zermürbender Stellungskrieg, bahnte sich an. Man nannte ihn auch den Abnutzungskrieg, weil er ZAHAL einen hohen Blutzoll abverlangte. Er breitete sich aus wie ein Lauffeuer. Entzündet an den Ufern des Jordans, griff er über auf die Höhen des Golan und auf Israels nördliche Grenze zu Libanon, an der im Junikrieg kein Schuß gefallen war. Mit den Feuergefechten den Suezkanal entlang brannte es schließlich an allen Fronten lichterloh.

Das Kriegskarussell hatte gerade seinen höchsten Schwung hinter sich und beschleunigte sich nun schon wieder. Es steuerte schnurgerade auf den nächsten Höhepunkt, den Yom-Kippur-Krieg von 1973, zu, der Israel im nachhinein die Rechnung für den Blitzkrieg vom Juni 1967 präsentierte. «Cheschbon Hanefesch», die Rechnung der Seele, wie die Israelis zu sagen pflegen, folgte bald. Für viele wirkte sie ernüchternd. Wie stets begann die Fahrt des Kriegskarussells langsam, ehe sie schwindelerregendes Tempo annahm – ein Grenzzwischenfall; ein Artillerieduell; hier der Überfall auf ein Dorf, dort die Bombardierung einer Stadt.

Karameh ist eine Stadt in Jordanien. Hier lebten 30000 Menschen, meist

Flüchtlinge aus der Zeit des Junikrieges. In Karameh hatte die Fatah, die größte palästinensische nationale Befreiungsorganisation, eine Basis. Die Fatah wie auch andere palästinensische Organisationen, darunter die Volksfront zur Befreiung Palästinas, waren der Auffassung, daß die Ursachen für die militärische Niederlage im Junikrieg in den gesellschaftspolitischen Verhältnissen der beteiligten arabischen Staaten lagen. Die bürgerlichen und feudalen Kräfte dieser Staaten waren nach Meinung von Jasir Arafat und George Habasch zu konservativ und nicht in der Lage, Israels Militär erfolgreich zu begegnen. Sie zogen daraus die Schlußfolgerung, die Lösung der palästinensischen Frage selbst in die Hand zu nehmen. Die Kommandos rüsteten daraufhin ihre Kämpfer zum Teil mit Waffen aus, die die Legionäre des Königs von Jordanien und die syrischen Truppen im Krieg zurückgelassen hatten, und leisteten von nun an – wenn auch nicht unter einem einheitlichen Kommando – den israelischen Besatzungssoldaten zähen Widerstand, mit Erfolg, wie das Beispiel der Stadt Karameh zeigte.

Am 21. März 1968 überschritten israelische Verbände mit 15000 Mann erneut den Jordan. Panzer und Infanterie sollten den Widerstand in dieser Stadt brechen. Zwar gelang es ihnen, einige Häuser zu sprengen, doch dann stießen sie auf den entschlossenen Widerstand der Palästinenser. Den ganzen Tag lang rannten die Einheiten ZAHALs in Abständen mit Panzern gegen das befestigte Lager der Flüchtlinge an, formierten sich neu, griffen wieder an, doch immer ohne Erfolg. Endlich entschloß sich das jordanische Oberkommando, der tapfer, fast verbissen kämpfenden Fatah zu Hilfe zu kommen. Die Verbände ZAHALs mußten den Rückzug antreten. Fünfzehn zerstörte Panzerfahrzeuge und zahlreiche tote israelische Soldaten blieben am Ostufer des Jordans zurück. Die Palästinenser hatten Grund, ihren Sieg zu feiern. ZAHAL war in die Flucht geschlagen worden. Arafat sagte später: «Die jordanische Armee hatte uns vor dem Angriff gewarnt und uns aufgefordert, Karameh zu verlassen, doch wir hatten beschlossen zu bleiben. Wir mußten uns einmal dem Feind stellen. Unsere Geschichte bestand immer nur aus Verzicht, Flucht, Niederlage und Demütigung. Jetzt hatten wir bewiesen, daß wir nicht nur ein Volk von Flüchtlingen sind, sondern auch zu kämpfen verstehen.»

Nach der Schlacht von Karameh bekamen die Kommandoorganisationen der Palästinenser einen solchen Zulauf, daß die Ausbildung der vielen jungen Männer kaum noch zu bewältigen war.

Zu dieser Zeit hatten sich auf israelischer Seite bereits ganze Abschnitte der Bejt-Shaan-Ebene und des Jordantals zu regelrechten Fronten entwickelt. Kinder und Erwachsene verbrachten die Nächte in Bunkern. Es herrschte permanenter Alarmzustand in den Siedlungen am Jordan. In der Nacht vom 15. März 1968 wechselten innerhalb von drei Stunden viele hundert Granaten die Frontlinie. Es war das größte Artillerieduell, das sich Israelis und Jordanier nach dem Junikrieg lieferten, und ein Ende dieser Auseinandersetzungen war nicht abzusehen. Es entwickelte sich die Moral des Auge um Auge, Zahn um Zahn. Auf einer Inspektionsreise verkündete der Oberkommandierende der Nordfront, General Elazar, vor Militärs das Prinzip seiner Doktrin: «Wir werden den Jordaniern das Leben zur Hölle machen. Die jordanische Führung soll wissen, daß jede Unterstützung für die Palästinenser für sie unerträgliche Folgen haben wird.» Für die Öffentlichkeit gab er um die Pessachzeit, das jüdische Osterfest, ein Zeitungsinterview, in dem er drohte: «ZAHAL wird sich nicht auf Verteidigungsmaßnahmen beschränken. Das Ziel besteht darin, dem König von Jordanien klarzumachen, daß unsere militärischen Aktionen von außerordentlicher Zerstörung begleitet sein werden. Wir werden die einheimische Bevölkerung am Ostufer des Jordans in eine solche Lage bringen, daß sie eine Zusammenarbeit mit den Kämpfern der PLO aufgibt. Die Kampfmethode ZAHALs besteht darin, absolut unsystematisch vorzugehen. Jede militärische Aktion wird anders sein, als die vorangegangene.»

Es war nicht neu, daß Israels Generale drohten, und daß sie ihre Drohungen auch bedenkenlos wahr machten. Im Augenblick war die Lage für sie jedoch äußerst prekär. In einer Reihe von Grenzorten der Israelis spielte sich das Leben gezwungenermaßen in unterirdischen Bunkern ab. Manch örtlicher Schußwechsel entlang der Grenze von Kibbuz Gesher weitete sich in Windeseile zu mehrstündigen Kanonaden bis hinunter zur Abdalah-Brücke im Süden des Tals aus. Von dem Beschuß waren die Elektrizitäts-, Wirtschafts- und Wohngebäude betroffen. Vor allem aber sank die Moral der Bevölkerung, wie ein Journalist feststellte, der vom Ort der Kämpfe berichtete. Und das so kurz nach den glänzenden Siegen ZAHALs. Wie sollten die Militärs der Zivilbevölkerung die vielen Opfer und Zerstörungen erklären? Das hatte es in dem Maße vor dem Junikrieg nicht gegeben. Wohin führte das, wenn die Generale versprachen, das Leben in den Grenzregionen wieder erträglich zu machen, indem sie am anderen Ufer des Jordans durch einen Bombenhagel erneut eine Massenevakuierung, einen neuen arabischen Flüchtlingsstrom auslösten? Von welcher Dauer könnte eine solche Friedhofstille am Jordan sein? Indessen wurden immer mehr Schützengräben angelegt und neue Bunker gebaut, wurde das Land von noch mehr Militär überschwemmt.

Und wie sah es weiter nördlich aus? Der Kampf zur Eroberung des Golanplateaus hatte 27 Stunden gedauert. In dem Krieg nach dem Krieg, der am Jordan begann und sich bald auf die syrische Front und an die Grenze zu Libanon ausweitete, standen die Soldaten ZAHALs Monat für Monat, drei Jahre lang in erbitterten Stellungsgefechten. Dabei waren nicht nur die Soldaten, auch die «Männer des Nordens», wie sich die Siedler des okkupierten Golan selbstherrlich nannten, der Illusion nachgegangen, daß ihnen jene «glorreichen» sechs Tage den ewigen Frieden gebracht hätten.

Der Golan ist ein stark gegliederter Höhenzug vulkanischen Ursprungs.

«Die Augen Israels» nannte die Führung ZAHALs den Gipfel des Hermon-Massivs und ließ dort Befestigungen anlegen und Horchposten einrichten

Sein höchster Punkt ist mit 2644 m der Djebel asch-Scheich auf dem majestätisch schönen Hermon-Massiv. Sein sommers wie winters verschneiter Gipfel kann noch aus den Tiefen des warmen Hulehtals betrachtet werden. Bis auf die Ortschaften am Fuße des Hermonriesen nördlich der syrischen Stadt Kuneitra ist die Landschaft des Golan hingegen trostlos. Überall schwarzer Basalt, kein Baum, kein Strauch. Die armseligen Gebirgsdörfer bestanden aus schmucklosen Häusern, die aus dunklen Steinen gebaut waren. Al-Kuneitra, «Blume des Golan», einst blühende Hauptstadt der 14 Muhafazate, der syrischen Verwaltungsbezirke, war jetzt ein Trümmerfeld. Die Israelis hatten keinen Stein auf dem anderen gelassen. Was im Kriege heil geblieben war, hatten Bulldozer vor dem Rückzug aus der Stadt zerstört. Rund 1000 km^2 hielten die israelischen Soldaten hier oben noch besetzt. Sie bauten Betonstellungen in den Berg, denn auch hier fanden sie keine Ruhe.

Im Frühjahr 1969 erreichte der Zermürbungskrieg mit den Artilleriegefechten am Suezkanal seinen Höhepunkt. Nach dem Junikrieg hat hier niemals völlige Ruhe geherrscht. Die israelische Marine verlor am 21. Oktober 1967 wenige Kilometer vor Port Said den Zerstörer «Eilat» durch Raketenbeschuß, nachdem er provokatorisch in ägyptischen Hoheitsgewässern gekreuzt hatte.

47 Besatzungsmitglieder fanden dabei den Tod. Als Antwort darauf schossen die Israelis die Ölraffinerien und Tanklager in der Nähe der Stadt Suez in Brand. Die Ägypter erwiderten das Feuer. Und so kam es erneut zu Artillerieduellen an der gesamten Front.

Port Taufiq gehörte zur vordersten Linie der Kanalfront. Das Bild, das sich hier bot, war typisch für die gesamte Front am Suezkanal. In kahlen Sanddünen, hinter Granithügeln und Barrikaden aus Beton, Sandsäcken und Stacheldraht lagen die israelischen Soldaten, weit entfernt von ihrem Zuhause, den ägyptischen Einheiten direkt gegenüber. Die schmale Wasserstraße, die den Golf von Suez am Roten Meer mit dem Mittelmeer auf kürzeste Distanz verbindet, bildete mit einer Breite von knapp 200 m die Trennlinie zwischen den beiden Armeen. Am Ostufer des Kanals erstreckte sich in nördlicher Richtung ein prächtiger grüner Landstreifen. Er ist der Wüste durch künstliche Bewässerungssysteme in langer, mühevoller Arbeit abgetrotzt worden. Die Kanalanwohner hatten sich eine Oase aus Dattelpalmen und blühenden Gärten geschaffen. Noch weiter nördlich begann ein Sumpfgebiet, und nach Süden zu wurde die Landschaft kahl. Jetzt war die Erde zu beiden Seiten des Wasserweges mit Kratern übersät. Überall lagen Blindgänger herum, die das Leben der Soldaten gefährdeten. Die Männer, die hier lagen, gehörten vorwiegend zu Israels regulären Truppen, die ihren dreijährigen Pflichtdienst ableisteten. Die Reservisten, die das Gebiet erobert hatten, waren längst zu Hause. Nun lagen sie hier, die Jüngsten ZAHALs. Genau vor ihnen Port Taufiq.

Wie unterschied sich doch ihre Realität von der der Teilnehmer des Sechs-Tage-Krieges, denen kein Ziel zu hochgesteckt, kein Objekt als uneinnehmbar erschienen war. Die jungen Soldaten an dieser Front hatten dagegen lernen müssen, ständig mit der Angst zu leben. Sie mußten immer auf der Hut sein, bei jedem Geräusch, das sie wahrnahmen, bei jedem Schritt, den sie auf diesem fremden Boden gingen. Jeden Moment konnte eine Zeitzünderbombe explodieren, eine Mine hochgehen, die des Nachts von ägyptischen Kommandos gelegt worden war, oder überraschend ein Höllenfeuer der ägyptischen Artillerie losbrechen, das, wenn man nicht augenblicklich eine Deckung fand, den Tod oder die Verstümmelung bedeutete.

Der Tag konnte so lang sein, und die Nacht wollte nicht enden, wenn die Ungewißheit zur Plage wurde, wenn man nicht wußte, was im nächsten Augenblick geschehen konnte, was die Bewegung des Gegners, den man ununterbrochen durch das Fernglas beobachtete, bedeutete, was sich hinter der nächsten Sanddüne abspielte.

Die jungen Soldaten waren listig und hinterhältig geworden. Sie drückten sich vor dem Dienst, wo sie nur konnten, um der Gefahr aus dem Wege zu gehen. Einer schob den anderen vor. Jeder war ständig bemüht, nicht zu oft auf Patrouille zu gehen oder für Dienste eingeteilt zu werden, bei denen man den Unterstand verlassen mußte. Mancher trank heimlich das Wasser aus der

Feldflasche seines Kameraden, weil das Nachfüllen draußen am Tankwagen gefährlich war. Die Leute schacherten: Geld und Zigaretten gegen riskante Dienste. Die Kommandeure hatten Mühe, sich in ihren Listen zurechtzufinden, wer eigentlich an der Reihe war. Doch letztlich war es ihnen egal. Hauptsache, der Befehl wurde ausgeführt, ganz gleich von wem. Mit den Kommandeuren mußte man sich gut stellen, sonst konnte es schnell mal passieren, daß man sich einen riskanten Dienst als Strafe einfing. Doch auch unter den dicken Betondecken der Unterstände und Bunker gab es keine Sicherheit. Das Fort Cobra — es wurde später zum Bestandteil der Verteidigungslinie Bar-Lev — erhielt einen Volltreffer. Ein 160-mm-Geschoß mit Verzögerungszünder durchschlug das Betondach des Hauptbunkers. Alle zehn Mann der Besatzung wurden getötet bzw. schwer verwundet.

Aus militärischer Sicht glich der Abnutzungskrieg einem Stellungskrieg. Massive Artillerie- und Luftangriffe sowie nächtliche Kommandoaktionen über die Frontlinien hinweg waren die Formen dieses Krieges. Das entsprach so gar nicht den israelischen Doktrinen vom Bewegungskrieg, von schnellen Durchbrüchen durch die gegnerischen Linien.

Ägypten band an seiner Front große Truppenkontingente des Aggressors. Es führte entlang des rund 115 km langen Suezkanals einen Abnutzungskrieg, der die Zerschlagung der israelischen Befestigungen zum Ziel hatte und den Israelis schweren Schaden zufügen sollte. Und in der Tat: Die permanenten Verluste des Stellungskrieges trafen Israel weitaus stärker als die während des blitzartigen Bewegungskrieges vor einem Jahr. Auch Israels Wirtschaft litt darunter mehr. Die Kriegsproduktion verschlang Unsummen an Geld, Berge von wertvollem Material. Ein anhaltendes ägyptisches, von den Israelis stets prompt erwidertes Sperrfeuer, bei dem aus rund 1000 Geschützrohren Zehntausende Granaten über den Kanal geschickt wurden, war fast täglich im Gange. Eine solche Dimension an Feuerkraft war bisher im Nahen Osten unbekannt. Manche Artilleriegefechte dauerten bis zu 9 Stunden und forderten bis zu 190 tote und verwundete Israelis.

Israels Generale beließen es nicht bei der Feuererwiderung auf die gegnerischen Stellungen. Sie hielten mitten in die ägyptischen Städte am Kanal hinein, und zwar ebenso skrupellos, wie sie in den Jahren zuvor den ersten Schuß nicht gescheut hatten, mit dem der Krieg auf arabisches Territorium getragen wurde. Doch ihre Verluste allein an Soldaten und Material verminderten sich nicht. Der Generalstab zog deshalb in Erwägung, die Truppen aus der unmittelbaren Kanalzone zurückzuziehen, um wenigstens die Kampfhandlungen an der Südfront abzuschwächen. Vielleicht, so spekulierte er, würde das auch ein Anfang für Verhandlungen sein. Obendrein könnte der Kanal alsbald für die internationale Schiffahrt wieder freigegeben werden, denn der internationale Druck war in dieser Hinsicht immer stärker geworden. Doch in der Armeespitze — der neue Generalstabschef hieß Chaim Bar-Lev — setzten sich die

Unnachgiebigen durch, und die politische Führung des Staates gab ihnen volle Rückendeckung. Es blieb bei der militärischen Präsenz unmittelbar am Suezkanal, ja, sie wurde noch durch eine Kette von Forts abgesichert. Das System wurde später bis auf 16 solcher Forts erweitert und nach dem Namen des Ideenträgers benannt — Bar-Lev-Linie.

Die ägyptischen Städte der Kanalzone von Port Said bis Suez wurden, wie schon gesagt, unter gnadenlosen Artilleriebeschuß genommen. In der Stadt Suez blieb kein Stein auf dem anderen. Die genaue Zahl der total zerstörten Häuser wurde erfaßt: 1608 Gebäude. In Suez hatten einmal 260000 Menschen gelebt. Sie mußten alle bis auf wenige Ausnahmen evakuiert werden. So brachte die Skrupellosigkeit der israelischen Generale neues Leid und Elend über die arabische Zivilbevölkerung, erzeugte sie neuen Haß.

Dem täglichen Beschuß durch Artillerie und schwere Panzer folgten bald Überfälle der Einsatzkommandos. Es waren wieder Fallschirmjäger und andere Spezialtrupps, die mit Hubschraubern tief in das ägyptische Festland eingeflogen wurden, um zu morden und lebenswichtige Anlagen der Ägypter, darunter das Kraftwerk von Haj Hamadi, zu zerstören. Die israelische Luftwaffe bombardierte Nilbrücken und andere Ziele tief in Ägypten. Doch der Widerstandswille der Ägypter blieb ungebrochen.

«Krieg nach dem Krieg», «Abnutzungskrieg», «Zermürbungskrieg» u. a. Bezeichnungen erhielten die harten und verlustreichen Stellungsgefechte nach dem Sechs-Tage-Krieg. ZAHAL hatte hierbei weitaus mehr Verluste als in den sechs Tagen des Blitzkrieges. Während der Stellungsgefechte setzten israelische Soldaten auch schwere 135-mm-Geschütze ein, die große Verwüstungen in ägyptischen Städten am Kanal anrichteten

Die Hataschah war alles andere als ein «Krieg de Luxe». Die Ägypter trafen wirksame Maßnahmen zur Sicherung ihrer Lufthoheit gegen die dreisten Überfälle und Bombardements durch israelische «Phantom» und «Mirage». Deren Piloten lernten die aus sowjetischer Produktion stammenden SAM-Raketen fürchten. Mitte des Jahres 1969 hatte der israelische Generalstab endlich begriffen, daß ein solcher Stellungskrieg für die Armee zu opferreich, für die Wirtschaft des Landes zu kostspielig und vor allem für die Moral der Bevölkerung höchst ungünstig war. In ihrem Siegesrausch konnte die breite Masse nicht begreifen, warum dieser Abnutzungskrieg so lange andauerte und allmählich an der Substanz nagte. Die Militärausgaben waren von Jahr zu Jahr gestiegen. Sogar die Wehrdienstzeit war verlängert worden. (Sie wurde erst nach Inkrafttreten des Waffenstillstandsvertrages vom August 1970 auf drei Jahre zurückgesetzt.) Die jährliche Reservistenzeit war ebenfalls verlängert worden. Nach offiziellen Angaben hatte Israel über 700 Tote zu beklagen. Die Zahl der Verwundeten betrug das Dreifache. Es sah so aus, als würde ZAHAL diesmal den kürzeren ziehen, zumindestens wenn man die Opfer und die Verluste ins Verhältnis zur Bevölkerungszahl setzte — eine in früheren Jahren von den Israelis bevorzugte Betrachtungsweise. Die Rechnung, daß die Araber die Belastung des Abnutzungskrieges auf die Dauer nicht aushalten würden, ging vor allem mit Ägypten nicht auf. Israel konnte Ägypten nicht brechen, weder mit der totalen Zerstörung seiner Städte längs des Kanals, noch mit Bombardements tief im Hinterland. Die zentrale Schlußfolgerung des Operationsstabes von ZAHAL lautete schließlich, daß der Stellungskrieg für die israelische Armee der ungeeignetste Krieg sei. «Ich möchte nicht noch einmal einen Zermürbungskrieg führen. Zukünftige Kriege können nicht auf ein Verteidigungsvermögen ZAHALs bauen», sagte Elazar, inzwischen zum Chef des Operationsstabes avanciert und damit Bar Levs Stellvertreter.

In den Diskussionen um Rückzug vom Kanal oder Ausbau der Bar-Lev-Linie waren mehr die politischen als die militärischen Erwägungen ausschlaggebend. Für beide Varianten brauchte man ohnehin die Billigung der USA. In den Augen des Sicherheitsministers Dayan waren die Festungen am Kanal Symbole zionistischer Siedlungspolitik, und deshalb war er strikt dagegen, die Flagge dort einzuholen. Auch am Golan wollte man die Flagge nicht streichen. In Südlibanon wie auch am Jordan, wo die Gebiete dicht besiedelt waren, sprengten die Soldaten sogar noch Hunderte von Häusern, um die Bevölkerung davor abzuschrecken, den Palästinensern in irgendeiner Weise Unterstützung zu gewähren.

Bald stellten sich in Israels Gesellschaft die alten, bekannten Fragen aufs neue. Hatte der mit einem so grandiosen militärischen Sieg an allen Fronten geendete Junikrieg den dauerhaften Frieden näher gebracht? Waren die Grenzen jetzt sicherer, waren sie durch die Verschiebung verteidigungsfähiger geworden? Vor allem hinter der letzten Frage stand eine Argumentation, die zumindest sonderbar war. Ein Jahrzehnt lang hatten die Militärs der Bevölkerung eingehämmert, daß Israels Territorium von der Lage und Form her absurd sei, daß seine Grenzen zu lang seien, um seine Sicherheit zu garantieren. Freilich, jetzt hatte man ein paar günstigere Naturgegebenheiten wie den Jordanfluß, der als Grenzlinie genutzt wurde. Konnten sie aber in einem modernen konventionellen Krieg ein Hindernis bilden? Die Opfer am Jordan und am Suezkanal bewiesen tagtäglich das Gegenteil.

Und die strategische Tiefe, die die Militärs bisher vermißt hatten? Nun war sie gegeben. Aber hat sie dem Land mehr Sicherheit gebracht? Gewiß, die Golanfestungen der Syrer waren vernichtet, die östliche Grenze bis an den Jordan vorgeschoben und die Sinaihalbinsel erobert. Aber haben Anfang 1974 die Einsätze von Palästinensern gegen die beiden Siedlungen Maalot und Kiryat Schmoneh im Norden Galiläas nicht das Gegenteil bewiesen? Waren solche Kamikaze-Aktionen verzweifelter Menschen nicht die logische Antwort auf jahrzehntelange Vertreibung, Demütigung und Mordaktionen? Der auf arabischer Seite angestaute Haß ließ jetzt solche Aktionen bis tief in die Zentren Israels tragen. Weder Haifa, Tel Aviv noch Jerusalem blieben davon verschont. Das Land war durch die Aggressionskriege und die Okkupation fremder Gebiete noch unsicherer geworden. Daran konnten umfangreiche Grenzsicherungsmaßnahmen wie elektrisch beleuchtete Zäune, Minenfelder, kostspielige Terrainumgestaltung und teure Frühwarnsysteme nichts ändern. Jeder Baum, jede Erdsenke konnte in diesem Land einen gefährlichen Gegner verbergen. Aus jedem Felsspalt lauerte der Tod, und jede Höhle konnte ein Maschinengewehrnest sein. Kein Gebirgspfad war sicher und keine Straße absolut minenfrei. Die Widerstandskämpfer hatten ihre Operationszone beträchtlich erweitert, ihre Aktionen internationalisiert. Passagierflugzeuge, Residenzen oder Sportstadien wurden in das Feld der Auseinandersetzungen einbezogen.

So erschien die Frage eines «Máariw»-Reporters, «Wie weiter?», berechtigt. Doch General Elazar, ZAHALSs Generalstabschef im nächsten Krieg, antwortete darauf, daß die militärische Lage an Israels neuen «Linien» erträglich sei. Er wolle nicht behaupten, daß man ein Modell für eine glückliche Zukunft geschaffen habe, doch man könne so weiterleben. Elazar beantwortete damit keineswegs zufriedenstellend die bange Frage, die sich damals viele in Israel stellten.

Erstmalig wurde aus Kreisen von Studenten und Akademikern eine Kritik an der Politik der Regierung laut: Sie habe es versäumt, alle Möglichkeiten der Politik für den Frieden auszuschöpfen. Erstmalig erhoben auch Nichtkommunisten in der Öffentlichkeit scharfe Proteste gegen die Vertreibung der Beduinen aus Rafiah. Erstmalig erklärte eine Gruppe von Generalen der Reserve 1972, daß der Junikrieg nicht als Existenzkrieg für Israel eingestuft werden könne, weil das Land gar nicht bedroht gewesen sei.

Die Zeit zwischen dem Junikrieg von 1967 und dem Oktoberkrieg von 1973 war gekennzeichnet durch das Fehlen jeglichen Fortschritts für eine politische Lösung in Richtung auf eine Friedensregelung. Dabei hat es genügend diplomatische Bemühungen von außen gegeben. Der UNO-Sonderbevollmächtigte Dr. Gunnar Jarring eröffnete eine intensive Verhandlungsrunde auf seinen Reisen in die Hauptstädte der Konfliktparteien. Eine Nahostfriedenskonferenz sollte nach Genf einberufen werden. Doch in Israel verspottete man Jarring als den ewigen Wanderer zwischen den Hauptstädten. Man gab ihm zum Schluß gar keine Antwort mehr auf seine Frage nach den politischen Standpunkten. Afrikanische Staatsoberhäupter und europäische Außenminister versuchten, in den festgefahrenen Verhandlungen zu vermitteln. Henry Kissinger, der Berater des USA-Präsidenten Nixon in außenpolitischen und Sicherheitsfragen, pendelte zwischen Kairo und Jerusalem hin und her, um die Positionen im Sinne Washingtons zu klären. Die Israelis nannten ihn sarkastisch «Henry, den Zauberer». Ägypten signalisierte die Bereitschaft zu direkten Friedensverhandlungen mit Israel. Während der Feierlichkeiten zum 18. Jahrestag der ägyptischen Revolution erklärte Präsident Nasser in einer öffentlichen Rede in der Kairoer Universität, daß Ägypten den Frieden suche, einen Frieden, der davon ausgeht, daß Israel die besetzten Gebiete räumt und den Palästinensern ihr Recht zuteil wird.

Israels Führer nutzten nicht eine der gebotenen Chancen, um wenigstens zu einer begrenzten Lösung mit den Arabern zu gelangen. Es ging ihnen auch gar nicht um die so oft strapazierte Sicherheitsfrage für ihr Land. Sie suchten nicht nach Friedenslösungen. Die besetzten Gebiete waren ihnen mehr wert. Die territoriale Ausdehnung war schließlich ein altes Ziel der zionistischen Führer, älter als die Existenz ihres Staates.

Verfolgt man Israels Presse, die offiziellen mündlichen und schriftlichen Verlautbarungen seiner herrschenden politischen Kreise genau, so wird klar, daß sie niemals ein Hehl aus ihren Absichten zur Ausdehnung des Staatsterritoriums gemacht haben. Daran ändert auch die Beteuerung der Regierung Eschkol vor dem Junikrieg nichts, keine territorialen Absichten verfolgen zu wollen. Schon der provisorische Volksrat – der Vorgänger des israelischen Kabinetts –, der den Entwurf der Unabhängigkeitsdeklaration für den neu zu gründenden Staat Israel am 12. Mai 1948 debattiert hatte, war der Empfehlung Ben Gurions gefolgt, die Formulierung der Grenzen aus dem Text herauszulassen. Und wörtlich hatte er den Ratsmitgliedern erklärt: «Wenn unsere Kraft reicht und die internationale Situation es erlaubt, werden wir weitere Gebiete besetzen!»

In diesem Zusammenhang sei auf eine Begebenheit verwiesen, die General Rabbin als junger Palmach-Kommandeur der Harel-Brigade erlebte und die er in seinem schon erwähnten Buch «Wehrpaß» wiedergibt: «Kurz nach Kriegsende 1949 entschied Ben Gurion, der Premierminister und Minister für Sicherheitsfragen, eine spezielle Exkursion in das Gebiet um Masada (die historische Festung aus der Römerzeit – T. F.) und an das Tote Meer durchzuführen. Es war für alle Beteiligten ein besonderes Erlebnis, in der Gesellschaft des Ministerpräsidenten zu reisen, der auf dem Gipfel seines Erfolges zu sein schien und bereitwillig in angenehmer Stimmung mit den jungen Offizieren plauderte. Die Exkursion dauerte drei Tage und ging per Boot über das Tote Meer, von den Salzbergwerken bei Sodom bis zur Oase Ejn Gedi in der Wüste Judäa und schließlich mit Autos weiter südlich bis hinunter nach Eilat am Roten Meer. Ben Gurion, ein Veteran der zionistischen Weltorganisation, erzählte von seinen ersten Missionsfahrten nach Eilat während der dreißiger Jahre. Er begeisterte alle mit der Tatsache, daß die junge ZAHAL schon über Gebiete herrschte, die weitab von den Zentren der Kolonisation in Palästina lagen. Das erinnere an König Salomo, der bis nach Etzjon Gever vordrang. Unser Geist schwebte in die Ferne, als Ben Gurion seinen Blick in die Berge von Hebron bohrte, den Arm dorthin richtete und an Allon, den Kommandeur der Palmach, die Frage richtete: Wie würdest Du dieses Gebiet dort erobern? Allon, der offensichtlich überrascht war, begann mit einer Erörterung seiner Angriffspläne, doch plötzlich stockte er und fragte: Sagen Sie, Ben Gurion, Sie wollen wirklich das Gebiet einnehmen? Ben Gurions Augen funkelten. Er antwortete: Im Augenblick ist das nicht möglich ... aber, vielleicht ..., nun, ihr werdet es noch einnehmen ...»

Aufschlußreich sind auch die Niederschriften von Moshe Sharett, Israels erstem Außenminister und Nachfolger Ben Gurions in der Kabinettsführung. Sharett berichtete darin von einem Ende 1953 gehaltenen Vortrag eines führenden Militärs, in dem dieser die Grenze zu Jordanien für absolut unakzeptabel bezeichnete. Die Armee warte nur auf eine günstige Gelegenheit, sie zu begradigen, und zwar in Richtung Osten. Der Ausdruck «günstige Gelegenheit» ist nach Sharett auch von anderen führenden Militärs und Politikern benutzt worden, beispielsweise 1954 vom Generalstabschef Dayan, als er die irakische Hilfe für Syrien für eine passende Gelegenheit ansah, um vorzumarschieren und vollendete Tatsachen in territorialen Fragen zu schaffen.

Pinchas Lavon, für kurze Zeit Israels Sicherheitsminister, war bereit, solche «günstigen Gelegenheiten» auch künstlich zu schaffen. 1954 verwickelte er das Land in einen politischen Skandal, die sogenannte Lavon-Affäre, indem er hohe Offiziere aus Armee und Nachrichtendienst mit der Inszenierung von subversiven Handlungen in Ägypten beauftragte, was von ägyptischer Seite aufgedeckt werden konnte. Die Täter wurden im Januar 1955 vor Gericht gestellt.

In den Waffenstillstandsabkommen von 1949 ist fixiert, daß die Demarkationslinien zeitweilige Linien sind, und daß die endgültigen Grenzen zwischen den Konfliktparteien noch auszuhandeln sind. Seitdem hat die UNO fast alljährlich Resolutionen verabschiedet, die Israel verpflichteten, das Recht der Palästinenser auf Rückkehr oder Entschädigung – die Wahl wurde ihnen überlassen – zu respektieren. Die Antwort Israels lautete stets: «Keinen Flüchtling und keinen Meter Boden.»

Der Drang nach territorialer Expansion bildete auch nach den militärischen Eroberungen von 1967 das Fundament der israelischen Staatspolitik. Auf einer Konferenz der Kibbuzbewegung der Mapai im Jahre 1968 erklärte der Minister für das Sicherheitsressort, Dayan: «Man muß von der Überzeugung ausgehen, daß hier der Ort für die Konzentration aller Juden ist. Jede Generation muß ihr Bestes geben, um neue Gebiete für die Besiedlung zu beschaffen. Wir werden das Werk nicht vollenden, doch niemand möge sagen, das Werk sei vollbracht mit der Besiedlung von Deganit, von Mefalsim, von Nachal Oz. Dieser Prozeß dauert ein Jahrhundert, und wir leisten unseren Beitrag heute, indem wir vom Suez bis zum Golan stehen und uns so Schritt für Schritt dem umfassenden Ziel nähern.»

Nicht die Sicherheit Israels lag also dem Minister für Sicherheit am Herzen, sondern die schrittweise Expansion – wie es die Umstände gerade erlaubten. Sein bekanntester Ausspruch lautet: «Lieber Sharm el-Sheikh (Scharm asch-Scheich) ohne den Frieden, als Frieden ohne Sharm el-Sheikh.» Dayan hat es schon immer verstanden, einen Deut schärfer zu formulieren und zu handeln als seine Kollegen. Doch auch sie blieben keinesfalls nur bei Verlautbarungen, Konferenzreden u. ä., wenn es um Expansion ging. Mit dem sogenannten Galili-Dokument hatte die Regierung 1973 ein Grundsatzpapier, ein Dokument, angenommen. Israel Galili, ein Mann des Achdut-Háavoda-Flügels und Minister ohne Geschäftsbereich im Nachkriegskabinett der «Arbeiterpartei» von Frau Golda Meir, war der geistige Vater dieser Richtlinien für die Besiedlung der okkupierten Gebiete westlich des Jordans (in der israelischen Terminologie wurden hierfür die biblischen Namen Judäa und Samaria verwendet), der Umgebung von Rafah im Norden der Sinaihalbinsel, des Gazastreifens sowie der Golanhöhen – mit einem Wort: für alle besetzten Territorien. Als Regierungsdokument erlaubte und regelte es unter anderem auch offiziell den Grundstückserwerb in den besetzten Gebieten mit allen rechtlichen Konsequenzen. Das Dokument wurde erst nach dem Yom-Kippur-Krieg, auf arabischer Seite Ramadankrieg genannt, ad acta gelegt und durch allgemeiner gehaltene, verschwommenere Formulierungen ersetzt. Nach den gesellschaftlichen Erschütterungen infolge des Yom-Kippur-Krieges konnte die ursprüngliche Version des Dokuments nicht mehr aufrechterhalten werden, selbst gegenüber der eigenen Bevölkerung nicht. Der Geist des Galili-Dokuments lebte jedoch in Israels Führung fort und suchte nach neuen Ausdrucksformen.

Die Gebiete

Nach dem Junikrieg sah sich ZAHAL vor die Aufgabe gestellt, als Besatzungsmacht ein Gebiet zu verwalten, das mit 70000 km² dreimal so groß war wie das eigene Land und in dem eine Million Menschen lebten. Zwar hatte die Armee darin nach dem Krieg von 1948 schon einige Erfahrungen sammeln können, als in Israel alle Gebiete mit arabischer Majorität über Jahre unter militärischer Verwaltung standen; und im Sinai-Feldzug von 1956 wurde der Gaza-Streifen ebenfalls bis März 1957 militärisch verwaltet. Doch in beiden Fällen handelte es sich um viel kleinere Dimensionen. Allerdings hatte sich die Armeeführung beizeiten auf eine Okkupation eingestellt. Schon 1957 war der Oberste Militärrichter damit beauftragt worden, ein Handbuch zu erarbeiten, das die erforderlichen gesetzlichen Richtlinien für den Fall einer erneuten Besetzung enthielt. Auch die Kader für die entsprechenden regionalen Befehlsstellen wurden seitdem herangebildet.

Heute ist die israelische Militärverwaltung nach modernsten Gesichtspunkten organisiert. Sie hat ihre regionalen Befehlshaber, die für die Organisation in ihren Bereichen, z. B. Westbank oder Syrisches Hochplateau, selbst verantwortlich sind. Diese regionalen Befehlshaber unterstehen dem Ausschuß für politische und Grundsatzentscheidungen und dem Ausschuß für zivile Verwaltungs- und Wirtschaftsfragen, die wiederum von einem Koordinationsausschuß beim Generalstab der Armee angeleitet werden.

Ostjerusalem ist nach der Okkupation sofort von der Zivilverwaltung des Westteils der Stadt mit übernommen worden. Nach dem offiziellen Sprachgebrauch ist Jerusalem die einheitliche, ewige und unteilbare Hauptstadt Israels. Die amtliche israelische Nomenklatur vermeidet auch sorgfältig die Ausdrücke «besetzte» oder gar «eroberte» Gebiete, sondern spricht von den «verwalteten Gebieten». Im täglichen Sprachgebrauch sagt man überhaupt nur «die Gebiete».

Als 1967 die Besatzungszeit begann, versprach Israels Kriegsminister Dayan eine neue Ära der Eintracht und des ökonomischen Aufschwungs in den besetzten Gebieten. Eine Politik der offenen Brücken über den Jordan sollte den Handel bis nach Saudi-Arabien und Kuweit fördern. Wirtschaftliche Prosperität, gleicher Lohn für gleiche Arbeit würden positive Änderungen in den Beziehungen zur arabischen Bevölkerung bringen. Dayan versprach allen die unbegrenzte Freizügigkeit ohne Diskriminierung, ohne bürokratische Formalitäten. Strände, Cafés, Kaufhäuser, Busse u. a. öffentliche Einrichtungen sollten für Araber wie für Israelis ebenso zugänglich sein wie die Klagemauer und der Felsendom in Jerusalem, die Gräber der hebräischen Patriarchen in Hebron, die mit der Gebetshalle einer Moschee am selben Ort liegen, u. a. Heiligtümer. Juden und Araber würden gemeinsam auf den Basaren Handel treiben, verkündete er. Dayan gab sich als Freund der Araber und als Verfechter des Friedens aus. Er arrangierte mehrere Treffen mit muslimischen Würdenträgern, konferierte mit dem Mufti von Jerusalem, besuchte reiche, zur Kollaboration bereite Beduinenführer des Gazastreifens und führte Konversationen mit Poeten aus Nablus. «Nichts ist nobler als die Vergebung», waren seine Worte.

Ein Frieden mit den Arabern wollte ihm dennoch nicht gelingen. Die überwiegende Mehrheit von ihnen betrachtete ihn als das, was er war: der Eroberer, der Repräsentant der israelischen Besatzungsmacht, und lehnte eine Zusammenarbeit ab, auch wenn sie teuer dafür bezahlen mußte. Einer von ihnen war Ruhi el-Khatib, ehemaliger Bürgermeister des jordanischen Teils von Jerusalem. Er wurde als erster abgeschoben. Ihm folgte der Bürgermeister von Bira. Basam Shakaa, der Bürgermeister von Nablus, widersetzte sich einer Abschiebung ins Ausland. Bei einem Attentat verlor er beide Beine. Die Täter hat man bis heute nicht gefaßt. Die Bürgermeister (sie sind nicht nur gewählte Amtsträger, sondern die politischen Wortführer der Bevölkerung) fast aller Städte der Westbank wurden deportiert.

Die israelische Besatzungszeit dauert nun schon fast zwei Jahrzehnte. Sie hat für diese Zeit nicht nur eine traurige politische Bilanz aufzuweisen. Tiefgreifend sind auch die wirtschaftlichen, rechtlichen und moralischen Aspekte. Die koloniale Abhängigkeit der besetzten Gebiete, deren schutzloses Ausgesetztsein gegenüber der überlegenen kapitalistischen Konkurrenz Israels, die schamlose Ausbeutung der Menschen – ein Drittel der Bevölkerung der Westbank pendelt täglich zwischen Heimatdörfern und Israels Industriezentren, ist nicht versichert, verdient wenig und verrichtet unpopuläre, meist schmutzige Arbeit – haben alle schönen Reden der israelischen Regierung Lügen gestraft. Hinzu kommt, daß niemand in Gebiete investiert, deren politische Zukunft ungewiß ist. Handelsdefizit, Steuern, Geldstrafen und Abwanderung der Jugendlichen, die keine Perspektive haben, zehren an der Substanz.

Es ist nicht das erste Mal, daß diese Gebiete okkupiert wurden. Die Alten können sich noch an die Türkenherrschaft und die Kolonialzeit der Briten erinnern. Alle Besatzer waren demütigend, grausam und plünderten das Land aus. Doch die israelische Herrschaft über diese Gebiete ist die grausamste, denn sie betreibt eine Entwurzelung der einheimischen palästinensischen Bevölkerung. Ihre spezifischen Merkmale sind die sukzessive Vertreibung der Menschen von ihrem Boden und die zionistische Besiedlung.

Die Weltöffentlichkeit ist inzwischen über Israels völkerrechtswidrige Praktiken in den besetzten Gebieten informiert, denn sie sind seit Jahr und Tag Thema der Massenmedien. Ungezählte Konferenzen, internationale Tribunale und Solidaritätsveranstaltungen hat es dazu schon gegeben. Das höchste Forum der Völker, die UNO-Vollversammlung, hat dem Zionismus aufgrund der

Praktiken seiner Armee in den besetzten Gebieten Rassismus vorgeworfen. Wie aber wirkten sich Krieg und Okkupation auf Israel selbst, auf seine Soldaten aus?

Das Sinken der moralischen Werte auf einen bedrohlichen Tiefstand zählte neben der inneren wirtschaftlichen Belastung und der gewachsenen ökonomischen, militärischen wie politischen Abhängigkeit von den USA zu den schwerwiegendsten gesellschaftlichen Folgen des Krieges von 1967. Von allen Aufgaben, denen sich der Soldat ZAHALs nach dem Junikrieg gegenübergestellt sah, war die Okkupation die schlimmste. Selbst fanatische Groß-Israel-Anhänger hatten bis dahin nicht gewußt, was Okkupation im Alltag bedeutete. Der Tod und das Elend, das ihr Feuer während des Krieges den Menschen in den Gebirgsdörfern des Golan oder in den Städten am Kanal gebracht hatte, war von den Soldaten meist nur aus der Distanz beobachtet worden. Das Leid und den tiefen Haß in den Augen ihrer Opfer konnten sie jetzt als Besatzer an der Westbank und im Gazastreifen aus der Nähe sehen. Die gewaltsame Vertreibung von Menschen, die Zerstörung ihrer Häuser und ihres Besitzes, die Verletzung oder Ermordung von Protestierenden — all das erzog sie entweder zu Brutalität und Zynismus oder aber zu Gleichgültigkeit und Apathie.

Lassen wir Augenzeugen berichten. In ihrer Selbstdarstellung sind sie unbestechlich. Uri und Simcha — beide seit langem dabei — stehen durchaus für das System, auch wenn ihre Ansichten, vielleicht sogar ihre Handlungen, sehr unterschiedlich waren. Als ich sie wiedertraf, sprach Simcha wie schon in der Schule im Tempo eines Maschinengewehrs. Dabei gab er sich lässig. Zwei Balken — die Insignien eines Oberleutnants — schmückten die Schulterstücke seiner Fallschirmjägerkombination. Unter der rechten Schulterklappe steckte das Barett, und aus dem weitaufgeknöpften Blouson lugten, an einer Nylonschnur befestigt, die Metallships mit seiner Identifikationsnummer hervor — 400117. Die Metallflügel, etliche Kriegsspangen und eine Kordel aus Fangschnüren bildeten einen ins Auge springenden Aufputz seiner Kriegskleidung.

«Die Gebiete» — das war nicht seine Welt. Das sei Sache der grünen Barette[8], der Brasso[9] oder der Gusch Emunim[10]. «Diese Araboschim sind unbelehrbar. Andauernd machen sie irgendwelchen Ärger in den Gebieten», sagte er. Lieber erzählte er zum Beispiel von den Kämpfen um den Munitionshügel bei Jerusalem. Und ich mußte zuhören. «Wir fuhren mit Bussen in die Schlacht. Es herrschte richtiger Ballagann (ein wildes Durcheinander — T. F.). Wir kämpften in den Steintälern um Jerusalem. Vom ersten Sonnenstrahl an jag-

---

8 Träger der grünen Barette sind Israels Grenztruppen.
9 Gemeint ist die Militärpolizei, die sarkastisch nach dem Putzmittel «Brasso» zum Blankpolieren von Metallteilen der Uniform benannt wird.
10 Bund der Gläubigen, eine in den besetzten Gebieten aktive klerikal-militante Organisation.

ten unsere Piloten die Panzer des Königs. Du hättest sehen sollen, wie sie von den Silbervögeln geknackt wurden, ja Chabibi (alter Freund – T. F.)! Mit Höllenfeuer stürmten wir ihre Stellungen. Mit Bungalows (Sprengröhren amerikanischer Bauart) haben wir ihre Drahtverhaue in die Luft gejagt und dem ganzen Ballagann ein Ende gemacht. Es hat viel Blut gegeben. Von denen hat keiner überlebt. Oh, wir haben ihnen eine Dfika gegeben (einen Aufriß gemacht – T. F.), kann ich dir sagen!

Aber sonst – herrliche Landschaft dort», fuhr er nach kurzer Pause in seinem Redefeuer fort. «Ich war mal mit meinem Zug auf Patrouille an den Nordwesthängen des Hebrongebirges. Wir pendelten in Gruppen zwischen Nahal Refaim im Norden und Gush Etzion im Süden, wo unsere Stützpunkte lagen. Über Funk hielten wir Verbindung. Das schönste an der Route war die Natur, die zahlreichen Quellen und künstlichen Wassergräben. Die Fellachen nutzten jeden Winkel zwischen kahlem Fels und Wasserlauf. Vom Kamm des Hebronbergs konnten wir bis ans Mittelmeer zu den Hafenstädten Ashdod und Ashkelon im Süden und nach Tel Aviv und Herzliya im Norden sehen. Nach Osten und Süden lagen die Stadt Hebron und die großen arabischen Siedlungen direkt unter uns, und im Norden erkannten wir Jerusalem. Ein schönes Land, dieses Samaria und Judäa.[11] Es gefiel uns allen sehr. Manchmal waren wir richtig begeistert.

Einmal fragten wir einen Fellachen nach dem Weg. Und er gab uns zur Antwort: ‹Der Weg bis El Chader ist zwei Zigaretten lang.› Komisch, dieser alte Araber mit seinem Maultier. Anscheinend verstand er sich nicht auf andere Entfernungsmaße. So sind sie halt, die Araber: primitiv.

Jedenfalls war Zigarette das Stichwort für uns, eine Rauchpause einzulegen. Wir ließen uns im Schatten einer riesigen Korkeiche nieder. Während wir genüßlich rauchten, tauchte ein Jeep auf, der eine mächtige Staubwolke hinter sich herzog. Darin saßen welche von den grünen Baretten. Als erstes hatten sie wohl den Araber mit seinem Maultier entdeckt, ehe sie uns am Wegrand sitzen sahen. Sie drosselten kurz die Geschwindigkeit, grüßten zu uns herüber, und rasten dann unter Gejohle auf die am Wegrand abgestellten Körbe des Alten zu, in denen er Feigen transportierte. Viel ist davon nicht übriggeblieben. Muschtanim (Mistkerle – T. F.) – eben die grünen Barette. Sie übertreiben. Man müßte diesen Typen mal aufs Maul hauen. Aber wenn diese Araber könnten, würden sie mit uns noch viel schlimmer umgehen. Überhaupt: die sind wie Unkraut. Du vernichtest sie, und sie werden immer mehr. Sechzig Millionen. Wir sind nur drei Millionen. Da kann man sich kein Mitleid erlauben. Da muß man Härte zeigen.»

---

11 Die Namen stammen aus biblischen Zeiten und stehen für Gebiete, die heute zum größten Teil die Westbank ausmachen. Es ist das Land, welches am Westufer des Jordans liegt und seit Generationen von Palästinensern bewohnt wird. Samaria liegt im nördlichen Teil der Westbank und Judäa in dessen Süden am Toten Meer.

Uri hatte im Sechs-Tage-Krieg schwere Verbrennungen an Oberkörper und Kopf erlitten und sein Lebtag davon Narben zurückbehalten. Sein Mädchen hatte ihn verlassen. «Wer will sich schon an einen Krüppel binden?», fragte er ironisch. Vielleicht waren gerade das die Gründe dafür, daß seine Kriegslust dahinschmolz. Nach seiner Genesung hatte er wieder seine Jahreseinberufung zum Reservistendienst erhalten und war in «die Gebiete» abkommandiert worden.

«In den großen Städten war es kein Vergnügen», begann er wieder. «Da war die Ausgangssperre in der Kasba von Hebron, mit der die Armee auf die Demonstrationen gegen die Enteignung von Boden in unmittelbarer Nähe der Stadt, auf dem sogenannten Porzellanhügel, reagierte. Die Sache hatte ziemliches Aufsehen erregt. Eine Sonderkommission der Armee besichtigte das Gelände am Porzellanhügel. Die Fellachen oder ihre Väter hatten hier ihr Land einmal sorgfältig mit Steinmauern voneinander abgegrenzt. In der Nacht, so berichteten sie der Kommission, seien Fremde gekommen und hätten die Mauern mit Bulldozern niedergerissen, um die Grenzen zu verwischen. Doch die Eigentümer kannten hier jede Bodenfalte und identifizierten genau und übereinstimmend die Grenzen ihrer Felder. Sie liefen das Gelände ab und wiesen ihren Besitz nach, obwohl ihre Gesichter verrieten, daß sie längst erkannt hatten, wie nutzlos das war. Es hatte sich herumgesprochen, daß hier die jüdische Siedlung Kiryat Arba entstehen sollte.

Ein alter Mann mit Kefiya und Quaste (arabische Kopftracht – T. F.) trat an mich heran: ‹Herr Offizier! Das sind meine Felder. Das werden wir nie vergessen. Allah ist mein Zeuge. Wenn ich sterbe, werden meine Söhne, Enkel und Enkelsenkel daran immer und immer wieder erinnern, bis ans Ende der Generationen.›

Ich versuchte ihm zu erklären, daß ich nicht zur Kommission gehörte. Der Mann mit der Kefiya schaute mich verständnislos an.

Ja, die Menschen von Hebron waren ganz schön aufgebracht. Sie gingen schließlich auf die Straße, als sie erkannten, daß Proteste ihres Bürgermeisters bei der Militärverwaltung und bei der Sonderkommission der Armee nichts änderten. Sie versammelten sich in der Altstadt, wo die Händler gewöhnlich die Ernte vom Porzellanhügel auf dem Markt zum Kauf anboten.

Ich wurde mit meinen Leuten losgeschickt. Wir waren zusätzlich mit Schlagstöcken ausgerüstet worden und hatten Befehl erhalten, jede Menschenansammlung auseinanderzuknüppeln und die Anstifter festzunehmen. Auf den Markt brauchten wir nicht. Der war den grünen Baretten vorbehalten. Die waren erfahrener in solchen Aktionen. Wir nahmen die Stufengasse zur oberen Kasba, die Uzi oder die Galil quer vor die Brust gehängt und die Arme darauf gestützt. Den Knüppel hatten wir am Koppel zu hängen. Die Stufen der Gasse lagen in unregelmäßigen Abständen zwischen zwei und sechs Metern. Die Menschen gingen geschickt auseinander, sobald sie uns sahen, und kamen wieder zusammen, kaum daß unsere Streife an ihnen vorbei war. Uns reizte das, doch wir konnten nichts dagegen tun. Die Menschen waren auf der Hut. Sie vermieden die offene Konfrontation und ignorierten demonstrativ unsere Anwesenheit. Als wir an dem Café vorbeizogen, widmeten sich die Männer drinnen ruhig ihrem Getränk, dem Spiel oder sie zogen bedächtig den Rauch der Nargila ein. Doch sobald wir vorbei waren, setzten sie ihre Debatten um so heftiger fort. Nach oben wurde die Gasse immer enger. Stufen gab es nicht mehr. Es ging einfach bergauf weiter. In den Seitengassen standen sie ebenfalls, bereit, auseinanderzugehen, sobald sich unser Trupp entschließen sollte, in eine einzubiegen. An vielen Häusern standen Losungen in arabischer und englicher Sprache. An einer Wand war mit blauer Farbe der Davidstern mit den Lettern NO und PLO YES angemalt. An einer anderen Hauswand das Profil eines Soldaten mit Helm, Gewehr und überdimensionalen Stiefeln. Darunter der Satz: ‹ISRAELI GO HOME›.

Wohin wir kamen, die Szenen wiederholten sich. Die Menschen verschwanden in den Häusern, um kurz darauf die Gassen wieder zu füllen. Wir hatten ein unwohles Gefühl, gemischt aus Wut und Ohnmacht. Selbst die Straßenköter schienen uns bewußt aus dem Weg zu gehen.

Die Atmosphäre war gespannt. Das ruhige Schlendern hatten wir längst aufgegeben. Die Waffen im Anschlag, reagierten wir auf jede verdächtige Regung. Unser Weg führte an einer Schule vorbei. Als uns die Jungen dort bemerkten, unterbrachen sie ihr Spiel und begannen sich zu raufen. Doch das sah nur so aus. ‹Vorsicht, Steine!› schrie ein Soldat. ‹Diese kleinen Bastarde, spielen uns einen Streit vor, dabei sind alle Steine gegen uns gerichtet.› Einige hatten ihre Waffen auf den Schulhof gerichtet. Doch die Steine flogen weiter. Uns blieb nur der Rückzug, aber ohne Anzeichen einer Flucht zu zeigen. Es hätte schlimm ausgehen können, wenn wir geschossen hätten.

Steine waren die bevorzugte Waffe der Kinder, die die Vorsicht der Erwachsenen noch nicht verstanden. Sie versetzten uns in allergische Zustände und brachten uns manchmal in groteske Situationen. Einmal wurde mit großem Aufwand ein ‹Steinterrorist› in einem Haus ausgemacht. Über Funk wurde auch mein Trupp in die Gefahrenzone dirigiert. Etwa 60 Mann bewegten sich im Laufschritt aus allen Richtungen auf das bezeichnete Haus zu und trafen auf ein erschrecktes, weinendes Kind, das nur mit Steinen gespielt hatte.

Unten am Markt wollte der Protest nicht abreißen. Die Knüppel der grünen Barette brachten die Menschen nur noch mehr in Rage. Die Armee wußte sich nicht anders zu helfen, als eine totale Ausgangssperre zu verhängen. Das gesamte Viertel der Altstadt wurde abgeriegelt. Ringsum Militärlastwagen, mit denen immer neue Truppen herangefahren wurden. Dutzendweise nahmen wir Menschen fest und führten sie zu Sammelplätzen. Die Gefangenen wurden mit Stricken aneinandergefesselt. Die Handschellen reichten nicht. Alle Altersklassen waren vertreten, von schätzungsweise fünfzehn bis über fünfzig.

So manche israelische Patrouille wurde in Orten der besetzten Gebiete mit Steinwürfen empfangen

Manche blickten niedergeschlagen und gedemütigt. Andere schauten uns trotzig in die Augen. Die Gefangenen wurden auf LKWs der Armee zum Verhör abtransportiert. Sie kamen in die Hände der grünen Barette und sollten vor Gericht gestellt werden.

Wie es im Gerichtssaal zuging, habe ich in Nablus erlebt. Vor dem Haus der Militärkommandantur standen die Menschen dichtgedrängt. Ich passierte die Sperre vor dem Gebäude ohne Kontrolle, denn ich war in Uniform. Die israelischen Zivilisten, die sich hier aufhielten, trugen meistens khakifarbige oder olivgrüne Kleidung. Sie waren hier offensichtlich die Hausherren, die sich ebenfalls keinerlei Kontrollen zu unterziehen brauchten. Sie trugen amerikanische M-16-Sturmgewehre, zumindest aber eine Pistole. Ein Polizist der grünen Barette trug ein Bündel Handschellen am Koppel. Das Ganze rief Assoziationen zum Wilden Westen hervor. Im Saal saßen die Angehörigen der Inhaftierten dicht beieinander auf den Holzbänken und warteten gespannt auf die Verhandlungen, obwohl sie ihnen gar nicht folgen konnten, weil Iwrith gesprochen wurde. Die vordere Wand war mit zwei großen Fahnen Israels geschmückt. In einer Ecke lagen Schlagstöcke, Helme und Schutzschilder.

Der Militärrichter, ein Offizier der Reserve, hatte ein großes Pensum zu bewältigen. Alles lief wie am Fließband. Ein Angeklagter nach dem anderen, manchmal auch in Gruppen, wurde ihm vorgeführt. Name, Geburtsdatum,

Wohnort – das hakte er in seinen Papieren ab. Schuldig, nichtschuldig, das kreuzte er an. Dann sein Urteil. Der nächste. Das Tempo war kaum noch zu steigern. Nur die Übersetzung ins Arabische brauchte Zeit.

Ednan, ein elfjähriger Junge, wurde beschuldigt, Steine geworfen zu haben. Er saß schon seit zehn Tagen in Untersuchungshaft. ‹Ist der Vater des Angeklagten anwesend?› fragte der Richter. Er belegte ihn mit einem Strafgeld von 1000 Schekel. Nun war eine Gruppe von fünfzehn Personen, Männer und Frauen, aus dem Flüchtlingslager Belteh an der Reihe, die die Ausgangssperre mißachtet hatten. Ausgangssperre gehörte im Palästinenserlager Belteh zum Alltag. ‹Wenn wir weiterleben wollen, sind wir gezwungen, die Sperre hin und wieder zu übertreten›, versuchte ein Mann dem Richter zu erklären. ‹Gestehen Sie, ja oder nein?› Mehr wollte der Richter nicht wissen. Die Mehrzahl aus der Gruppe gestand nicht. Jeder, der gestand, wurde zu einer Geldstrafe von 10000 Schekel oder zu 10 Tagen Haft verurteilt. Das war eine harte Strafe. Das Urteil für die übrigen wurde ausgesetzt, bis neue Zeugen geladen waren. Sie mußten mit noch höheren Strafen rechnen. Ein gewöhnlicher Tag im besetzten Nablus.»

Nicht jeder, der wie Uri den Terror verabscheute, war auch bereit, dagegen etwas zu unternehmen. Die wenigsten lehnten sich dagegen auf. Nach so vielen Jahren der Besatzung hatte sich ein Zustand der Gewöhnung eingestellt. Was konnte man schon tun, wenn der Kommandeur einem erklärte: Das sind die Gesetze bei ZAHAL; so lauten die Befehle! Und wenn man sie verweigerte, hatte man mit den Konsequenzen des Militärgerichts zu rechnen. Jede weitere Diskussion über Menschlichkeit wurde als Humanitätsduselei abgetan. Das sind doch Araber, lautete oft die lakonische Antwort.

Da gab es beispielsweise in der Armee eine Anweisung, wonach jeder Soldat, auf den ein Stein geworfen wurde, verpflichtet war, entsprechend den Ausführungsbestimmungen zur Festnahme von Terroristen und Verdächtigen zu handeln. Er mußte also ein Reglement in Gang setzen, welches den Gebrauch der Schußwaffe legitimierte. Und dann gab es da noch das Problem, daß die Mehrzahl der Steinwerfer Jugendliche und Kinder waren. Der Soldat hatte Anweisung, jeden Steinwerfer ab sechzehn nach diesen Richtlinien zu behandeln. Wie sollte er aber auf der Straße erkennen, wer über sechzehn war? Wonach sollte er sich richten? Nach der Größe? Nach den Gesichtszügen? Ein hitzköpfiger Soldat konnte imstande sein, auf ein Kind zu schießen, das einen Stein in der Hand hielt. Sind die Befehle bewußt unexakt gehalten worden?

Viele Soldaten wollten die Befehle präzisiert haben. Doch welche Rechtfertigung gibt es überhaupt, wenn auf einen Steinwurf mit Schießen reagiert wird? Die Tatsache, daß man auf Grund militärischer Anweisungen in eine Situation kommen konnte, wo auf Zivilisten geschossen werden mußte, war kriminalisierend – mögen sie dem Soldaten noch so feindlich gesinnt gewesen sein. Schließlich hatte er ihre Heimat okkupiert. Mit solchen Vorschriften setzte die Armeeführung leichtfertig Menschenleben aufs Spiel und legitimierte das obendrein. So sahen die Gesetze bei ZAHAL aus.

Viele, die wie Uri fühlten, hatten sich eine Art humane Besatzung erhofft. Aber sie verstanden nicht, daß sie bei der Knechtung fremder Völker selbst in einer Zwangsjacke von Anweisungen und Gesetzen steckten. Gefühlsmäßig hofften sie auf bessere Zeiten, hielten alles für Anfangsschwierigkeiten, die überwunden sein würden, wenn sich die Araber ihrem Schicksal ergeben hätten. Sie merkten nicht, wie sie durch die tägliche Praxis allmählich und systematisch am Ende selbst zu Tyrannen wurden. Am allerwenigsten ging ihnen auf, daß bereits mit der Besetzung der Gebiete Unrecht geschehen war.

Mit den Jahren ist es immer schlimmer geworden. Die Weisungen des Generalstabs hießen: Festnehmen, Verbannen, Zerstören, Schießen. Das Verhalten vieler Soldaten änderte sich im Laufe der Zeit grundlegend, und zwar allein schon wegen der Befugnisse und Kompetenzen, die ihnen als Besatzungsmacht eingeräumt worden waren. Das ging so weit, daß manche Soldaten ihre Befriedigung in der Schikane suchten. Sie stoppten willkürlich Autos, hielten Passanten an, forderten die Ausweise zur Kontrolle und verteilten wahllos Schläge. Sie wirkten so provokativ, daß sie ihren eigenen Leuten, die nicht bedenkenlos mitmachten oder gar ihre Abneigung zeigten, gefährlich werden konnten. Das übliche Vorgehen solcher Soldaten gegen die Zivilbevölkerung konnte zusammen mit der amtlichen Legitimation des Schießens dazu führen, daß der Unterschied zu einer Täterschaft, die üblicherweise als Mord deklariert wird, kaum noch feststellbar war. Daran hat sich bis heute nichts geändert. Wer zählt die Gefangenen, die seit 1967 von ZAHAL-Soldaten und von der Grenzpolizei erschossen worden sind?

Lynchjustiz ist noch die Ausnahme. Gegeben hat es sie auch schon, wie 1984 nach dem Anschlag auf den Jerusalemer Omnibusbahnhof. Nicht im Handgemenge, wie es erst hieß, sind die Täter umgekommen. Sie wurden erschlagen, auf dem Weg zur Polizei! Die Entwicklung ist heute so weit gediehen, daß sich einige Soldaten oder Einheiten völlig verselbständigt haben. Ihnen ist selbst der weite Kompetenzrahmen zu eng geworden, weil er ihnen hier und dort noch Schranken auferlegt. Sie praktizieren die grenzenlose Willkür und geraten schließlich mit den eigenen Gesetzen in Konflikt.

Im Februar 1984 ging in Jaffa ein Militärgerichtsverfahren gegen 6 Soldaten und einen Offizier von ZAHAL zu Ende, die sich wegen schikanöser Behandlung der Bevölkerung der Westbank zu verantworten hatten. Vier von ihnen, die ihre Untaten gestanden, mußten vom Gericht verurteilt werden. Der Offizier und zwei Soldaten, die leugneten, wurden freigesprochen. Was in Jaffa vor Gericht nicht verhandelt wurde, waren die Anweisungen und Befehle, die die Soldaten dazu veranlaßt hatten, Personen zu vertreiben, Eltern für die Handlungen ihrer Kinder zu bestrafen oder den Muchtar, die Honoratioren des arabischen Dorfes, vor den Einwohnern zu demütigen. Alle diese Anweisungen beinhalteten Strafmaßnahmen ohne jede Gerichtsbarkeit. Die Soldaten und Offiziere im Gelände waren Kläger, Richter und Vollzugsorgane zugleich. Bezeichnend für die aufsehenerregende Verhandlung von Jaffa waren deshalb nicht nur die milden Strafen von maximal fünf Monaten Haft, sondern die Tatsache, daß die Offiziere, die die Befehle erteilt hatten, straffrei ausgingen und daß die Stabsoffiziere, die die Weisungen im Sinne der Festlegungen des Generalstabschefs herausgegeben hatten, gar nicht erst unter Anklage gestellt wurden.

Die Urteilsverkündungen bestätigten im wesentlichen die Normen, die sich mittlerweile in der Praxis der Besatzungsmacht eingebürgert haben. Das Schießen auf Sonnenkollektoren, die an den Dächern der Häuser angebracht sind, das Zerschlagen von Uhren am Arm des Gefangenen und die Bestrafung von Eltern für die Handlungen ihrer Kinder waren — so das Gericht — ungesetzlich. Alles andere aber sei in Ordnung gewesen, denn die Bevölkerung in «den Gebieten» müsse wissen, daß sie sich in Gefahr begibt, wenn die Situation im Gelände angeheizt wird. Die Armee kann also auf jede Protestregung hin nach Belieben Menschen festnehmen, deren Stolz brechen und ihre Freiheiten einschränken, wenn dabei nur keine Uhren, Brillen und ähnliches mutwillig zerschlagen werden. Mit solchen Urteilen wurden die zwei unterschiedlichen Normen der Gerichtsbarkeit in den von Israel besetzten Gebieten offenbar und sanktioniert: Die eine gilt für den Israeli, die andere für die Bevölkerung der okkupierten Gebiete.

«Diese Okkupation ist eine Tragödie, nicht nur für die Okkupierten, sondern auch für die okkupierende Macht», urteilte die israelische Rechtsanwältin Felicia Langer über die gegenwärtige Rechtslage. Es ist eine Tragödie für die arabische einheimische Bevölkerung, der das Recht auf Selbstbestimmung versagt bleibt, aber auch für die Besatzer, die ihr Selbstbestimmungsrecht nur um den Preis der Militarisierung ihrer Gesellschaft wahrnehmen können und damit immer mehr eigene demokratische Rechte einbüßen.

F. Langer verteidigt die entrechteten Opfer der Militärmacht. Anfangs ist es ihr sehr schwergefallen, als Jüdin das Vertrauen der Araber zu gewinnen. Heute ist sie eine von ihnen geachtete und von den Militärgerichten gefürchtete Anwältin. Ihr Jurastudium hat sie in demselben Seminar wie ihr heute ärgster Feind, der General und Politiker Ariel Sharon, absolviert. Sie ist Mitglied der KPI. Ihr bisher prominentester Mandant war Basam Shakaa, der Bürgermeister von Nablus.

F. Langer weist bei ihrer Arbeit vor allem immer wieder auf die militärrechtliche Seite hin. Israel hat 1949 die Genfer Konvention zum Schutze der Kriegsopfer unterzeichnet, verletzt jedoch fortwährend hauptsächlich den wichtigen Artikel 4, nach dem Repressalien zur Einschüchterung oder Terrorisierung von Zivilpersonen in okkupierten Gebieten untersagt sind. In Israel ist es schwierig, überhaupt ein Exemplar dieser Konvention aufzutreiben. Weist sie vor einem Gerichtshof darauf hin, so erhält sie oft vom Richter die Antwort, daß die Genfer Konvention nur für zwischenstaatliche Beziehungen gültig sei, nicht aber für die «verwalteten Gebiete», denn einen palästinensischen Staat gebe es ja nicht. Protestiert beispielsweise ein Palästinenser aus Ramallah oder Hebron vor einem israelischen Gericht gegen die Enteignung seines Bodens, so weist man ihn darauf hin, daß die Genfer Konvention in seinem Fall nicht zutreffe. Nach der Genfer Konvention ist Besatzungsmächten die Beschlagnahme oder Demolierung von Eigentum untersagt. Doch das lassen die Israelis aus dem gleichen Grunde nicht für die Besiedlung des arabischen Landes durch jüdische Siedler gelten.

Die UNO-Menschenrechtsdeklaration wird von den israelischen Gerichten als deklamatorisches Werk ohne juristische Konsequenz abgetan. Die Notstandsverordnungen aus der britischen Mandatszeit hingegen sind nach wie vor gültiges Recht in den besetzten Gebieten, obwohl sie in Israel sowie in Jordanien offiziell längst abgeschafft wurden. Hinzu kommt eine Fülle von neuen militanten Gesetzen.

Und die Soldaten? Wer möchte sich der Illusion hingeben, daß der Soldat, der die Uniform auszieht, damit gleichzeitig die Rechtswidrigkeiten abstreift, die er in den Jahren seiner Dienstzeit bei ZAHAL kennengelernt hat? In den Jahren der Besatzung ist eine Generation herangewachsen, die sich nichts anderes mehr vorstellen kann, als Söhne einer Okkupationsmacht zu sein. Das Gefühl für Recht und Macht, wie es der junge Soldat in den besetzten Gebieten kennenlernt, wird er nach seiner Dienstzeit mit zurückbringen in die israelische Gesellschaft.

Die Permanenz der Okkupation hat die an und für sich schöne hebräische Sprache «Iwrith» um zahlreiche Begriffe angereichert, die die Moral der Armee treffend zum Ausdruck bringen. Genaugenommen hat das Militär alten Begriffen nur eine andere Bedeutung gegeben. «Einstechen» und «Umkehren» sind solche Synonyme. Bet-Ulah war ein friedliches Dorf im Hebrongebirge. Eine Reservisteneinheit erhielt wörtlich den Befehl, in Bet-Ulah einmal «reinzustechen». Sie sollten ein paar Häuser im Dorf «umkehren», also alles durchwühlen und auf den Kopf stellen. Bet-Ulah war nicht das einzige Dorf, in dem die «Einstech»-Methode angewandt wurde.

Doch nicht alle Reservisten haben solchen Jargon als Befehl hingenommen. Ein Sgan Aluf (Oberstleutnant) verlangte den Befehl schriftlich. Er sah keinen Sinn in einem so formulierten Befehl. Man schickte ihn von einem Vorgesetzten zum anderen. Schließlich meldete er sich beim zuständigen Kommandanten für die Gebiete Judäa und Samaria. Dieser eröffnete ihm, daß es keinen Sinn habe, solche Befehle anzuzweifeln, denn der Verantwortliche sei der Chef der Zentralfront, General Uri Or.

Die «Einstech»-Methode wird vorrangig gegen die Dörfer angewandt, die sich nicht entschließen können, dem neugegründeten «Dorfverband» der Okkupationsbehörden beizutreten. Dabei sind viele Varianten entwickelt worden, um «ein wenig nachzuhelfen». So bezog eine Gruppe Soldaten Stellung in der Nähe des Dorfes Tarkumiya. Kein Mensch wußte, warum sie hier lagen. Gegen neun Uhr näherte sich ihnen eine Kolonne aus Baufahrzeugen und Lastkraftwagen, beladen mit Kies und Schotter. Dann begannen Bulldozer das Getreidefeld zu «reißen». Die LKWs schütteten ihre Last ab. Bulldozer und Walzen traten in Aktion. Eine Straße durch das Feld entstand.

Auf die Frage der Soldaten, was hier geschehe, antwortete der Offizier, der den Bau beaufsichtigte: «Wir ‹kultivieren› sie. Man muß mit starker Hand vorgehen. Man hat zwei Alternativen: entweder mit ihnen zu leben oder sie zu ‹verdunsten›. Ich persönlich hasse sie. Sie haben nicht unsere Kultur. Sie stinken. Sie schlafen mit den Ziegen. Man muß sie ‹verdunsten›, sie in Gasmedien verwandeln.»

Die grünen Barette stürmten in das Stadtzentrum von Jenin, um ein paar Wohnungen «umzukehren». Die Durchsuchungsbefehle mit Stempeln und Unterschriften lagen schon vor. Man befragte die Hausbewohner nach ihren Namen und trug diese in das Formular ein. Beim Verlassen des Hauses nahmen sie die Männer zum «Austrocknen» mit. Auf dem sonnenüberfluteten Hof der Polizeistation mußten sich die Gefangenen mit den Gesichtern zur Wand stellen, stundenlang, eben zum «Austrocknen». Dutzende Soldaten und Polizisten kamen hier vorbei. Niemand achtete auf die Schikane. Manch einer unterdrückte aber auch seine Empörung, da er keinen Ärger mit den grünen Baretten haben wollte.

Die Einheiten der Grenztruppen, die Männer mit den grünen Baretten, sind die Profis in «den Gebieten». Sie dienen auf Zeit. Ihr Job wird gut bezahlt. Das Problem der Einführung neuer Wehrpflichtiger und wechselnder Reservisten haben sie im Gegensatz zur Armee nicht. Ihr vollständiger Name «Mischmar Hagwul» — Grenzbewachungstruppen — ist völlig irreführend. Zu keiner Zeit haben sie Israels Grenzen bewacht. Stets war und ist dort die Armee stationiert, mit Artillerie und Panzern. Seit ihrem Bestehen sind die grünen Barette das Ausführungsorgan der Militärverwaltungen für die von Arabern bewohnten Regionen in Israel. In dieser Funktion ziehen sie seit der Gründung des Staates durch die arabischen Dörfer Westgaliläas oder der Negev-Wüste, durch den gesamten arabischen Sektor. In der Zeit, bevor sich die Armee mit Besatzungsaufgaben befaßte, haben sie umfangreiche Erfahrungen gesammelt, wie man Ausgangssperren verhängte, die Freizügigkeit von Personen einschränkte, Umsiedlungen und Vertreibungen organisierte. Sie erledigten sozusagen die Dreckarbeiten, während die Armee im Rampenlicht der Siege stand. Das wurmte sie. In einer eigenen «Schlacht» während des Sinai-Feldzuges erwarben sie sich 1956 erstmalig traurigen Ruhm in der Öffentlichkeit, als sie weitab vom Kriegsschauplatz in das arabische Dorf Kafer Kassem einfielen und ein Gemetzel unter den nach vollbrachtem Tagewerk heimkehrenden Bauern anrichteten. Nach dem Junikrieg von 1967 reichte die Kapazität der Grenzpolizei nicht mehr aus. Von nun an wurde die gesamte Armee zur Dauerinstitution für die Okkupation.

Eine andere profilierte Institution der israelischen Besatzungsmacht sind die «Mitnachalim», die sogenannten Siedlertrupps. Zionismus war immer mit Kolonisation verbunden. Nach dem Muster aller Kolonialmächte erschienen im Gefolge der Truppen auch hier die Nutznießer der Eroberung. Im markanten Gegensatz zu den Türken, Briten und Franzosen, den früheren Kolonialmächten dieser Region, besteht das Gefolge von ZAHAL nicht vorrangig aus Kolonialbeamten und Verwaltern von Minen oder Farmen. Die Zionisten wollen die Araber nicht beherrschen, sie wollen sie vertreiben. Sie stellen historische Ansprüche auf «die Gebiete». Unter dem Gespann Begin als Premier, Sharon als Arbeits- und später Sicherheitsminister und Ejtan als Generalstabschef der Armee begann eine neue Ära der zionistischen Landnahme. Sie verschafften den Siedlern nicht nur alle erdenklichen Vergünstigungen, sondern räumten ihnen Befugnisse ein, damit sie den «historischen Anspruch» mit Gewalt erfüllen konnten. Unter Begins Likud-Regierung gerieten bereits nahezu sechzig Prozent des Bodens der Westbank in israelische Hand. 1984 gab es über 28000 Siedler, die Zahl der Siedlungen ist in dieser Zeit auf 110 angewachsen. Die Regierung kontrolliert das gesamte Wasserreservoir der Westbank und kann die Zuteilung nach Belieben regulieren, denn jede Pumpe und jedes Ersatzteil bedarf ihrer Genehmigung.

Die neuen Siedlungsformen beruhen nicht mehr auf kollektiver Basis. Mit Werbung und großzügigen Krediten lockt man private Kundschaft in «die Gebiete». Mit Inseraten, die das nostalgische Traumhaus zum Spottpreis in einer romantischen Gegend des Heiligen Landes, ganze 10 Minuten vom Zentrum der alten israelischen Siedlung Kfar Sabba entfernt, anbieten, werben geschäftstüchtige Grundstücksmakler in allen größeren Zeitungen. Und wem das Geld zu einer Villa nicht reicht, dem stellen staatliche Bauunternehmen komfortable Wohnungen zu weitaus niedrigeren Preisen zur Verfügung, als in Israel üblich.

Das Ziel der Regierung besteht darin, schnell vollendete Tatsachen zu schaffen, das sozialökonomische Profil in den besetzten Gebieten zu ändern, kurz: eine typisch israelische Realität zu schaffen, die die Verwirklichung des Selbstbestimmungsrechts der Palästinenser erschwert und ihre Eigenstaatlichkeit verhindert. Drei Faktoren bestimmen die Besiedlung heute: die Regierung, die zionistische Agentur Sochnuth und private in- und ausländische Investoren. Neben der ländlichen und städtischen existiert die religiöse Siedlungsform, die die Soziologen als die Nachtunterkünfte für Tel Aviv und Jerusalem bezeichnen. Die Kommune des Kibbuz ist durch die Religionsgemeinschaft ersetzt worden. Fanatische Rabbiner wie Levinger und Kahana sind die geistigen Führer von Kiryat Arba und anderen religiösen Siedlungen, die inmitten eines von Arabern dichtbesiedelten Zentrums nahe Hebron an-

Der US-amerikanische Rabbi Kahana, Führer einer klerikalen Bande, besorgte Geld zur Aufstellung und Ausrüstung von Schlägertrupps, die gegen die Palästinenser vorgingen, um sie zum Verlassen ihrer Heimat zu bewegen. Bei den Wahlen 1984 erhielt Kahana ein Mandat für die Knesseth

Fanatische Siedler der Gusch-Emunim-Bewegung in Hebron. Die Armee setzte diese Männer während ihres jährlichen Reservistendienstes als Besatzungssoldaten ein. Sie terrorisierten die arabische Bevölkerung in besonders brutaler Weise

gelegt wurden. Der aus den USA stammende Rabbi Kahana propagiert offen den hemmungslosen Chauvinismus. Sein Ziel ist die Vertreibung der Araber aus Israel und «den Gebieten». Die gleichen Ziele verfolgt der fanatische «Gusch Emunim», der Bund der Gläubigen. Der Unterschied zu Kahana ist nur graduell. Diese Leute errichten ihre eigene «Ordnung in den Gebieten». Sie unternehmen Blitzüberfälle auf arabische Dörfer der Umgebung, schießen auf die einheimische Bevölkerung, verüben Sprengstoffanschläge in Moscheen oder an öffentlichen Plätzen, führen Razzien durch, holen die Leute des Nachts aus ihren Wohnungen, lassen ganze Schulen zu Identifizierungsappellen antreten, entführen Personen usw. Sie bedrohen und terrorisieren die arabische Bevölkerung sowohl in Israel wie in den besetzten Gebieten.

Praktisch verfügen Rabbi Kahana und Rabbi Levinger heute über private Milizen. Die Armee sorgt für deren Bewaffnung und Ausbildung. Ganze Jeschiwot Religionsgemeinschaften gehen geschlossen zur Armee. Und Generalstabschef Ejtan gab die Weisung heraus: «Die jüdischen Siedler sind berechtigt, Waffen zu tragen, und wenn sie bedroht werden, wird geschossen. Es ist dafür zu sorgen, dies unter den Arabern bekanntzugeben.»

Jossi Dayan, Generalsekretär der «Liga für jüdische Selbstverteidigung» und Mitglied der religiösen Siedlung Kiryat Arba, besuchte im Rahmen seiner Reservistentätigkeit einen Spezialkursus der Armee, in dem er mit den neuesten Sprengverfahren vertraut gemacht wurde. Rabbi Kahana und seine Männer werden jährlich geschlossen zum Reservistendienst einberufen und für Patrouillen in Hebron eingesetzt. Die Armee richtet den Siedlern Schießplätze ein. Schon wachsen diese Leute den Besatzungsbehörden über den Kopf, verselbständigen sich nach dem Muster des Wilden Westens, indem sie ihr eigenes Recht, das Recht der Gewalt durchsetzen. Die Regierung ist ihnen zu gemäßigt. T.N.T. nennt sich eine heute bereits illegal handelnde Organisation. Die Buchstaben symbolisieren den bekannten Sprengstoff und bilden zugleich den Anfang für die bezeichnenden Worte «Terror Neged Terror», Terror gegen Terror.

Anfang des Jahres 1984 machten die Männer der T.N.T. Schlagzeilen in den israelischen Nachrichten. Danach schändeten sie moslemische Friedhöfe, sprengten Moscheen, brachen in Sprengstofflager und Munitionsdepots der Armee ein. Es wurden Vermutungen über Kontakte geäußert, die bis in die Spitzen der Armee reichen sollen. Die Anschläge auf die Bürgermeister arabischer Städte, der Mord in der Schule des Islams in Hebron und die Tötung der arabischen Nonne in Ejn Kerem lassen allesamt die Hand von Professionellen erkennen.

Emil Grünzweig, ein aktives Mitglied der israelischen Protestbewegung «Jesh Gwul», wurde das Opfer eines Handgranatenanschlages. Gerade noch zur rechten Zeit gelang es den israelischen Sicherheitskräften, eine Bombe in der Jerusalemer Al-Aksa-Moschee, der drittheiligsten Gebetstätte des Islam, zu entschärfen. Nicht auszudenken, welche Folgen die Explosion gehabt hätte. Warum faßt man die Täter nicht und legt ihnen das Handwerk? In der israelischen Presse werden dafür drei Ursachen genannt:

Erstens, weil die Regierung die Angelegenheit bagatellisiert. Sie bestreitet die Existenz einer illegalen jüdischen Terrororganisation. Die Anschläge seien das Werk einiger Anormaler.

Zweitens fehlt es an jeglicher Unterstützung der Behörden bei ihren Untersuchungen. Die Siedler, insbesondere in Kiryat Arba, behindern deren Arbeit sogar und beschimpfen die Fahndungskräfte der Polizei.

Schließlich deuten drittens alle Anschläge darauf hin, daß die Täter ehemalige Angehörige von Elitetruppen der Armee und Absolventen von Spezialkursen sind.

Sicherlich stimmen alle drei genannten Ursachen. Schließlich praktiziert dieser Untergrund das, was Politiker und Militärs wie Begin, Schamir, Sharon und Ejtan des öfteren als Ziele ihrer Politik verkündet haben: die arabische Bevölkerung durch Angst und Schrecken in den Zustand der Verzweiflung zu bringen und zur Aufgabe ihrer Heimat zu veranlassen. Wenn es überhaupt zu einer ernsthafteren Untersuchung und schließlich zu einem Prozeß gekommen ist, so dank der öffentlichen Meinung, weil der israelische Bürger allmählich in Angstzustände gerät, daß diese Fanatiker seine eigene Existenz bedrohen könnten. Zu einer Zerschlagung der T.N.T. ist es bis heute nicht gekommen. Das Organ der Kommunistischen Partei Israels formulierte dazu die passende Frage und Antwort: «Wohin führen die Fäden? Nach oben, nach oben!»

Aber auch bürgerliche Persönlichkeiten stellen sich heute die Frage nach den Ursachen des Terrors. Professor Ephraim Urbach, der Präsident der nationalen Akademie der Wissenschaften Israels und ehemaliger Kandidat für das Amt des Staatspräsidenten, ist zu dem Schluß gekommen, daß der Junikrieg von 1967 den Beginn einer Zeit der nationalen Euphorie darstellt. Infolge des Krieges sei die Groß-Israel-Bewegung entstanden. Er nannte namhafte Persönlichkeiten, die aktiv daran beteiligt gewesen waren, darunter die Schriftsteller Natan Altermann und Schaj Agnon. Andere hätten Ideen geäußert, wie man die Abwanderung der arabischen Bevölkerung finanzieren könnte. Dayan hat sich für Scharm asch-Scheich ohne Frieden entschieden. Das chauvinistische Galili-Dokument bestimmte die offizielle Regierungspolitik.

Es gibt also ideologische Wurzeln für den Terror, und sie liegen zeitlich natürlich tiefer als der Junikrieg von 1967. Die «Vergeltungsschläge» der fünfziger Jahre haben daran ebenso ihren Anteil, wie auch manche Militäraktionen der Haganah und Palmach. Es waren die Erbsünden, die das Land Schritt für Schritt dahin geführt haben, die Araber nicht als Verhandlungspartner zu akzeptieren, weil man glaubte, ihnen die Bedingungen aufzwingen zu können.

Versäumnisse

So hatte es nicht weitergehen können. Für die Ägypter und Syrer war der Status quo nach dem Junikrieg von 1967 unerträglich. Solche und ähnliche Eingeständnisse waren zum ersten Mal nach der «vierten» Runde des Nahostkonfliktes, dem Yom-Kippur-Krieg, aus dem Munde einiger israelischer Militärs zu hören. Sie kamen reichlich spät, und es blieb abzuwarten, welche Schlußfolgerungen daraus gezogen wurden oder ob es nur Eingeständnisse in einer Zeit tiefer gesellschaftlicher Erschütterungen waren, die diesem Krieg folgten, einem Krieg, der ganz anders verlief als die vorangegangenen. Der koordinierte Angriff der ägyptischen und syrischen Streitkräfte am Abend des 6. Oktober 1973 hatte ZAHAL aus der Bahn seiner Selbstüberschätzung geworfen. Die Israelis mußten erkennen, daß es diesmal für sie kein Spaziergang, kein «Krieg de Luxe» war, daß sie diesmal einen langen Atem brauchten.

Das Fazit des Yom-Kippur-Krieges wirkte auf die israelische Gesellschaft wie ein Trauma. Politischer Hochmut hatte sich in Israel derart breitgemacht, daß ein Gefühl der Allmacht entstanden war. Die Ignoranz hatte zur Selbsttäuschung geführt und mit einer militärischen Überraschung geendet, die Israel teuer zu stehen kam. Rund zehn Milliarden Dollar kostete Israel der Krieg im Oktober 1973. Fortan verschlangen die Militärausgaben nahezu ein Drittel des Bruttosozialprodukts. Vorbei war der Wirtschaftsboom nach der reichen Beute des Junikrieges von 1967. Die Kriegsfolgen lasteten schwer auf der Wirtschaft. Programme und Projekte, die aus dem Zivilbudget finanziert werden sollten, wurden eingefroren. In Israels Rüstung, wie in der gesamten Wirtschaft, wuchs die Rolle der USA zu einer Dominanz, die das Land in immer tiefere politische Abhängigkeit brachte.

Mit 2523 Toten, 7056 Verwundeten und über 500 Kriegsgefangenen und Vermißten hatten die Soldaten einen Tribut gezahlt, der die ihnen jahrelang eingeimpfte Unverwundbarkeit ad absurdum führte. Die Schockwirkung unter Israels Bevölkerung war deshalb so wuchtig, weil zwischen ihrer Erwartung und der Realität mit den Jahren eine immer tiefere Kluft entstanden war. In Trauer und Zorn mußte sie jetzt die nüchterne Wahrheit zur Kenntnis nehmen.

Im Dezember 1973 sah sich die Regierung dazu gezwungen, eine Kommission

Dem Hochmut folgten Tränen:
Ministerpräsidentin Golda Meir
beim Anblick heimgebrachter Toter
und Verwundeter
aus dem Yom-Kippur-Krieg

zu bilden, die die Fehlschläge des Krieges und ihre Ursachen aufdecken sollte. Zum Vorsitzenden der Kommission wurde der Präsident des Obersten Gerichts, Dr. Agranat, ernannt. Der Kommission gehörten ein weiterer Richter des Obersten Gerichts, der Staatskontrolleur und zwei ehemalige Chefs des Generalstabs der Armee an. Schon auf Grund ihrer Zusammensetzung genoß diese Kommission hohe Autorität. Ihre Schlußfolgerungen und Empfehlungen durften von der Regierung und der Armee schwerlich außer acht gelassen werden. Ihre 14 Monate währende Arbeit ließ die öffentliche Meinung hoffen, daß die Untersuchungen gründlich verlaufen würden und prinzipielle Schlußfolgerungen zu erwarten waren. Wer jedoch geglaubt hatte, daß die Kommission Licht in die Politik bringen würde, die zum Ausbruch dieses Krieges geführt hatte, wurde arg enttäuscht. In 156 Sitzungen vernahm sie rund 280 Zeugen. Sie prüfte 400 ihr vorgelegte Dokumente. Der Abschlußbericht der Kommission umfaßte 1500 Seiten, von denen nur etwa 40 Seiten veröffentlicht wurden. Laut Kommissionsbeschluß sollte das gesamte Protokollmaterial dreißig Jahre unter Verschluß bleiben und nur mit Bewilligung des Präsidenten des Obersten Gerichts eingesehen werden dürfen. Der nicht veröffentlichte Teil des Abschlußberichts wurde nur auszugsweise den Stabsoffizieren von ZAHAL mitgeteilt. Der Teil, der für die Öffentlichkeit bestimmt war, enthielt kaum mehr als einleitende Allgemeinplätze. Aber selbst dieser veröffentlichte, unverhältnismäßig kurze Teil gab hinreichend Aufschluß über die vielen Versäumnisse. Mehr noch. Er zeigte, womit sich die Agranat-Kommission gar nicht erst befaßt hatte. Premierministerin Golda Meir und Kriegsminister Moshe Dayan, die den Menschen eingeredet hatten, daß Israel mit den militärischen Erfolgen des Junikrieges von 1967 eine Friedensepoche eingeleitet habe, weil die Araber über keinerlei militärische Macht mehr verfügten, blieben beispielsweise in den Berichten der Agranat-Kommission ungeschoren.

Technische Pannen, militärische Fehleinschätzungen und Versäumnisse administrativer und verfahrenstechnischer Art waren die Quintessenz des Agranat-Berichtes. Sie konnten nur in einer entsprechenden Atmosphäre gedeihen und werfen somit ein bezeichnendes Licht auf die Politik, die bis unmittelbar vor Ausbruch der Kämpfe betrieben worden war.

Die Nachrichtendienste hatten außergewöhnliche Truppenbewegungen des Gegners registriert. Dem militärischen Aufklärungsdienst Modiin beim Generalstab der Armee war nach Ansicht der Kommission Material zugegangen, welches zumindest rotes Licht hätte auslösen müssen. Die Verantwortlichen des Modiin waren jedoch in der irrigen Meinung befangen gewesen, daß Ägypten nicht in der Lage sei, Israel anzugreifen – eine Denkweise, die der der Politiker voll entsprach. Das Versagen des militärischen Nachrichtendienstes war also auf starre, vorgefaßte Denkmodelle und nicht auf mangelnde Informationen zurückzuführen. Bei der vorherrschenden Indoktrination war es nicht einmal verwunderlich, wenn die Untersuchungskommission beklagte, daß die «Verteidigungsarmee Israels», also ZAHAL, über gar keine Verteidigungskonzeption verfügte. Der Generalstab hatte voll auf die frühzeitige Warnung durch den Nachrichtendienst, auf ein «flottes» System der Mobilmachung und auf dem Feind zuvorkommende «Konterschläge» oder «Präventivschläge» gebaut. Die Panzer des Chefs der Südfront, General Gonen, waren nicht einmal nach Erhalt der definitiven Information von einem unmittelbar bevorstehenden Sturm der Ägypter in Verteidigungsformation aufgefahren. Seine ganze Aufmerksamkeit hatte der General dem Plan des Gegenangriffs gewidmet. Die ungewöhnlichen Meldungen von der tatsächlichen Lage an der Front haben ihn nicht zu einer Analyse der Situation veranlaßt, weil sie nicht in die vorgefaßten Meinungen und Denkmodelle hineinpaßten. Der Gegenstoß des Generals am 8. Oktober schlug nicht nur fehl, sondern entwickelte sich zu einer opferreichen Niederlage der Panzerarmee Süd.

Die Vorgänge an der Nordfront beurteilte die Kommission ebenso. Unzulängliche Gefechtsaufklärung und Unterschätzung des Gegners waren die Ursachen dafür, daß die «Barack»-Brigade von den Syrern überrannt wurde.

Beträchtliche Mißstände wurden auf dem Gebiet der militärischen Ordnung und Disziplin festgestellt, die sich nach dem Junikrieg bei der siegesgewohnten Truppe eingeschlichen hatten. Nun rollten Köpfe. Ein durchgreifender Straffungs- und Säuberungsprozeß setzte ein, der vor keinem Rang in ZAHAL haltmachte. General Gonen, der Kommandeur der Südfront, und der Chef des Nachrichtendienstes, General Eli Zaira, wurden ihrer Ämter enthoben. Der

Generalstabschef Elazar demissionierte. Moshe Dayan hingegen, der maßgeblich für alles Verantwortliche, blieb im Amt. Eine Welle der Empörung erfaßte das Land, so daß schließlich Dayan und Golda Meir die Regierung verlassen mußten. Der Yom-Kippur-Krieg leitete den Schwanengesang der «Arbeiterpartei» ein, die das Land seit seiner Gründung regiert hatte.

Der verdammte Status quo

Fragt man einen Israeli nach typischen Merkmalen des Yom-Kippur-Krieges, so wird man mit Sicherheit auch das Wort «Mechdal» (Versäumnis) in seiner Antwort hören. Möglicherweise war es der Volksmund, der den Begriff aufgebracht hatte. Jedenfalls wurde er bald auch sowohl von der Agranat-Kommission und der Regierung, wie von der Opposition aufgegriffen. Die Regierung sprach von fatalen Führungsfehlern, die untersucht und abgestellt werden müßten. Die rechtsradikale Likud-Opposition warf der Regierung vor, die Information des Nachrichtendienstes nicht richtig interpretiert, bei Kriegsausbruch die Reservisten nicht rechtzeitig mobilisiert und die Panzer und Kanonen nicht frühzeitig genug in Stellung gebracht zu haben.

Der Tenor solcher Selbstkritik und Kritik lenkte auf administrative und nachrichtendienstliche Versäumnisse hin. Die Wurzeln des Übels, die vertanen Chancen und die fehlenden eigenen Initiativen nach dem Sechs-Tage-Krieg, mit den Arabern zu einer politischen Lösung des Nahostkonfliktes zu kommen, blieben wieder einmal verdeckt. Die Agranat-Kommission hatte sich damit nicht beschäftigt, also ignorierte man ebenfalls die Motive, mit denen die Ägypter und Syrer in den Kampf gezogen waren, nämlich diesen «verdammten Status quo», wie sie sagten, endlich zu brechen. Diesmal hatten sie den Zeitpunkt für den Kampf gewählt.

«Die Zeit spricht für uns, denn de facto herrschen Frieden und Sicherheit in den Gebieten und an den Grenzen», lautete vor dem Yom-Kippur-Krieg die offizielle Regierungsformel in Israel. Jeder Gedanke, der Verhandlungen mit den Arabern einschloß, wurde als voreilig abgelehnt. Premierministerin Golda Meir, die Trägerin dieser Ideologie, erklärte: «Israel möge geduldig warten, bis Sadat in seinem eigenen Saft weichgekocht ist.» Mit anderen Worten: Abwarten, bis er bereit war, sich mit der Okkupation abzufinden und direkt mit der israelischen Regierung ohne Vorbedingungen zu verhandeln.

Es gab nur wenige Zionisten, die nicht daran glaubten, daß die Politik des Abwartens weitsichtig war, daß der Status quo Bestand haben könnte. In Israel mußte man sie mit der Lupe suchen. Einer von ihnen war der amerikanische Zionist Dr. Nahum Goldmann, jahrelang Präsident des zionistischen Kongresses. Weil er nicht der Auffassung war, daß sich die Araber und die Welt an solche Zustände gewöhnen könnten, bot er sich als Vermittler zwischen Ägypten und Israel an. Doch der Zionist Goldmann wie auch Gunnar Jarring, der UNO-Sonderbeauftragte für den Nahen Osten, die Genfer Nahost-Friedenskonferenz, sie alle prallten bei ihren Bemühungen um eine politische Lösung des Problems an der ideologischen Mauer der israelischen Regierung ab. Mehr noch: Sie arbeitete daran, in den besetzten Gebieten vollendete Tatsachen zu schaffen.

Unmittelbar nach den Junikämpfen von 1967 hatte die Regierung noch verlauten lassen, daß sie keine territorialen Ansprüche stellen und die besetzten Gebiete im Interesse eines Friedensvertrages mit den arabischen Nachbarstaaten räumen werde. Nach einigem Zögern beschloß das Parlament 1980, den arabischen Teil von Jerusalem in das israelische Staatsgebilde zu integrieren. Es war die erste De-jure-Annexion nach dem Krieg von 1967. Weitere folgten.

Die Siedlungspolitik in der Westbank, im Gazastreifen und auf Sinai erhielt den Namen «schleichende Annexion». Von allen Schritten, die Israels Regierung nach dem Junikrieg unternahm, war die «schleichende Annexion» für den Frieden in dieser Region die gefährlichste, weil für die Araber die unerträglichste. Manche Politiker versuchten, die Besiedlung arabischen Bodens mit Sicherheitserfordernissen zu begründen. Der Weltöffentlichkeit versprachen sie zur Beschwichtigung, die Siedlungen im Falle eines Friedensabkommens zu räumen.

Die Situation vor Ort sah anders aus. Die Siedler richteten sich auf Dauer ein. Sicherheitsminister Dayan lehnte es ab, die Siedlungen nur als Kasernen für Soldaten errichten zu lassen. Beharrlich verfolgte Dayan, der als Sieger des Sechs-Tage-Krieges galt und wie kein anderer das Verhältnis Israels zu den arabischen Staaten mitbestimmte, seine Ziele von einem Groß-Israel, in das er mehr oder weniger alle neu okkupierten Gebiete einbezog. Sein Eifer und seine Pläne brachten Dayan den Titel «Kaiser der Gebiete» ein. Der Sechs-Tage-Krieg hatte der Ideologie der Gewalt zu neuer Blüte verholfen. Auf der Grundlage der schnellen Siege von 1967 waren die Israelis für politische Plattformen zugänglich gemacht worden, die besagten, daß die Entwicklung im Nahen Osten einzig von ihnen dank ihrem Militärpotential diktiert werden könne. Das war der Nährboden, auf dem die gewaltsame Besiedlung gegen die Proteste und den Widerstand der Araber gedeihen konnte. Um auch die Zögernden für neue zionistische Siedlungen zu mobilisieren, scheute sich Dayan nicht, sie mit territorialen Motiven aus der Bibel, dem Streben nach dem Heiligen Land zu provozieren: «Man soll aufhören, die Bibel zu lehren, dann wird das Heimweh der Juden nach ihrem Gelobten Land mit der Zeit schon abebben», stichelte er in aller Öffentlichkeit und brachte damit religiöse Gefühle in Wallung. Daß die Aneignung von Grund und Boden in militärisch besetzten Gebieten nach internationalem Recht verboten war, störte ihn wenig. Es sei unverständlich, so Dayan, wieso ein Jude überall auf der Welt Boden erwerben könne, nur im Heiligen Land seiner Väter nicht. Auf die Frage, ob Arabern in Israel auch der Kauf von Grundstücken gestattet sei, antwortete er: «Nein!»

Um dem Bestreben der Palästinenser der Westbank und des Gazastreifens nach einem eigenen Staat vorzubeugen, förderte Dayan im Rahmen der demagogisch verbrämten «Politik der offenen Brücken» deren politische Bindungen zu Jordanien. In Interviews und auf Foren erklärte er, als wäre es die selbstverständlichste Sache der Welt: «Physisch leben die Palästinenser auf der Westbank und im Gazastreifen. Ihre Hauptstadt ist das jordanische Amman. Es ist nichts dagegen einzuwenden, wenn sie durch das jordanische Parlament vertreten würden.» Und es fanden sich Männer, die das Volk der Palästinenser in den besetzten Gebieten im Parlament des Königs Hussein «vertraten».

Andererseits sicherte er für die israelische Bourgeoisie die wirtschaftlichen Bindungen der Palästinenser an Israel. Sie erhielten Arbeit in Israel, mußten aber abends zurück in ihre Dörfer in den besetzten Gebieten fahren, denn übernachten durften sie in Israel nicht. So zog Dayan nach Belieben Trennungsstriche zwischen Bevölkerung und Territorium. Er gestand den Bewohnern innerhalb eines Territoriums unterschiedliche Rechte zu. Er maß die arabischen Einwohner und die zionistischen Siedler mit zweierlei Maß nach seinen eigenen Maßstäben.

In der Annahme, durch eine solche schikanöse Politik Palästinenser zum Auswandern zu bringen, ließ er jordanische Pässe besorgen und an Reisewillige im Gazastreifen verteilen, an Leute, die nie etwas mit Jordanien zu tun gehabt hatten. «Es war einmal ein Palästina und ist nicht mehr», sagte Dayan in eine Batterie von Mikrofonen hinein und lächelte dabei siegesbewußt ins Publikum. Man hatte die Palästinenser mehr oder weniger mit Gewalt zu Jordaniern gemacht.

Es schien, als ginge alles seinen Gang. Schritt für Schritt. Schleichend.

Ein Zusammenleben zwischen Arabern und Israelis war nach Auffassung Dayans nur unter ZAHAL-Aufsicht möglich. Politische Organisationen waren den Palästinensern in «den Gebieten» untersagt. Wer sich der politischen Betätigung auch nur verdächtig machte, mußte mit dem starken Arm der Besatzungsmacht, mit Festnahme, mit Sprengung seines Hauses oder mit Zwangsausweisung rechnen. Ausführendes Organ waren die Soldaten der israelischen Armee. Unter diesem Druck war es in den letzten zwei Jahren vor dem Yom-Kippur-Krieg in «den Gebieten» ruhiger geworden. Es schien, als hätten sich alle an diesen Status quo gewöhnt. «Noch nie ist unsere Lage so günstig gewesen wie jetzt», hörte man Politiker und Militärs sagen. Auch an den Demarkationslinien zu Ägypten und Syrien war Ruhe eingetreten, der zermürbende Stellungskrieg abgeebbt, vergessen. Noch 1971 hatte Ägyptens neuer Präsident Sadat von einem Jahr der militärischen Entscheidungen gesprochen, aber passiert war nichts. Hatten sich die arabischen Staaten mit der militärischen Präsenz ZAHALs am Suezkanal, am Jordan und auf dem

Golan abgefunden? Hatte der Bau des großangelegten Befestigungswalls am Suezkanal, der sogenannten Bar-Lev-Linie, bereits seine abschreckenden Früchte getragen?

Der 25. Jahrestag der Gründung des Staates Israel wurde zu einem Höhepunkt der Machtdemonstration. Das Land beging das Jubiläum mit einer gewaltigen Militärparade, der größten in seiner Geschichte. Wie klein war dagegen die Demonstration am Vorabend des Sechs-Tage-Krieges ausgefallen. Diesmal waren 400 Flugzeuge am Himmel. Mit militärischem Pomp zogen Tausende von Soldaten mit modernstem Gerät durch den jüdischen und den annektierten arabischen Teil Jerusalems. Das Gefühl der Sicherheit erreichte angesichts dieser Militärmaschinerie einen neuen Gipfel. Viele Menschen winkten den Kapitänen dieser Macht, dem Sicherheitsminister Dayan und dem neuen Generalstabschef der Armee, General Elazar, vertrauensvoll zu. In Reden präsentierten sie der Bevölkerung eine brillante Bilanz der Sicherheitspolitik der Regierung. Der Generalstabschef im Sechs-Tage-Krieg, Yitzchak Rabbin, erklärte: «Golda Meir hat die sichersten Grenzen, die sich je eine Regierung wünschen konnte.» Israel sei eine unerschütterliche militärische Macht. Die arabischen Armeen stehen weit hinter ihr zurück. Zudem sei die arabische Welt uneinig. Ihre Erdölreichtümer hätten als politische Waffe versagt.

Dayan hielt die Sicherheit nicht mehr für die primäre Frage, sondern sprach offenherzig von einem neuen, großen Staat Israel. Und er wiederholte seine These, daß der Zionismus nur auf Kosten der Araber realisiert werden könne. «Fast überall, wo zionistische Siedlungen entstanden sind, haben früher Araber gelebt, die wir mit der Zeit verdrängt haben ... Wir machen aus arabischem Land jüdisches Land.» Mit solchen und ähnlichen Reden priesen auch andere Führer in Staat und Armee die Politik der Stärke und hoben in dem Zusammenhang die Allianz Israel—USA als von neuer Qualität hervor.

Hält man Rückschau auf die Ereignisse vor dem Yom-Kippur-Krieg, so kann man den Eindruck gewinnen, daß dem langen Arm von ZAHAL und der israelischen Geheimdienste keine Grenzen gesetzt waren. Auf mysteriöse Weise verschwanden oder starben politische Repräsentanten der PLO in Paris, London, Rom, Nikosia. In einer dreisten Kommandoaktion drangen ZAHAL-Soldaten ins Zentrum von Beirut vor und ermordeten drei palästinensische Führer. Die Luftwaffe schoß ein Passagierflugzeug vom Typ «Caravelle» über fremdem Hoheitsgebiet ab, weil in ihr der Führer der «Nationalen Front für die Befreiung Palästinas», George Habasch, vermutet wurde. «Der Vogel befindet sich nicht im Käfig», gaben die Geheimdienstleute an ihre Zentrale durch, nachdem sie die Passagierliste ergebnislos durchforstet hatten. «Ein bedauerlicher Irrtum», sagte die Regierung.

Bald darauf wurde eine libysche «Boeing», die sich über Sinai verirrt hatte, abgeschossen — also über einem Gebiet, das nicht zu Israel gehörte und nur von ZAHAL widerrechtlich besetzt gehalten wurde. Alle 103 Passagiere fanden

Teilansicht eines Forts am Ufer des Suezkanals. Die Bar-Lev-Linie sei uneinnehmbar, hatten Israels Militärs überheblich erklärt. Dabei widersprach allein schon das Maginot-Denken völlig den selbstaufgestellten Regeln für einen modernen Bewegungskrieg

Israels tonangebende Generale am Suezkanal. Kurz nach Elazars (links) Amtseinführung als Chef des Generalstabs wurde das Konzept der Bar-Lev-Linie erneut bekräftigt. Neben Elazar (v.l.n.r.) Kriegsminister Dayan, Panzergeneral Lenner und der Chef der Südfront, Sharon

den Tod. Mit Menschenleben nahm es Israel ebensowenig genau wie mit den Hoheitsrechten. Beispielsweise stellte man auch aus Libanon entführte Personen vor israelische Gerichte und klagte sie wegen Zugehörigkeit zur PLO an, obwohl sie nie zuvor israelisches Territorium betreten hatten.

Im September 1973 provozierte die israelische Luftwaffe die größte Luftschlacht seit Juni 1967 an Syriens Mittelmeerküste, 270 km von der eigenen nördlichen Landesgrenze entfernt. «Hin und wieder braucht man einen kleinen Krieg», erklärte dazu lakonisch der neue Chef der Luftwaffe, General Peled.

Wie sehr ZAHAL mit solchen Aktionen noch im September, also einen Monat vor Kriegsausbruch, beschäftigt war, ließ sich aus dem traditionellen Interview mit dem Generalstabschef anläßlich des jüdischen Neujahrsfestes ableiten. Der General widmete seine gesamten Ausführungen nur dem einen Thema: Wie kann man die Kommandoaktionen effektivieren? Von der Möglichkeit eines Krieges war auch nicht die geringste Spur in diesem Interview herauszuhören.

Zum jüdischen Neujahrsfest, genau zehn Tage vor Ausbruch der Kämpfe, schätzten die Zeitungen das zu Ende gehende Jahr als das erfolgreichste ein. Viele wiederholten die These: «Die Zeit spricht für Israel, weil es der Stärkere ist. Je mehr Zeit vergeht, desto mehr wird die neue Lage, die ZAHAL geschaffen hat, zum Status quo.»

Ein Krieg ganz anders

«Wieso plötzlich Krieg?» war die erste Reaktion der Israelis, als die Nachricht von den Kämpfen sie erreichte. «Was ist nur in die gefahren? Sind sie lebensmüde, die Araber, daß sie uns angreifen?»

«Wenn sie unbedingt Krieg wollen, dann bringen wir es eben schnell hinter uns», sagten junge Soldaten. Nur ältere, erfahrenere Männer schauten nachdenklich drein. Sie spürten, daß es diesmal anders aussah. Schon dröhnte die Artillerie am Golan, in bedrohlicher Nähe, und sie standen noch in Zivil an den Sammelstationen und warteten darauf, daß sich jemand fand, der sie zu ihren Einheiten brachte. Doch auch die Erfahrensten wußten zu dieser Zeit noch nicht, wie sehr ihre Befürchtungen berechtigt waren. Die offiziellen Verlautbarungen der Militärs zerstreuten aber bald ihre Zweifel. Sie ließen die Überzeugung aufkommen, daß die Serie der schnellen Siege aus dem Sechs-Tage-Krieg fortgesetzt werden könne. Dayan verkündete im Fernsehen: «Wir vernichten sie, ruck zuck.» Generalstabschef Elazar sprach schon am dritten Tag des Krieges von Gegenangriffen ZAHALs und von der Zerschlagung der feindlichen Kräfte. «Wir brechen ihnen die Knochen», verkündete er großspurig auf einer Pressekonferenz zu Beginn der Kämpfe. Niemand bei der

Truppe wußte zu dieser Zeit, daß diesen Großsprechereien jeder reale Hintergrund fehlte.

Das Briefeschreiben zählte, wie stets in der Phase der Mobilmachung, zur wichtigsten Betätigung der eingezogenen Reservisten. General Ariel Sharon, der kurz vor dem Krieg in die Politik übergewechselt war, schrieb seinem Vertrauten, Menachem Begin, daß die Umstände seine Anwesenheit an der Front für ein paar Tage erzwängen. Er werde unmittelbar nach dem Sieg in den Wahlkampf zurückkehren, um den Likud-Block zu unterstützen. Manche Soldaten schrieben ihren Angehörigen, daß sie zum Wochenende wieder daheim sein werden. Die Überzeugung vom schnellen und glänzenden Sieg war unbeschreiblich groß. Zu ihr gesellten sich die Geringschätzung des Gegners und der Haß auf ihn, weil er es gewagt hatte, das bisherige angenehme Leben der Israelis zu unterbrechen. «Die Araber sollen für ihr Abenteuer teuer bezahlen. Der wichtigste Trieb heißt jetzt Töten. Es ist kein ritterlicher, aber ein natürlicher Trieb», schrieb damals die Tageszeitung der Gewerkschaft, «Davar». Durch solche und ähnliche Losungen aufgeputscht, versicherten manche Soldaten voller Wut: Sie seien bereit, auf Kairo zu marschieren und Damaskus zu besetzen, einen Krieg zu führen, der die vollständige Vernichtung des Feindes zur Folge haben solle.

Andere äußerten: «Wenn es ernst wird, werden sie um ihr Leben rennen. Sie werden ihre Schuhe ausziehen, damit sie schneller türmen können, so, wie sie es früher getan haben.» Einige Soldaten faßten ihre Gedanken folgendermaßen zusammen: «Im großen und ganzen haben wir uns daran gewöhnt, daß wir alle paar Jahre einen Krieg haben. Ein richtiger Zyklus hat sich herausgebildet. Aber gewollt haben wir keinen, schon gar nicht diesen, der uns

Wie gut funktioniert ZAHALs Mobilisierungssystem? Während im Yom-Kippur-Krieg an den Fronten bereits erbittert gekämpft wurde, versuchten Reservisten per Anhalter zu ihren Einheiten zu gelangen

überrascht hat. Warum er dennoch ausgebrochen ist, weiß der Teufel. Die Araber sind schuld. Sie sind halt unbelehrbar.» Als der Befehl zum Fronteinsatz sie erreichte, eilten sie nach Norden und Süden.

Im Süden, vor Kantara, verschwand die Straße immer häufiger im Sand. Meile um Meile zogen die gelben Sanddünen im Wind dahin und setzten der schwarzen Ader aus Asphalt so arg zu, daß sie stellenweise mit Bulldozern frei gehalten werden mußte. Gespenstische Ruhe lag über dem Trümmerfeld von Kantara-Ost, einem Stadtteil am Ostufer des Suezkanals mit ehemals 20000 Einwohnern. Verwilderte Gartenhecken überwucherten das verlassene, zerschossene Mauerwerk. Hinter breiten Streifen aus Drahtverhau lagen unmittelbar am Kanal die vordersten Frontstellungen der Bar-Lev-Linie. Der Festungswall bei Kantara trug den klangvollen Namen Milano. Budapest und Orakel lagen im Norden an der Mittelmeermündung der Wasserstraße; im Süden, Richtung Rotes Meer, die Festung Egrophit – insgesamt eine Kette von 30 Festungen aus Beton, Eisen und Draht, verbunden durch ein Netz von Straßen und Gräben entlang dem Suezkanal über eine Strecke von 100 km.

Elik, Oberleutnant der 15. verstärkten Panzereinheit der Ugda Albert, lag seit Wochen mit seinen Männern in Milano. An diesem Morgen war Elik noch nicht richtig wach, als von draußen dumpf die gewohnten Stimmen an sein Ohr drangen: «Eins und zwei und ...» Er schaute auf die Uhr. Es war sieben. Auf seine Leute konnte er sich verlassen. Sie machten selbständig ihren Frühsport. Zufrieden drehte er sich zur Wand und zog die Decke über die Ohren. Er wußte nicht, daß sie draußen zum Zählen höchstens die Finger bewegten. Zumindest wollte er es nicht genau wissen. Bei dem stupiden Wachdienst in dieser Einöde mußte man sich mit den Leuten gut stellen. Wozu die übertriebene Disziplin? dachte er sich. Es passiert ja doch nichts. Unter sich nannten die Soldaten diese Art Frühsport Fingersport oder Stellvertretergymnastik. Diejenigen, die dran waren, vertraten den ganzen Zug und machten einen Lärm, der Vollzähligkeit vortäuschen sollte. Die anderen befanden sich noch in der gleichen Lage wie der Oberleutnant: nämlich in ihren Betten.

Ein Schmunzeln überzog Eliks Gesicht, als er daran dachte, daß er heute an der Reihe war, mit seinen Angehörigen daheim zu telefonieren. Es war Yom-Kippur, ein Feiertag, an dem die Menschen gewöhnlich zu Hause waren. Er würde mit seiner Freundin sprechen, den Eltern, den Geschwistern. Die Armee hatte einen zeitweiligen Anschluß an das öffentliche Telefonnetz herstellen lassen. Daß seine Angehörigen zu dieser Zeit schon ihren Gestellungsbefehlen gefolgt waren, konnte Elik nicht wissen.

Die letzten Wochen hier an der Bar-Lev-Linie waren die trostlosesten in seiner langen Dienstzeit gewesen. Zögernd stand er auf und ging durch den langen Gang zu den Waschräumen. Das äußere Volumen dieser Festung vermittelte nur annähernd einen Eindruck von dem ungeheuren Aufwand an

Geld, Material und Arbeit, der in ihr steckte. Drinnen sah es aus wie im Rumpf eines utopischen Raumschiffes: Gänge, überspannt von bogenförmigen Stahldecken, gestützt durch Stahlrohre; Wände aus Stahlblech mit eisernen Pfosten; künstlisches Licht; künstliche Belüftung. Aus der Vogelperspektive sahen die Stellungen, Lager, Generatorenbunker und Mannschaftsunterkünfte wie Erdbuckel aus.

Nach der Morgenrasur ging Elik frühstücken. (Die Suez-Einheiten hatten den höchsten Verpflegungssatz von ZAHAL!) Danach trat er ins Freie. Er mußte den Augen ein paar Sekunden Zeit lassen, bis sie sich an das Tageslicht gewöhnt hatten. Die Verbindungswege zwischen den Bunkern lagen hinter Deckungen aus Sandsäcken, die mit Eisenträgern abgestützt waren. Elik stieg zum Beobachtungsposten hinauf und nahm die Meldung entgegen: «Keine besonderen Vorkommnisse.» Vor ihnen lag der Kanal. Sein blaues, vom Wind gekräuseltes Wasser glitzerte in der milden Oktobersonne. Die steile, schon vor Zeiten gemauerte Wand des Kanals am Ostufer war mit Stacheldrahtrollen mehrfach bedeckt und an verschiedenen Stellen mit Schichten von armiertem Beton, Eisenträgern, schweren Steinblöcken und Erde zusätzlich befestigt worden.

Am gegenüberliegenden Ufer lehnte ein halbes Dutzend ägyptischer Soldaten gelangweilt an der Brüstung eines Bootssteges. Dahinter ein Fußpfad, auf dem ein Soldat davonschlenderte. Boote lagen am Ufer festgemacht. Ein Soldat hielt eine Angel ins Wasser. Weiter abseits die Trümmer eines Autos mit feuergeschwärzter, verbeulter und stark durchlöcherter Karosserie. Im Hintergrund die ersten zerschossenen Häuserzeilen – El Kantara. Mit dem Fernglas konnte Elik jedes Detail am 180 bis 200 m entfernten Westufer erkennen, sogar die Truppen- und Rangabzeichen der ägyptischen Soldaten.

Auf der eigenen Seite bewegten sich die Soldaten ebenfalls unbekümmert, denn seit dem Zermürbungskrieg war hier nichts mehr vorgefallen. Die langweilige, betonte Stille widerlegte jedes Zeichen einer eventuellen Gefahr. Was sich auf ägyptischer Seite tatsächlich abspielte, konnte nicht gesehen werden. Man war auf Gefechtsaufklärung aus der Luft angewiesen.

Ein Nachrichtenoffizier vom Geheimdienst Modiin übermittelte Elik die offizielle Information, wonach die Ägypter eine Routineübung veranstalteten. Ein paar Tage zuvor hatte es Meldungen über verdächtige Bewegungen der Ägypter gegeben. Minenfelder waren geräumt und Teile des Ufers befestigt worden. Nur wenige von den Soldaten, vorwiegend aus dem Jerusalemer Reservistenbataillon, die zu dieser Zeit an der Bar-Lev-Linie stationiert waren, hatten diese Wahrnehmungen für etwas Ernstes gehalten. Doch Elik konnte sie mit der offiziellen Meldung des Nachrichtenoffiziers vom Modiin beruhigen: «Nur eine Routineübung der Ägypter!» «Manöver! Die Ägypter machen wieder einmal Wind», lautete das Urteil der Regulären aus dem südlichen Abschnitt der Frontlinie. Nur einer, der Hauptmann der Reserve Motti Ashkenazi, lag der Zentrale wiederholt in den Ohren. Von seinem Küstenbunker «Budapest» aus setzte er mehrere Meldungen über ägyptische Truppenbewegungen ab und verlangte Verstärkung. Das brachte ihm den Spitznamen «Nervensäge des Abschnitts» ein. «Nur keine Panik», hieß es am anderen Ende der Leitung, «wir sind informiert. Die Ägypter machen bloß eine Übung. Wenn irgend so ein ägyptischer Idiot tatsächlich etwas gegen euch unternehmen sollte, dann werden wir es ihm teuer heimzahlen.»

«Aber uns gegenüber sind sechs ägyptische Stellungen eingerichtet worden», versuchte Ashkenazi einzuwenden. Nun schaltete sich der Bataillonskommandeur persönlich ein: «Hör zu! Diese Ägypter sind Hosenscheißer. Sie sind keinen Schuß wert. Du legst nur an, und sie laufen wie die Hasen ... Wenn irgend etwas passieren sollte, dann habt ihr sofort Verstärkung bei euch.»

Elik mußte lachen, als der Funker über diese Auseinandersetzungen berichtete. Nun hatte sich alles wieder beruhigt. Gegen Mittag des 6. Oktober, es war still und warm, nahmen Offiziere und Mannschaften Sonnenbäder. Ein Soldat hängte seine Wäsche zum Trocknen vorsichtig auf den Stacheldraht. Andere spielten Ball. Auf der gegenüberliegenden Seite saßen ägyptische Soldaten in Unterhemden in der Sonne, rauchten oder lasen Zeitung. Ein anderer Trupp spielte Fußball, und wieder andere badeten. – Die Täuschung war perfekt. Selbst der Gärtner, der die Blumenrabatte vor einer verlassenen und jetzt von der Armee genutzten Villa in Kantara pflegte, war zu seiner täglichen Arbeit erschienen.

Um 14 Uhr brachte der israelische Rundfunk die erste Meldung seines ZAHAL-Reporters: «Ägyptische und syrische Kräfte eröffneten das Feuer am Suezkanal und auf dem Golan. Unsere Kräfte schlagen zurück.»

Die letzten Schwimmer gegenüber Eliks Stellung waren an diesem 6. Oktober noch im Wasser gewesen, als das Trommelfeuer begann. Der massiven Artillerievorbereitung entlang der gesamten Kanalfront folgte das Forcieren des Wasserhindernisses durch ägyptische Infanterie und Panzer. Dazu waren innerhalb kürzester Zeit Pontonbrücken errichtet worden. Gleichzeitig wurden Kommandotrupps mit Hubschraubern hinter der Bar-Lev-Linie abgesetzt, um den Entsatz der Israelis zu blockieren. Die ägyptischen Soldaten kämpften planmäßig, zäh und zielstrebig. Elik kam nicht mehr dazu, mit seinen Angehörigen daheim zu telefonieren. Sein Name stand in der Liste der Gefallenen, die ZAHAL erst im März des darauffolgenden Jahres veröffentlichte. Die Liste war lang.

Bei Kriegsausbruch hatte ZAHAL vier Panzerbrigaden auf Sinai disloziert. Der Suezkanal diente in der militärischen Planung der Israelis als natürlicher Panzerabwehrgraben. Unmittelbar dahinter lag, in die Tiefe gestaffelt, die mit viel Aufwand errichtete Bar-Lev-Linie, bestehend aus vorderem, mittlerem und hinterem Befestigungswall. Unmittelbar vor der vordersten Befestigungslinie lag das Wasserhindernis mit einer Breite von bis zu 200 m. Der im

Laufe der Jahre abgelagerte und aus der Kanalrinne gebaggerte Sand war von den Israelis zu einem bis zu 30 m hohen, 8 m breiten und über 100 km langen Wall aufgetürmt worden. Er war zum Kanal hin mit Stacheldraht und Minen gesperrt und von flankierenden Betonbunkern geschützt. In Abständen hatte man Napalmsprühbehälter am Hang aufgestellt, die den Kanal in ein «Feuermeer» mit Temperaturen von 700 °C verwandeln sollten. Alle Betonbefestigungen waren zusätzlich mit Schotter, Steinabdeckung und Drahtnetzen geschützt. Die israelischen Kanonen konnten die bewohnten Kanalstädte der Ägypter erreichen und aus der Ferne selbst nicht ausgeschaltet werden. Die zweite und dritte Befestigungslinie waren jeweils ebenfalls durch Stacheldraht und Minenfelder gesichert. In der zweiten Linie hatte man Kompaniegefechtsstände, Artilleriestellungen und Reserven untergebracht. Die dritte Befestigungslinie bestand aus unterirdischen Anlagen zur Unterbringung von gemischten Reserveeinheiten, bestehend aus Panzern und Schützenpanzern in Bataillonsstärke. Betonpisten bildeten die Verbindungswege zwischen den drei Befestigungslinien. Laut Operationsplan sollten innerhalb von zwanzig Minuten nach Alarmauslösung die Reserven aus der zweiten und nach neunzig Minuten die aus der dritten Befestigungslinie vorn am Kanal sein. Dazu war es am 6. Oktober nicht mehr gekommen.

Der Sturm auf die Bar-Lev-Linie, die Aktion Schrarah (arabisch: der Funke), stand unter dem Oberbefehl von Marschall Achmed Ismail Ali und war vom ägyptischen Generalstab genau geplant und im Detail in der wasserreichen Oase Fajum, weit entfernt vom Suezkanal, geübt worden. Frochmänner hatten vor dem Angriff die Napalmsprühbehälter mit Zement verstopft und gleichzeitig die aufgespürten Anschlußleitungen zerstört. Zur Sicherheit führten sie noch Schaumlöschgeräte mit sich. Doch an eine Sprengung des von den Israelis aufgeschütteten Sandwalls war nicht zu denken. Ägyptische Pioniere fuhren Hochleistungspumpen heran, mit denen sie die Dünen abschwemmten. Rund 650000 t Sand wurden auf diese Weise mit Wasserkanonen in wenigen Stunden abgetragen. Dadurch war es möglich, die inzwischen montierten Pontonbrücken am nunmehr abgeflachten Ostufer des Kanals zu befestigen. Als die israelische Luftwaffe versuchte, den Bau der Pontonbrücken über den Kanal zu stören und ihre «Phantom»-Kampfflugzeuge in die Kanalzone einflogen, wurden sie von Fla-Raketen abgeschossen. So konnte die ägyptische Infanterie das Stellungsnetz der als unüberwindbar geltenden Bar-Lev-Linie am Ostufer des Kanals stürmen.

Die ägyptischen Pioniere waren in diesem Krieg der Stolz der Truppe. Sie vollbrachten Musterleistungen, indem sie u. a. die zur Abwehr von den Israelis errichteten Hindernisse überwanden und die Panzer und die Infanterie direkt in die Betongehöfte hineinlotsten. Bis zum Abend beherrschten die 2. und die 3. ägyptische Armee das Ostufer. Sie waren nach Sinai zurückgekehrt. Mit Panzerabwehrraketen schlugen die Ägypter Gegenstöße der israelischen Panzer

Soldaten der 2. und 3. Ägyptischen Armee hissen ihre Fahne auf einer eroberten Festung der Bar-Lev-Linie. Sie haben ihr Versprechen, nach Sinai zurückzukehren, wahr gemacht

ab. Die drahtgelenkten Raketen durchschlugen die dicken Stirnpanzerungen und explodierten im Innern der Kampfwagen. Vor dieser Waffe gab es kein Entrinnen. Mit Abwehrwaffen erzielten die Ägypter den Erfolg ihrer Offensive. Die in Sinai dislozierten starken israelischen Panzerverbände waren zu entscheidenden Gegenangriffen vorerst nicht mehr fähig. Mehr als zwei Wochen waren nötig, um neue Verbände und neues Material heranzuführen, das vom 14. Oktober an einen ganzen Monat lang über eine spezielle Luftbrücke der US Army eingeflogen wurde.

Die ägyptische Armee hatte die Lehren aus ihren Niederlagen in den Jahren zuvor gezogen. Konsequent hatte sie den Überraschungsangriff gewählt und gewonnenes Terrain sofort gesichert. Tarnung, Täuschung, Gefechtsaufklärung, Verwirrung und massive Abwehr von Gegenangriffen waren bestimmende Elemente, die der ägyptischen Armee den Erfolg im Kampf gegen den verschanzten Gegner sicherten. Im Schatten ihrer Abwehrraketen sowjetischer Herkunft hatte sie die israelischen Stellungen entlang des Kanal-Ostufers aufgerollt, dabei stets den Nachschub sichernd.

Es war nicht die Absicht der Ägypter gewesen, mit Panzern in die Tiefe des Sinai vorzudringen, nicht einmal die strategischen Pässe von Gidi und Mitla, die an wichtigen Verbindungsstraßen dieser Wüste liegen, hatten sie erreichen wollen. Ägyptens Präsident Muhammad Anwar as-Sadat erklärte, daß der Ramadan-Krieg, wie er auf arabischer Seite genannt wurde, lediglich Verhandlungen für eine politische Lösung des Konflikts nach jahrelangem Zustand von «Nicht-Krieg» und «Nicht-Frieden» wieder in Gang bringen sollte. So hatte Washington ihm vor dem Krieg geraten, denn dort war die Nahostkonzeption auf Grund der von Nasser abweichenden Politik des neuen ägyptischen Präsidenten modifiziert worden.

Militärisch endete dieser Krieg mit einem Unentschieden. Für die Araber bedeutete das bereits einen Sieg. Sie waren nicht gedemütigt, nicht überrannt, nicht dem Spott preisgegeben worden. Ihr Komplex der Unterlegenheit gegenüber ZAHAL war zerbrochen. Selbst ihre Rückzüge blieben in diesem Krieg geordnet. Kriegsminister Dayan mußte zugeben: «Wir haben eine andere ägyptische Armee vorgefunden.» In der Tat: In den arabischen Streitkräften hatte man begriffen, daß die Zahl der Kämpfer und eine moderne Ausrüstung mangelhafte Ausbildung und fehlenden Kampfgeist nicht wettmachen konnten. Im Junikrieg von 1967 hatten sich ihre Offiziere als erste vor den anrückenden Israelis abgesetzt. Macht, Privilegien und die eigene Haut haben ihnen damals näher gestanden als die Verteidigung der Heimat. Doch nicht alle Offiziere paßten in dieses Schema. Ein Generalleutnant namens Saadeddin Shazli hatte seine Truppe trotz pausenloser israelischer Luftangriffe geschlossen zum Suezkanal zurückgeführt und ihn schwimmend überquert, während die Stäbe der Etappe zur Sicherung des Rückzugs nichts unternahmen. Nach der Katastrophe von 1967 hielt der Generalleutnant mit seiner Kritik an der militärischen Führung nicht zurück. Nasser berief den tapferen Kommandeur in den Untersuchungsausschuß gegen die Offiziere «mit den dicken Bäuchen». Zweihundert hohe Offiziere der ägyptischen Armee mußten ihren Dienst quittieren. Saadeddin Shazli wurde mit der Reorganisation der Armee beauftragt. Als Generalstabschef hatte er auch wesentlichen Anteil an der Vorbereitung des Oktoberkrieges. Er sollte nicht mehr von einer fernen, sicheren Stellung aus geführt werden. Deshalb befahl Saadeddin Shazli, daß alle Kommandeure bis hinauf zum Brigadegeneral den Kanal an der Spitze ihrer Kämpfer zu überqueren hatten. Das war ein Grund dafür, daß der Yom-Kippur-Krieg so völlig anders verlief als seine Vorgänger. Er hat diesmal die Israelis überrascht und ihrer

Selbstherrlichkeit ein jähes Ende gesetzt. Erst in der zweiten Kriegswoche erfuhren die israelischen Bürger aus den Sendungen des jordanischen Fernsehens, was ihnen die eigenen Medien sorgfältig verschwiegen: Es hatte große Zerstörungen und viele Tote an der Bar-Lev-Linie, auf der Hermon-Festung am Golan und anderswo gegeben. Diesmal durften keine ausländischen Reporter die israelischen Einheiten in die Kampfzonen begleiten. Nach diesem Krieg gab es keine Prachtausgaben von Siegesalben. Das erste Buch, das nach dem Krieg erschien, trug den Titel «Versäumnisse». Das Autorenkollektiv bestand aus sieben Journalisten. Im Vorwort zu ihrem Werk schrieben sie, daß viele ihrer Kollegen ganze Zeitungsspalten gefüllt hätten, die getragen waren von Überheblichkeit, Ignorierung der politischen Realitäten und Geringschätzung der Araber. Das Buch war somit ein erstes Bekenntnis zur Mitverantwortung für den nationalen Chauvinismus nach dem Sechs-Tage-Krieg.

Die Siegesparaden, einhergehend mit der Zurschaustellung erbeuteter Waffen, fanden diesmal in Kairo und Damaskus statt. Damals, 1967, waren in Israel Dutzende Kämpfertreffs, Kommandeurstagungen und Symposien veranstaltet worden. Diesmal wurde eine Kommission eingesetzt, die die «Versäumnisse» der Armee untersuchen sollte. 1956 und 1967 hatten sich die «Supergenerale» vor der Presse großgetan, ausgerüstet mit Karten und Diagrammen, mit deren Hilfe sie ihre siegreichen Schlachten kommentierten. Diesmal diffamierten die Generale einander in der Öffentlichkeit, schoben sich die Schuld gegenseitig in die Schuhe, prozessierten gar gegeneinander. Nach dem Sechs-Tage-Krieg hatte man Israels Militärmacht bewundert. Jetzt zollte die Welt der ägyptischen und syrischen Kriegführung sowie der Tapferkeit der arabischen Soldaten Hochachtung. Nach den Kriegen von 1956 und 1967 waren die mobilisierten Reservisten sehr bald zu ihren Familien zurückgekehrt. Diesmal dauerte es mehrere Monate, bis man es wagte, die ersten Reservisten wieder zu entlassen. Und sie kehrten erschöpft zurück in eine Gesellschaft, die ideologisch, politisch und ökonomisch stark erschüttert war. Viele der Heimkehrenden waren so schockiert, daß sie sich in psychiatrische Behandlung begeben mußten. Soldaten gründeten die Zeitschrift «Siach Halochamim» (Gespräche von Frontsoldaten), in der sie ihre Schreckenserlebnisse aus dem letzten Krieg veröffentlichten. Dem Sechs-Tage-Krieg war ein Wirtschaftsboom gefolgt. Der Yom-Kippur-Krieg lastete schwer auf der Staatskasse. Vor dem Oktoberkrieg war der nationale Konsens für den Krieg allemal gesichert gewesen. Zum ersten Mal seit der Staatsgründung war auch das nun nicht mehr gegeben. Hatte man damals das rührselige Lied «Jerusalem, du Goldene» gesungen, klangen die Lieder nach dem Oktoberkrieg ganz anders. Manche drückten die tiefe Sehnsucht nach ewigem Frieden aus: «Ich versichere dir, mein kleines Mädchen, das wird der letzte Krieg sein.» Zum populärsten Song nach dem Yom-Kippur-Krieg wurde das melancholische, pazifistische «Lujehi», in dem es u. a. heißt: «Laßt den Boten gute Nachricht bringen. Laßt sie heimkehren, wenn sie es wünschen ... Anah Lujehi – Ach bitte, möge es in Erfüllung gehen.»

Mythos und Realität

Der Ursprung des Mythos liegt im Unvermögen, die Natur und die gesellschaftlichen Prozesse zu erklären. Die Mythologie unterwirft sie der menschlichen Einbildung. So entsteht die Legende. Sie zerfällt folglich mit der Erkenntnis der ursächlichen Zusammenhänge. Passiert das plötzlich, dann ist die Wirkung nicht nur ernüchternd, sondern auch schmerzlich. Ein wesentlicher Grund für die Niedergeschlagenheit nach dem Oktoberkrieg war der plötzliche Zerfall der Mythen, denen so viele Israelis nachgehangen hatten. Es war offenbar geworden, daß der Hang zur Selbsttäuschung, den sie gerne als typische arabische Eigenschaft deklariert hatten, tief, tief in ihnen selbst steckte. Schonungslos hatte der Krieg die Mythen zerbrochen. Als erstes zerschellten die politischen Doktrinen, wonach Israel die Bedingungen im Nahen Osten mit militärischer Gewalt diktieren könne; daß die Verschiebung der Grenzen seine Sicherheit erhöhe; daß die Zeit für Israel spreche. Hatte der Krieg auch zu einer neuen Haltung gegenüber den Arabern geführt? Dazu wären radikale Änderungen in der Führung des Landes und in der vorherrschenden zionistischen Ideologie erforderlich gewesen. Die hat es bekanntlich nicht gegeben, obwohl nach dem Krieg viele Köpfe gerollt waren. Und wie sah es in der Armee aus?

Der Yom-Kippur-Krieg hatte so viele Legenden um ZAHAL zerstört, daß am Ende das Bild einer gewöhnlichen Armee imperialistischer Prägung übriggeblieben war. Die Entwicklung dahin hatte lange vorher eingesetzt. Schon zu meiner Rekrutenzeit in Tel Nof waren deutliche Anzeichen eines Söldnertums in den ZAHAL-Elitetruppen zu spüren gewesen, das seinen Ausdruck u. a. in den überfallartigen Kommandoaktionen fand. «Die Kehrseite der Medaille» hieß ein kleines Buch, das in den fünfziger Jahren herausgegeben wurde und das sich erstmalig mit dem düsteren Kapitel des Palästina-Krieges von 1948 befaßte. Es hatte kaum Beachtung gefunden. Die Okkupationen nach dem Sechs-Tage-Krieg hatten diese Entwicklung in allen ZAHAL-Einheiten beschleunigt. Von nun an waren alle Formationen der Armee mit der Praxis einer Besatzungsmacht konfrontiert. Der Yom-Kippur-Krieg brachte ans Licht, was viele bis dahin nicht wahrhaben wollten: ZAHAL war das Machtinstrument der Zionisten zur Realisierung einer mörderischen Expansionspolitik imperialistischer Prägung geworden. Diese Funktion hatte nicht ohne Auswirkungen auf den Geist und die Moral der Armee bleiben können.

Bis zum Yom-Kippur-Krieg genoß ZAHAL bei vielen Israelis den Ruf, ein stets gut funktionierendes einheitliches Ganzes zu sein, ohne Fehl und Tadel. Mochte die israelische Gesellschaft auch manche Gebrechen aufzuweisen haben, ZAHAL glänzte durch Harmonie. Das Geheimnis hierfür — so verriet die militärische Führung — liege in einer zuverlässigen taktisch-logistischen Planung auf der Basis exakter, zeitgerechter und objektiver Fakten und Daten über die strategischen Ziele des Gegners, seine Kräfte und seine Ausrüstung. Aufgabe der Armee sei es, unvoreingenommene, gewissermaßen politisch indifferente Analysen anzufertigen, klare Befehle und eine straffe Kontrolle der Durchführung zu garantieren. Im Yom-Kippur-Krieg zeigte sich dann, daß Frontkommandeure aus Unkenntnis der tatsächlichen Lage in ihrem Abschnitt widersinnige Befehle erteilten, ja daß sich manche über Befehle der Armeeführung hinwegsetzten. Laut Agranat-Kommission hat sich andererseits der Oberbefehlshaber in den ersten Tagen ausschließlich mit der Planung von Angriffsoperationen befaßt, wo Abwehr und Verteidigung notwendig gewesen wären. Zank und Streit zwischen den Generalen haben eine klare Befehlserteilung und -ausführung verhindert. Das Ansehen und das Vertrauen in die militärische Führung hatten einen Knacks bekommen.

Erinnert sei an die Ausgangssituation vor dem Krieg. Nach den arabischen Positionen zu urteilen, waren die politischen Möglichkeiten zur Lösung des Konflikts erschöpft und eine neuerliche bewaffnete Auseinandersetzung nicht mehr zu vermeiden. In dieser Hinsicht spielten Ägypten und Syrien mit offenen Karten. Ihre Führer wie auch die Massenmedien ließen keinen Zweifel daran aufkommen, daß bei mangelndem politischem Fortschritt die Kanonen sprechen müßten. Die offizielle Reaktion der israelischen Führung darauf war: «Alle nüchternen und sachlichen Überlegungen widersprechen den großmäuligen Ankündigungen der Araber», und «Die Araber haben keine militärischen Optionen».

Sadat hatte schon 1971 vom Jahr der Entscheidung gesprochen, und die Syrer hatten zu verstehen gegeben, daß sie sich ein Festsetzen der Israelis in Kuneitra auf Dauer nicht bieten lassen würden. In Israel antwortete man auf diese Ankündigungen der Araber mit Spott. Ezer Weizman, General der Reserve, drückte seinen Hochmut vor der Presse so aus: «Irgend jemand hat den Kanal für die Schiffahrt gebaut, und nun stellt sich heraus, daß er als hervorragender Panzergraben dient. Sollten die Ägypter das Feuer eröffnen, dann haben sie mit einem Gegenschlag bei sich zu Hause zu rechnen, gegen den der Sechs-Tage-Krieg eine angenehme Erinnerung bleibt.»

Arik Sharon, bis kurz vor dem Krieg Kommandeur der Südfront, beantwortete die Frage eines Reporters, welchen Preis die Ägypter zu zahlen hätten, wenn die Kämpfe erneut aufflammten, wie folgt: «Fürchterlich! Fürchterlich! Ein Preis, den sie nicht zahlen könnten. Bisher konnten sie sich hinter den Kanal zurückziehen. Der nächste Krieg würde in Kairo stattfinden und die völlige Vernichtung Ägyptens bedeuten.» Und großsprecherisch tönte er: «Es gibt kein Ziel zwischen Bagdad und Karthum, welches ZAHAL nicht erobern könnte.»

Auch General Bar-Lev, jetzt Minister für Industrie und Handel, prophezeite damals den Sturz des ägyptischen Regimes im Falle eines neuen Krieges. Der Luftwaffengeneral Hod erklärte vor der Presse zum selben Sachverhalt anläßlich seiner Verabschiedung, daß die Entscheidung noch schneller als 1967 fallen würde. Und so ließen sich die Beispiele fortführen, die belegen, daß die führenden Militärs einer objektiven militärischen Planung und Analyse kaum mehr fähig waren, daß politische Illusionen sie beherrschten.

Wie hatten solche Reden auf die Soldaten gewirkt? Man machte Witze bei der Truppe: «Was benötigt ZAHAL, um Damaskus, Moskau oder Wladiwostok einzunehmen? – Einen diesbezüglichen Befehl!» Oder: «Ein Glück, daß ZAHAL nicht China besetzt hält. Wohin sollten die 700 Millionen Flüchtlinge?» In einem anderen Witz ging es darum, daß Kriegsminister Dayan dem gelangweilten Generalstabschef Elazar den Vorschlag unterbreitete, Libyen zu erobern. Seine Antwort darauf unter Gähnen: «Und was machen wir nachmittags?»

Soldaten an der Bar-Lev-Linie hängten ein Schild am Eingang ihres Bunkers auf, darauf stand: «Wer nach Sinai will, klopfe bei uns an. Wir haben den Schlüssel.» Die Armeezeitung «Bamachaneh» gab einem ihrer Artikel die Überschrift: «Auf dem Karmel-Markt in Tel Aviv ist es gefährlicher als an der Suezfront». – Das war vor dem Krieg!

Die Realitäten des Oktoberkrieges stellten dann die Militärs vor eine Situation, die nicht in ihre Denkmodelle paßte: ZAHAL auf dem Rückzug. Tote, Verwundete, Gefangene und Vermißte. Hunderte ihrer Panzer und Dutzende von Flugzeugen außer Gefecht gesetzt. Der Militärsender verbreitete indessen weiterhin Erfolgsmeldungen im gewohnten Stil: «Unsere Kräfte an der Südfront vernichten den Feind. Die Syrer sind für die nächsten zwanzig Jahre geschlagen.» Kein Wort über den Fall der Bar-Lev-Linie und das zur Hälfte eingebüßte Golanplateau. Die Soldaten an der Front hörten zu und fluchten. Damit war der erste Mythos, «in ZAHAL ist alles in bester Ordnung», zerstört. Die Presse hatte seit Jahren mit ZAHAL wie mit einer heiligen Kuh umgehen müssen. Jede Kritik, die das Bild von der Vollkommenheit der Armee gefährden konnte, war dem Stift des Militärzensors zum Opfer gefallen. Der Oktoberkrieg brachte es ans Licht der Öffentlichkeit. Nun erfuhren die Israelis, daß die «selektive Veröffentlichung», wie es in der Amtssprache hieß, Methode war. Schon im Stellungskrieg, der den Blitzerfolgen vom Juni 1967 gefolgt war, hatte das Heer der Militärberichterstatter nie voll über den Ernst der Lage an der Suezfront schreiben dürfen. Von den Streitigkeiten in der militärischen Führung, bekanntgeworden unter dem Schlagwort «Krieg der Generale», erfuhren die Israelis erstmals aus der

*Der israelische Soldat
ist nicht unbesiegbar:
in ägyptische Gefangenschaft
geratene Soldaten ZAHALs*

Auslandspresse. Die Desinformation war in der militärischen Führung beschlossene Sache. Am dritten Tag des Oktoberkrieges erwog diese, ob Kriegsminister Dayan der Bevölkerung reinen Wein einschenken sollte, und entschied sich dagegen, weil sie der irrigen Hoffnung war, daß die nächsten Tage die Wende bringen und damit der Hochmut, die Geringschätzung des Gegners, kurz: die «Versäumnisse» unter den Teppich gekehrt und der Mythos von der Unbesiegbarkeit gerettet werden könnten.

Umfragen nach dem Krieg ergaben, daß über sechzig Prozent der Gesamtbevölkerung (Zivilisten wie Soldaten) den Berichten der Armee nun nur noch bedingt bzw. gar nicht mehr glaubten. Die Armee setzte eine Untersuchungskommission ein. Auch sie mußte feststellen, daß der Vertrauensschwund in der bewußten Desinformation begründet war. Geheimhaltung ist notwendig, um den Gegner zu irritieren oder um die Moral der eigenen Truppe nicht zu gefährden. Desinformation und Lüge waren jedoch Ausdruck des Versuchs, den Mythos zu retten.

Der Mythos von der Unbesiegbarkeit war in ZAHAL erst nach dem Sechs-Tage-Krieg so richtig aufgebauscht worden. Er bildete die Krönung der überraschend, ja heimtückisch und im Blitzverfahren ausgeführten militärischen Handlungen. Auch die «Vergeltungsaktionen» waren dadurch gekennzeichnet gewesen, daß ZAHAL stets das Wann und Wo bestimmt hatte. Wann immer diese Faktoren von ZAHAL allein nicht diktiert werden konnten, sah das Bild weitaus weniger legendär aus. Der Leser sei an die Verluste erinnert,

Syrische Soldaten und ihre israelischen Gefangenen. Solche Bilder – in den Kriegstagen nur vom jordanischen Fernsehen veröffentlicht – wirkten auf die Israelis wie ein Schock

die ZAHAL bei der Stadt Karameh 1968 in Jordanien hinnehmen mußte. Und der Stellungskrieg am Kanal hat in Israel den Namen Zermürbungskrieg erhalten, weil er in der Tat ein solcher für das Land gewesen ist.

Der Verlauf des Yom-Kippur-Krieges setzte auch der Selbstherrlichkeit ein jähes Ende. Da standen sie, die «Unschlagbaren», mit gesenktem Haupt in der typischen Pose von Gefangenen. Über das jordanische Fernsehen erfuhren die Israelis, wie die Dinge in diesem Krieg tatsächlich standen. Es zeigte Filmberichte über das Verhör des gefangengenommenen israelischen Generals Jaguri, über den Marsch einer ganzen israelischen Kompanie in ägyptische Gefangenschaft. Die Zivilbevölkerung in Israel war tief erschüttert, als sie die Bilder sah: ZAHAL auf dem Rückzug, zu Tode erschreckte Soldaten in zerfetzter Uniform und mit Notverband, zurückgelassenes Kriegsgerät ... Erstmalig entstand damals vor ihr ein reales Bild über Vermögen und Grenzen der israelischen Streitkräfte: Überlegen? – Ja! Unbesiegbar? – Ein Mythos!

Eine mir oft gestellte Frage lautete, wie die hohe Kampfkraft der israelischen Armee zu erklären sei, wie die Soldaten motiviert seien.

Der israelische Staat hat viel für die Motivation seiner Soldaten unternommen. Er bemühte hierfür 2000 Jahre jüdischer Geschichte in der Diaspora und strapazierte die These von der ewigen, gewissermaßen gesetzmäßigen Befehdung und Belagerung durch die arabischen Nachbarstaaten. Dies alles sollte den Zusammenhalt und den Kampfgeist in der Armee lebendig halten. Samuel Rollbant, ein israelischer Militärexperte, der sich mit der Soziologie und dem Geist von ZAHAL befaßte, schrieb in seinem Buch «Der israelische Soldat – Profil einer Armee»: «Es ist ein traditioneller Geist, der dem Bewußtsein entspringt, daß in den Augen der dominierenden Mehrheit stets alle Juden zu gleichen Teilen füreinander verantwortlich sind.» Indes, der Kampfgeist der Israelis ist nicht mit einem Jahrtausende währenden gemeinsamen Dienst am Gott ihrer Väter zu erklären. Der militärischen Überlegenheit lagen weder Berufung noch Schicksal, sondern durchaus irdische Faktoren zugrunde: Erstens entstammt der israelische Soldat einer modernen Leistungsgesellschaft mit einem für Nahost-Verhältnisse überdurchschnittlich hohen Stand der Technologie und der Bildung. In keinem anderen Staat des Nahen Ostens ist so viel internationaler Einfluß auf so direkte Weise wirksam wie in Israel.

Der zweite Faktor liegt in der besonderen Aggressivität von ZAHAL begründet. Wenn das Land am wirksamsten durch Angriff geschützt werden kann, dann ist die Nützlichkeit der Armee allein dadurch zu beweisen, daß sie offensive Methoden der Kriegführung entwickelt und anwendet, hieß ein Leitsatz ihrer Führer. Dieser These liegt die Lehre des englischen Militärhistorikers und -schriftstellers Basil Henry Liddell Hart (1895–1970) von der Strategie des indirekten Vorgehens zugrunde. Liddell Hart hat selbst stolz zugegeben, daß die Israelis seine besten Schüler gewesen sind. Die israelische Führung hätte diese Strategie nicht nur als eine rein technische Angelegenheit aufgefaßt, sondern deren tieferen Sinn erfaßt, nämlich sowohl zeitlich als auch örtlich in einer nicht vorauszusehenden Richtung und in unerwarteter Stärke das Unerwartete zu tun. Liddell Hart hat aber auch auf die Gefahren der Brutalisierung der Kampfweise und einer verrohten geistigen Einstellung zur Gewalt- und Waffenanwendung bei der Verfolgung seiner Strategie hingewiesen. Das Antlitz von ZAHAL wird heute bestimmt vom rücksichtslosen, brutalen Soldat.

Auf die Gefahr der Verrohung einer Armee hat schon frühzeitig auch der zionistische Militärideologe Eliyahu Golomb (1893—1945) hingewiesen und gefordert, dem Waffengebrauch strengste ethische und moralische Grenzen zu setzen und Beschränkungen aufzuerlegen. Seine Lehre führte zu dem Begriff der «unbefleckten Waffen», der bis heute im ZAHAL-Sprachgebrauch geblieben ist. Aber ZAHAL ist in keiner Hinsicht mehr die Verteidigungsmacht, als welche ihre Gründer und geistigen Väter sie konzipiert hatten. Ihre Praxis hat den Begriff der «unbefleckten Waffen» zu einer Farce werden lassen.

In der Mehrzahl der Kämpfe überwältigte ZAHAL seine Gegner heimtückisch. Weder bei überraschenden Kommandoaktionen noch in Blitzkriegen haben die Soldaten besondere Ausdauer aufbringen oder das Letzte an körperlicher Leistungsfähigkeit aus sich herausholen müssen. Soldaten, die aus dem Sechs-Tage-Krieg zurückkehrten, erklärten: «Es war wie im Manöver. Alles lief nach Plan.» Und der Plan war verbrecherisch gewesen. Als die Soldaten mit modernster Kampftechnik in libanesische Städte eindrangen, hatten sie die Forderung zu erfüllen, rücksichtslos und grausam gegen Zivilisten vorzugehen. Besonderen körperlichen Strapazen waren sie dabei wohl kaum ausgesetzt gewesen. Der Yom-Kippur-Krieg aber hatte hohe Anforderungen an die Ausdauer und den Kampfesmut der Israelis gestellt und den Arabern gezeigt, daß der ZAHAL-Soldat kein Superman ist. «Ich habe an allen von ZAHAL geführten Kriegen teilgenommen und muß gestehen, daß ich erst in diesem erfahren habe, was Krieg eigentlich bedeutet», sagte selbst General Sharon unmittelbar nach den Kämpfen.

Als wesentliches Element der Moral hatte es bei ZAHAL immer eine strenge Regel gegeben: Dem Gegner keine Verwundeten überlassen. Der Transport von Verwundeten war ein bestimmender Faktor bei allen Übungen während der Ausbildung der Rekruten und hat den Soldaten sehr viel Schweiß gekostet, wie ich weiter vorn schon ausführte. Divisionskommandeur Raful hatte uns als Kursanten des Lehrgangs für Unteroffiziere persönlich eingepaukt, daß der israelische Soldat nie im Stich gelassen werden dürfe, daß alles zu tun sei, um Opfer zu vermeiden. Im Yom-Kippur-Krieg 1973 wurde auch diese heilige Kuh geschlachtet. Die hohe Zahl der Vermißten hinterließ einen der nachhaltigsten Schocks in der israelischen Armee und in der Öffentlichkeit. Plötzlich war klar geworden, daß alle Thesen über das Nicht-im-Stich-Lassen von Kameraden völlig haltlos waren und nur dem Ziel dienten, Armee und Volk kriegsbereit zu halten. Man hatte den Menschen weismachen wollen, daß Kriege auch ohne Opfer geführt werden können, wenn man es nur technisch geschickt anstellte. Als der Kommandant der Festung «Messach» an der Bar-Lev-Linie meldete, daß er die Stellung nicht mehr halten könne, wurden er und seine 37 Mann ihrem Schicksal überlassen. «Befehle für den Rückzug oder zum Ergeben sind in ZAHAL nicht üblich, entscheiden Sie selbst», hieß die Antwort aus der Etappe. Derselbe Raful, der uns angehenden Unter-

Ein Mythos ist gebrochen: Auf dem Gefechtsfeld zurückgelassene gefallene israelische Soldaten. Im Hintergrund rollt der Nachschub für die ägyptische Armee

Im Yom-Kippur-Krieg sind auf israelischer Seite 2412 Mann gefallen. Viele von ihnen blieben unauffindbar im Wüstensand begraben. Kleidungsstücke und ein Fuß markieren hier das Grab eines Soldaten ZAHALs vor seinem zerstörten Panzer

offizieren seiner Division die heiligen Prinzipien der Kampfgemeinschaft erläutert hatte, beschimpfte später als Generalstabschef der Armee die nach dem Libanon-Feldzug aus der PLO-Gefangenschaft heimkehrenden Soldaten: «Gefangene sind ein Schandfleck der Armee.»

Armeen pflegen das Andenken ihrer Helden. Soldaten, die im Kampf außergewöhnliche Tapferkeit gezeigt und ihr Leben für die Heimat eingesetzt haben, erlangen legendären Ruf. Ihr Handeln ist Beispiel für nachfolgende Soldatengenerationen. Während des Yom-Kippur-Krieges schrieb die «Panzerkraft Zwicka» ein neues «Ruhmesblatt» für die Annalen der israelischen Armee. «Die Panzerkraft Zwicka bestand aus einem einzigen Panzer, von Zwicka Grünwald geführt, der eine ganze Nacht lang, trotz Verwundung, einen syrischen Angriff stoppte und zehn, zwanzig, ja vierzig ihrer Panzer vernichtete», lautete der offizielle Text der Abteilung Erziehung im Generalstab. Nach dem Krieg erhielt Zwicka die ZAHAL-Tapferkeitsmedaille. Der Held hatte überlebt. Zehn Jahre lang war er das Idol für junge Panzersoldaten. Er wurde herumgereicht, sprach vor Rekruten. Man bewunderte ihn wie einen Filmstar. Dann wandten sich eines Tages zwei Oberste an die Öffentlichkeit und ließen die ganze Story platzen, weil sie ihnen allmählich zu bunt geworden war. Beide stammten aus derselben Einheit wie Zwicka und hatten in besagter Nacht Kontakt zu ihm. Sie behaupteten, daß Zwickas Heldentaten ein pures Märchen seien. «Ich habe weder Detonationen gehört, noch irgendwelche Panzer in Flammen stehen sehen, wie es in der offiziellen Version des Obersten Erziehungsoffiziers von ZAHAL heißt, der für die heroische Legende verantwortlich zeichnet», sagte der eine. Der andere hielt es für praktisch unausführbar, daß ein einzelner im offenen Gelände so viele Panzer vernichten kann. Nach der Motivation für die Lüge um Zwicka befragt, antworteten beide Offiziere (der eine war schwer verwundet worden, der andere in syrische Gefangenschaft geraten): «Vielleicht wollte man auf diese Weise die Ehre der im Oktoberkrieg völlig aufgeriebenen Panzerdivision Barack wieder aufpolieren.»

Beide Oberste hatten nach dem Krieg versucht, mit Zwicka Kontakt aufzunehmen, doch dem war der «Held» sorgfältig ausgewichen. Die «Heldentaten» Zwickas mußten aus der Traditionsschrift von ZAHAL gestrichen werden. Der Generalstabschef ordnete aus «methodischen» Gründen an, weitere Untersuchungen zu dem Fall einzustellen.

Ältere Soldaten erinnerten sich an einen Zwicka-Song aus den fünfziger Jahren, in dem drei Helden der Palmach parodiert wurden. Sie waren sich zum Verwechseln ähnlich und nannten sich Zwicka A, Zwicka B, Zwicka C. Niemand konnte sagen, wer von ihnen den Streich oder die Heldentat begangen hatte, wem der Tadel galt oder das Lob gebührte. Nun war die Sache noch verworrener geworden: Es gab einen vierten Zwicka.

Der israelische Soldat kennt kein Feindbild, lautete eine andere These.

Sie hat zu keiner Zeit gestimmt. Das bestehende Feindbild ist noch dazu unerhört chauvinistisch. Zwischen Israelis und Arabern besteht keine historische Rivalität. Nicht einmal die Religion kann als Keim des Hasses angesehen werden, denn beide, der Islam wie der Mosaismus, predigen die Toleranz. Das Feindbild des Israeli erklärt sich eher aus dem Elitären, aus dem Gefühl, einer Gesellschaft anzugehören, die den veralteten Strukturen und der Stagnation des Orients überlegen ist. Die Araber seien schon aufgrund ihrer Mentalität nicht in der Lage, Krieg zu führen, ihre Kräfte zu koordinieren. Rationales Denken sei ihnen fremd. Sie verstünden nur die Sprache der Gewalt. So und ähnlich lauteten die Einschätzungen führender israelischer Militärs. Die Philosophie der Gewalt wurde von namhaften Arabisten, die als Berater der Regierung fungierten, ausgearbeitet. Bestrafung und Züchtigung der Araber sind ihre Eckpfeiler. Dem israelischen Soldaten wird ein Bild vom gewalttätigen arabischen Mob gemalt, das den Araber von heute darstellen soll, den man nehmen muß, wie er ist, der als einzige Sprache die der Gewalt versteht. Der Krieg besitze daher seine eigenen Überzeugungsmittel, wird ihm suggeriert. Daß sich der Nahost-Konflikt mit Gewalt nicht lösen läßt, haben viele Israelis bereits erkannt. Manchen hat der Oktoberkrieg erstmalig die Augen geöffnet. Nur haben diese Erkenntnisse weitere Kriege bisher nicht verhindern können, wie die Gegenwart zeigt.

Eine andere, weitverbreitete Ansicht, die sogar rassistische Aspekte enthält, läßt sich mit dem häufig strapazierten Slogan «Krieg ist nichts für die Araber» verdeutlichen. General Ezer Weizman hat diesen Satz als erster publiziert. Es fehlte selbst nicht an Versuchen, solchen Auffassungen einen wissenschaftlichen Anstrich zu verleihen. Es ist kaum zu glauben, was Israels Generale in Uniform oder in Zivil an Gedanken entwickelten, um ihre Geringschätzung gegenüber den Arabern zum Ausdruck zu bringen. Stellvertretend für sie sei der ehemalige Chef des Nachrichtendienstes im Generalstab Jehoschafath Herkawy, im zivilen Beruf Professor für Orientalistik an der Hebräischen Universität von Jerusalem, genannt. Nach Herkawy ist der Patriotismus für den Araber kein Begriff. Die Bereitschaft, sich für die Gemeinschaft aufzuopfern, fehle ihm völlig. Seine gesellschaftlichen Bindungen seien schwach und daher der Zusammenhalt in Krisenzeiten instabil. Folglich könnten die Araber niemals einen Krieg gewinnen. Diese Ansichten vertrat Herkawy in von ZAHAL herausgegebenen Publikationen und in Vortragszyklen vor Soldaten und Offizieren.

Der Militärpublizist S. Rollbant schrieb: «Die Israelis legen ihre stärksten Kräfte gerade an die schwächsten Stellen der Araber. Ein Glück für Israel, daß die Araber ihre schwachen Stellen nicht erkennen. Bei einer derartigen Verfassung des Feindes ist es viel einfacher, ihn zu entwaffnen, als in harten Kämpfen seine Vernichtung anzustreben. Ein getöteter Ägypter ist lediglich ein Ägypter weniger. Ein Ägypter, der die Nerven verloren hat, ist hingegen ein Infektionsträger, der mit dem Bazillus der Furcht sehr leicht eine Epidemie der Panik auslösen kann.»

Andere, obwohl gleichen Sinnes, begnügten sich nicht mit der «Bazillentheorie». Sie forderten: «Töten! Brecht sie! Unsere Schläge müssen so schwer, so erdrückend, grausam und erbarmungslos sein, daß sie wie ein nationales Trauma auf sie wirken.»

Welche geistige Haltung sollte bei solchen Ergüssen in der Truppe vorherrschen? «Der beste Araber ist der tote Araber», hieß die Devise in meiner Fallschirmjägerkompanie Aleph. Nach diesem Leitspruch handelten auch Panzertruppen, Luftwaffe und Marine. So chauvinistisch, wie das Feindbild der israelischen Armee war, so gefährlich war es für sie selbst. Es führte dazu, Entwicklungen auf der Gegenseite völlig zu ignorieren. Die ägyptische Armee hatte an Erfahrungen gewonnen. Sie ließ sich 1973 mit ihren Panzern nicht mehr in die offene Wüste locken, wo sie leicht vom Nachschub getrennt werden konnte. Die palästinensischen Widerstandskämpfer stellten sich der überlegenen ZAHAL nicht mehr im offenen Kampf. In kleinen, beweglichen Einheiten haben sie den regulären, schwerfälligeren Einheiten der Aggressoren am Litani-Fluß in Südlibanon oder im Schufgebirge wirksamen Widerstand geleistet und dabei wesentlich weniger Opfer zu beklagen gehabt als früher.

Berichte von israelischen Soldaten, die nach dem Oktoberkrieg in der Armeeschrift «Skira Chodschit» veröffentlicht worden sind, demonstrierten einmal mehr, wie ihre Mythen geplatzt waren, wie wenig das vorgemalte, chauvinistisch entstellte Bild vom Gegner mit der Realität übereinstimmte. Ein junger Soldat erzählte: «Die Ägypter sind nicht geflohen. Sie stürmten unsere Stellungen. Sie haben uns verfolgt und gejagt. Ich weiß nicht warum, jedenfalls die Geschichten, die ich vom Hören kenne, paßten auf sie ganz und gar nicht.» Ein anderer schilderte, wie die Syrer noch während des Feuergefechts ihre Verwundeten vom Gefechtsfeld bargen. Von Panik und Zusammenbruch keine Spur.

Ich erinnere mich noch, wie uns eingeimpft wurde, daß sich der Araber in der Dunkelheit fürchte, was wir auszunutzen hätten. ZAHAL müsse sich die Nacht zu ihrem Verbündeten machen. Der Yom-Kippur-Krieg zerstörte auch diese Illusion. Die Ägypter und die Syrer waren die Initiatoren von nächtlichen Schlachten in großen Dimensionen. «Alte Hasen» bei ZAHAL knirschten mit den Zähnen, als sie im Rundfunk wiederholt hörten: «Die Nacht an der Front war relativ ruhig.»

Auch in der ideologischen Vorbereitung der Soldaten auf den Krieg hatten die Ägypter und Syrer frühere Fehler korrigiert. Ihre Soldaten waren für den Kampf um die Heimat, um die Wiedererlangung des heiligen Bodens motiviert worden. Leere Phrasen vom Sturm auf Tel Aviv waren nicht mehr zu hören gewesen.

Immer und immer wieder unternahmen israelische Wehrexperten den

Versuch, soziale Besonderheiten ihrer Armee herauszustellen. So erklärten sie z. B. die Synthese von Autorität und Disziplin, das Verhältnis zwischen den Dienstgraden oder Fragen der Beförderung und des Offiziersimages völlig losgelöst von sozialökonomischen Strukturen der Gesellschaft gewissermaßen als Phänomene einer einzigartigen sozialen Waffenkammer von ZAHAL. In ihrer Selbstdarstellung dominierten dafür imaginäre Ursachen. Sie als die ewigen Verfolgten und Diskriminierten seien zu sozialem Zusammenhalt geschweißt und gegen jegliche Gruppenloyalität und soziale Spannungen immun gemacht worden. Der Begriff der Klassengesellschaft wurde sorgfältig vermieden. Sie erklärten ZAHAL zu einer Armee von Brüdern, weil das Schicksal sie gelehrt habe, jeden Abstand unter den Juden abzulehnen, jede Förmlichkeit zurückzuweisen und jede depressive Methode im Umgang miteinander zu vermeiden. «Hungrig oder satt, glücklich oder trostbedürftig, habgierig oder großzügig — sie sind alle Kinder Israels», resümierte Samuel Rollbant zum Thema: Soziologie der israelischen Armee. In Wirklichkeit sind diese Metaphern dem israelischen Soldaten von heute gar nicht eigen. Er denkt nicht einmal mehr in diesen Kategorien.

Auf den israelischen Offizier stimmt die zionistische Propaganda wahre Gloriahymnen an. Es gäbe keinen Offiziersdünkel in ZAHAL, wird behauptet. Als negativer Vergleich hierfür wird mit Vorliebe der steife Offizier der Naziwehrmacht herangezogen. Mittlerweile ist es jedoch so, daß selbst führende imperialistische Armeen diesen Offizierstyp abgeschafft haben. Hat das etwa an der Aggressivität dieser Armeen etwas geändert? Natürlich nicht!

Im Unterschied zum arabischen Offizier trachte der israelische Offizier nicht nach persönlichem Vorwärtskommen. Exklusivität und Ehrbegriffe aus der Tradition seien für ihn fremd. Er sei einzig und allein auf die Führung seiner Soldaten bedacht, heißt es weiter. Auch diese Thesen sind haltlos. Der israelische Offizier genießt alle nur erdenklichen Vergünstigungen. Von seinem Verdienst kann ein vergleichbarer Leiter eines Kollektivs in der Industrie oder in der Landwirtschaft nur träumen. Gegen Ende meiner Dienstzeit in Tel Nof konnte ich beobachten, wie dort jungen Offizieren und ihren Familien komfortable Zweifamilienhäuser zur Verfügung gestellt wurden, deren Mieten wesentlich niedriger lagen als für vergleichbare Unterkünfte im zivilen Bereich. Zahala nennt sich die eigens für ZAHAL-Berufsoffiziere im modernsten Stil errichtete Siedlung.

Die Offiziersklubs der Piloten in Tel Nof und Ramat-David waren mit exklusiven Polstergarnituren und Bareinrichtungen ausgestattet. Vielleicht erscheint der israelische Offizier nicht so schneidig, weil er ohne Krawatte geht und ihm seine Mütze lässig auf dem Kopf sitzt oder einfach unter der Schulterklappe steckt. Mag sein, daß er es nicht so gut versteht, Drinks zuzubereiten. Daraus kann man beileibe nicht den Schluß ziehen, daß der israelische Offizier einer moralischen Elite angehört, daß Saufereien und Weibergeschichten in den Offiziersmessen unbekannt sind. Und um Beförderungen wird in ZAHAL ebenso gerangelt wie in jeder anderen kapitalistischen Armee auch.

Die Distanz zwischen Offizieren und Mannschaft ist schon auf Grund völlig unterschiedlicher Dienstbedingungen gegeben. Rekruten und Lehrgangsteilnehmer unterliegen ganz besonderem Drill nach den klassischen Methoden einer imperialistischen Armee. Zu den üblichen Strafen gehören u. a. das Ausheben von Schützenlöchern, das Verbot, den Stahlhelm und den Tornister abzulegen, sogar beim Essen und beim Schlafen. Fast täglich sah ich Dutzende Soldaten bei den Mahlzeiten in voller Montur. Um das Quartier unserer Einheit herum waren zeitweise so viele Schützenlöcher gegraben worden, daß man beim Passieren seine Mühe hatte. Bei solcher Art der Bestrafung des Soldaten ginge es ausschließlich um die Ertüchtigung und das Nachholen von Versäumnissen, hieß es. In Wahrheit wollte man damit oftmals Gehorsam erzwingen und die Persönlichkeit diskriminieren. Wie schon beschrieben, hatte der Soldat Akrabi vor angetretener Kompanie mit einer langen Metallstange in der Hand und mit sandgefüllten Granathülsen auf dem Rücken hüpfen müssen, nur weil er aus der «Freiwilligentruppe» ausscheiden wollte. Das an ihm verübte Exempel sollte als abschreckendes Beispiel für die anderen gelten.

Eine typische Methode für Kollektivschikane war das «Begräbnis». Mit militärischen Ehren wurde ein im Quartier aufgefundener Zigarettenstummel zu Grabe getragen. Dazu mußten einige Soldaten einen Kubikmeter Erde ausheben und dann den Stummel hinabsenken, während die anderen strammstanden und das Gewehr präsentierten. Die Phantasie mancher Leute — erinnern möchte ich an den weiter vorn erwähnten Spieß Giwati — für immer neue Schikanen kannte keine Grenzen. Von einem besonders guten Klima zwischen Soldaten und Vorgesetzten kann also überhaupt nicht die Rede sein.

ZAHAL ist auch nicht frei von Deserteuren oder von Straftätern aller Art. Bestand die Mehrzahl der Delikte früher in leichtfertigem Umgang mit dem Eigentum der Armee, in Raufereien oder in der Beleidigung von Vorgesetzten, so erhalten heute viele Soldaten Arrest wegen unerlaubten Entfernens von der Truppe; weil sie sich weigerten, in den besetzten Gebieten zu dienen oder den Krieg in Libanon mitzumachen. Degradierungen, Soldabzüge bzw. Geldstrafen und Ausgehverbote darf jeder Kompaniechef aussprechen.

Bleibt noch festzuhalten, welche Militärdoktrinen nach dem Oktoberkrieg wie Seifenblasen zerplatzten. Der Lieblingsmythos von ZAHAL hieß: «Die sicheren Grenzen werden die Araber von jeglicher militärischen Handlung abschrecken. Sie bieten Israel strategische Tiefe und ersparen dem Land Verteidigungsausgaben.»

Aus militärpolitischer Sicht ist diese These haltlos. Truppenentflechtung und Abschwächung ihrer Stärke an den Waffenstillstandslinien sind wohl anerkanntermaßen die bessere Garantie für ein Eindämmen des Feuers. Schon die Stellungsgefechte der Hatascha hatten gezeigt, daß die Waffen nicht zur Ruhe kommen konnten, solange Israel mit militärischer Präsenz am Suezkanal provozierte. Im Yom-Kippur-Krieg war Israel der Überraschte. Wahre Sicherheit können aber am Ende nur entsprechend der UNO-Beschlüsse anerkannte, feste Grenzen bieten.

Seit dem Sechs-Tage-Krieg hatte man der Öffentlichkeit eingeredet, daß die Besiedlung der besetzten Gebiete die Sicherheit erhöhe. Der Yom-Kippur-Krieg entlarvte diese These als grundsätzlich falsch. Die Siedlungen am Golan mußten sämtlich vor den anstürmenden syrischen Panzern geräumt werden. Mehr noch, die Zivilbevölkerung behinderte die Bewegungen der eigenen Armee. Der Mythos von der strategischen Bedeutung der Golansiedlungen war dahin. Trotzdem hat die Regierung nach den Kämpfen die Besiedlung am Golan erneut forciert und die Orte sogar als Festungen ausbauen lassen. Da sie offensichtlich ihre These immer noch nicht aufgegeben hat, muß man fragen, wo dieses «Domino» enden soll. Die Golanhöhen wurden besiedelt, um angeblich die Grenzsiedlungen im nördlichen Galiläa zu sichern. Will man die Golansiedlungen schützen, müßten nach dieser Logik weitere vorgelagerte Siedlungen errichtet werden, zu deren Sicherheit wiederum neue Vorposten notwendig wären usw. Die gleiche Logik würde ZAHAL zum Golf von Bab el-Mandeb an der Küste Südjemens führen, wenn von dem besetzten Scharm asch-Scheich am Südzipfel der Sinaihalbinsel aus die freie Schiffahrt für Israel nicht mehr gewährleistet werden kann. Dabei hat der Yom-Kippur-Krieg klassische Beispiele dafür geliefert, daß Sicherheit zu Lande und auf See nur durch Verträge, nicht durch Gewalt zu erreichen ist.

Das Nonplusultra, was «Sicherheit durch Abschreckung» betraf, war in der Bar-Lev-Linie gesehen worden. Israels Militärs hatten wiederholt deren Uneinnehmbarkeit verkündet. Viele haben in der Bar-Lev-Linie ein Symbol der militärischen Stärke Israels gesehen. Für Journalisten und reiche zionistische Geldspender wurden Führungen dorthin organisiert. Wie sah es nun wirklich um den militärischen Wert dieser Befestigungslinie aus? Zuerst einmal widersprach sie der Auffassung der ZAHAL-Führer vom beweglichen Krieg. Doch abgesehen davon hieß das Urteil vieler Fachleute: «Das System ist veraltet, wie schon im zweiten Weltkrieg deutlich geworden ist.» Tatsächlich. In den ersten Stunden des 6. Oktober klappte die Bar-Lev-Linie wie ein Kartenhaus zusammen. In dem Maße, wie ihre Überwindung die Moral der ägyptischen Armee anhob, wirkte sie wie ein Schock auf die Israelis. Später erzählte man sich: «Alles, was von der Bar-Lev-Linie übriggeblieben ist, sind die Villen der Bauunternehmer am Mittelmeerstrand von Herzliya.» Sicherheit hat sie zu keinem Zeitpunkt gebracht. Schon ihr Bau hatte dokumentiert, daß sich die Israelis hier festsetzen wollten, und als ägyptische Reaktion darauf den zermürbenden Stellungskrieg entlang des gesamten Kanals provoziert.

Wahre Wunder hatten Israels Generale von ihrem militärischen Nachrichtendienst versprochen, dem sozusagen nichts entginge und der sich niemals irre. Die Einschätzungen gingen so weit, daß man den Nachrichtendienst Israels allgemein für den besten der Welt hielt. Der Sechs-Tage-Krieg und manche Piratenakte, darunter die Entführung von fünf im französischen Cherbourg gebauten Schnellbooten 1969 schienen diesen Mythos zu bestätigen. Großes Aufsehen in dieser Hinsicht hat auch die Entführung Eichmanns aus Argentinien 1960 verursacht, und über die Vorbereitungen Ägyptens und Syriens auf den Yom-Kippur-Krieg war der Nachrichtendienst von ZAHAL bestens informiert gewesen. Dennoch erlag er wie auch Politiker und Militärs dem aus Selbstüberschätzung und Chauvinismus geborenen Irrglauben, daß die Araber keine militärischen Möglichkeiten besäßen. Obwohl die Agranat-Kommission nur die technischen Versäumnisse kritisiert hatte, wurden der Chef des Nachrichtendienstes beim Generalstab, sein Stellvertreter und der Leiter der sogenannten Abteilung Forschung entlassen. Der Mythos vom umfehlbaren Nachrichtendienst war wie so viele andere Mythen geplatzt.

Krieg ohne Ende

Libanon wurde nicht erobert. Es wurde zerstört. Belagerung, Vernichtung, Konzentrationslager, Neuordnung, Kollaboration — das sind Begriffe, die diesem Krieg das Gepräge gaben.

Frieden für Galiläa

Wer waren die Kräfte, die ZAHAL zu neuen, grausamen Formen des Einsatzes militärischer Gewalt geführt haben? Was waren ihre Ziele? Seit Menachem Begin 1977 die Regierungsgeschäfte übernommen hatte, strebte er danach, die Politik von einem Groß-Israel mit dem Schwert fortzusetzen. Die Verträge von Camp David ermutigten ihn dazu, den Palästinensern sein Autonomiekonzept aufzuzwingen und sie von ihrer Führung, der PLO, zu trennen. Ägypten war neutralisiert. Jordanien würde allein keine Auseinandersetzung mit Israel wagen. Blieben also Syrien und die PLO — ein verlockender Einfrontenkrieg, um im Norden eine neue Ordnung israelischer Prägung zu errichten.

Der Wahlsieg Reagans 1980, der in Washington jene Kräfte vollends ans Ruder brachte, die auf eine weltweite Politik der Stärke und der Konfrontation setzten, kam der Likud-Koalition unter Begins Führung zupaß. Die USA wünschten sich nichts sehnlicher als eine stabile, dauerhafte Basis in einem weiterhin prowestlichen Libanon, eine Verstärkung der eigenen militärischen Präsenz in Nahost und ein Syrien ohne Widerstand gegenüber den Globalinteressen Washingtons in diesem Raum.

Von Bedeutung waren auch die Personen, die sich für die militärische Realisierung des politischen Kurses der neuen Machthaber Israels bereit fanden. In den ersten drei Jahren der Likud-Regierung erfüllte Ezer Weizman die Funktion des Sicherheitsministers in Begins Kabinett. In der Regierungszeit der «Arbeiterpartei» war ihm die höchste Spitze der Armee versperrt geblieben. Deshalb hatte er nach den Erfolgen der Militärs im Sechs-Tage-

Krieg als erster General die Uniform gegen einen Ministersessel eingetauscht. Ein weiterer Anwärter auf die militärische Schlüsselposition in Begins erstem Kabinett war General Ariel Sharon. Auch ihm hatte die «Arbeiterpartei» den Weg zur Führung des Generalstabs versperrt, weil er ihr als zu radikal erschienen war. Da aber unter Begins Führung Weizman bereits die Spitzenposition eingenommen hatte, mußte er sich vorerst mit dem Posten des Landwirtschaftsministers und Vorsitzenden des Regierungsausschusses für die Siedlungspolitik zufriedengeben. Letztere Funktion füllte er mit besonderem Eifer aus. Mit Landkarten und Plänen für Siedlungsprojekte unter dem Arm sahen ihn die Israelis im Fernsehen durch die besetzten Gebiete streifen. In bezug auf die einheimische Landwirtschaft lag ihm aber wohl seine Privatfarm am meisten am Herzen. ZAHAL und der Libanon waren vorerst außerhalb seiner Reichweite.

Der dritte Kriegsexperte, Moshe Dayan, dessen Popularität nach dem Yom-Kippur-Krieg lädiert war, ist nach Begins Wahlsieg bedenkenlos in den Likud-Block übergewechselt und Außenminister geworden.

Ezer Weizman, dem es oblag, die neue ZAHAL-Führung zu formieren, nominierte Rafael (Raful) Ejtan zum Chef des Generalstabs. Mit Raful, der für diesen Posten ursprünglich gar nicht vorgesehen war, erhoffte sich Weizman einen General ohne Ambitionen für die Politik, weil er ihn auf diesem Gebiet für instinktlos hielt. Die Ansichten Ejtans über die Rolle der Armee im israelisch-arabischen Konflikt waren zwar selbst Weizman zu extrem, aber er wußte, daß Raful ein Protegé Begins war. Raful brannte auf Revanche gegen die Syrer, von denen er im Yom-Kippur-Krieg heftige Schläge hatte hinnehmen müssen. Zuerst einmal ließ er aber ZAHAL die christlichen Milizen des Majors Haddad im Südlibanon und die Falangisten im Norden unterstützen: 1978 unternahm die israelische Armee eine größere Aktion entlang der Mittelmeerküste bis zum Litani-Fluß. Raful mußte die Truppen jedoch wieder zurückziehen. Für eine «Neuordnung» war die Zeit noch nicht reif.

Das militärpolitische Kalkül des Likud-Blocks, einer Allianz zionistischer Revisionisten und national-religiöser Kräfte mit dem Großkapital, sah vor, sich im Interesse der expansionistischen Ziele Israels noch besser an die globale, US-amerikanische Politik für die Nahostregion anzupassen, so, wie das mit dem eingeleiteten Camp-David-Vertrag begonnen worden war. Sie wollten die eroberten Territorien endgültig annektieren. Der Block der «Arbeiterparteien» hatte ihrer Meinung nach den Status dieser Gebiete zu lange offengelassen. Die Politik der schleichenden Annexion hatte die Araber zu keinen Konzessionen zwingen können. «Frieden gegen Gebiete» war die neue Plattform unter Begins Führung. Mit Syrien sollte ein sogenanntes strategisches Geschäft vereinbart werden, wonach Israel die Anwesenheit syrischer Truppen in Libanon als deren strategisches Bedürfnis anerkennen wollte, wenn Syrien im Gegenzug auf Gebiete am Golan verzichtete. Eine solche Vereinbarung hätte in den Augen der Israelis Modellcharakter für Jordanien in bezug auf die Westbank gehabt. Ein jordanisches Regime dort würde einen Palästinenserstaat erübrigen. Über territoriale Abgrenzungen hätte man sich im Detail schon verständigt.

Die Antwort aus Damaskus unterschied sich aber grundlegend von der, die Ezer Weizman in Kairo als Verbindungsmann der Israelis im Vorfeld des Camp-David-Komplotts zu hören bekam: Syrische Truppen sind auf Grund eines Beschlusses der Arabischen Liga in Libanon als Schutzmacht stationiert. Der Golan ist syrisches Hoheitsgebiet und kann niemals Gegenstand eines strategischen Handels sein.

Das Warten des Herrn Weizman auf einen «syrischen Sadat», wie Raful es ausdrückte, war eine Illusion, die seinen Stand in Begins Kabinett immer schwieriger machte. Ejtan vertrat wie Begin die Ansicht, daß Syrien nur mit militärischer Gewalt eine Neuordnung aufgezwungen werden könne. Er setzte auf die Schaffung von Tatsachen im Gelände. Die Theorien Weizmans lehnte er als scholastisch ab. Im Juni 1980 übernahm Ministerpräsident Begin auch noch das Ressort des Sicherheitsministers. Es kam zur «Entweizmanisierung», bei der sich Begin voll auf den Generalstabschef Ejtan stützte. Als Sharon bald darauf das Amt des Sicherheitsministers übernahm, war die Kampftroika für den Krieg eingespannt. In Washington konnte man mit dieser Entwicklung zufrieden sein.

Nachdem die Palästinenser eine Autonomie à la Camp David abgelehnt hatten, weil sie ihre souveräne staatliche Existenz und die Legitimität der PLO ausklammerte, waren die drei davon überzeugt, daß der Widerstand der palästinensischen Bevölkerung in den besetzten Gebieten gegen die Okkupation und den Autonomieplan von Camp David nur gebrochen werden konnte, wenn die PLO zerschlagen war. In ihrer Bewegung «Groß-Israel» war kein Platz für eine Bewegung der Palästinenser. Professor Milson, der Experte des Likud-Blocks für die besetzten Gebiete, hatte ihnen deutlich gesagt, daß der Einfluß der PLO nicht zurückgedrängt werden könne, weil man unter dem Volk von Palästina keine Führungskräfte fand, die mit den Besatzungsbehörden zusammenarbeiteten. «Der Kopf der Schlange muß deshalb zerquetscht werden, und der ist in Beirut», sagte er.

Was dieses Trio fernerhin kennzeichnete, war ihr zügelloser politischer Jargon. In dem Jahr vor dem Krieg und auch während der Kampfhandlungen in Libanon sprengten Begin, Sharon und Ejtan in dieser Hinsicht jeden Rahmen, um Haß und Feindseligkeiten gegen die PLO zu schüren. Sie bezeichneten deren Mitglieder als Mißgeburten der menschlichen Gesellschaft, als Mörder, Diebe, Tiere auf zwei Beinen, lästige Fliegen, korrupte und scheue Elemente – kurz: als Ungeheuer in Menschengestalt, die man töten, vernichten, vertilgen mußte. Mehr als alle ihre Amtsvorgänger charakterisierte diese Männer völlige Ignoranz gegenüber internationalen Normen oder der öffentlichen Meinung im In- und Ausland, als bestimmten allein sie die Regeln der

Politik. Sie präsentierten sich als die Hegemonen des Nahen Ostens, ohne jedoch nur im geringsten das Ohr von Washington abzuwenden.

Sharon hatte wie kein anderer die Bedeutung des mächtigen Militärpotentials von ZAHAL für eine solche Politik erkannt. Und Begin hielt die Zeit für gekommen, die Früchte dieser Macht zu ernten. Offen und brutal vollzogen sie nun, womit die zionistische «Arbeiterpartei» verschämt begonnen hatte. Sie versuchten militärische Siege als Basis für territoriale Ansprüche und politische Machtausdehnung zu nutzen. ZAHAL war in ihren Augen das geeignete Instrument hierfür. Anders als ihre Vorgänger sagten sie offen, daß der Libanonkrieg kein Verteidigungskrieg Israels sei. Die Kriege, die bis dahin nicht unmittelbar von Israel initiiert worden waren — dazu zählte Begin den Krieg von 1948 und den Yom-Kippur-Krieg von 1973 —, hätten Israel nur Nachteile gebracht. Allein Initiativkriege wie der Sechs-Tage-Krieg oder der Sinai-Feldzug von 1956 seien für Israel gewinnbringend gewesen. Nicht Krieg als letztes Mittel der Politik, sondern Krieg zur Verwirklichung der politischen Ziele der Nation sei das Erfolgsrezept, verkündete Begin in einer Rede vor Israels Institut für nationale Sicherheit. Wer Zweifel an diesen Thesen aufbrachte oder gar Kritik übte, wurde des Verrats beschuldigt. Rollkommandos und Schlägertrupps «kümmerten» sich um jene. Das politische Attentat ließ nicht lange auf sich warten. Wie wahr erwies sich doch der Satz, daß ein Volk, das andere unterdrückt, selbst nicht frei sein kann.

Begin, Sharon und Ejtan waren in besonderem Maße die Interessenvertreter des Großkapitals, das eng mit dem der USA verflochten ist. Sie bildeten die radikalste, chauvinistischste, äußerst rechts stehende politische Strömung des Zionismus: die zionistischen Revisionisten. «Oranim» war der Deckname für ihren Angriffsplan gegen Libanon und Syrien, an dem ab Frühjahr 1981 im Generalstab gemeinsam mit «Experten» aus den USA emsig gearbeitet wurde. Auf dem politischen Parkett ließ Begin von nun an nicht nach, in dem ihm eigenen pathetischen Ton über den drohenden Untergang der Christen in Libanon und über eine Gefährdung von Israels Sicherheit durch Syrien und die PLO zu lamentieren. Ejtan erhielt grünes Licht für den Einsatz der israelischen Luftwaffe gegen Syrien. In diese Zeit fiel auch der dreiste israelische Luftüberfall auf das Atomkraftwerk in Irak (7. Juni 1981), dem sich Weizman seinerzeit noch widersetzt hatte.

Im Juli 1981 ließ sich Ejtan den Einsatzbefehl für die Luftwaffe gegen Beirut bestätigen. ZAHAL eröffnete ein neues Kapitel seines traurigen Ruhms: die Bombardierung von arabischen Großstädten. Ihr strategischer Wert war gleich Null. Um so mehr litt die Zivilbevölkerung.

Begin war kein Freund von langwierigen, demokratischen Prozeduren der Meinungsbildung und Bestätigung im Kabinett. Das hatte er schon an Eschkols Regierungsstil am Vorabend des Sechs-Tage-Krieges kritisiert. Im eigenen Kabinett machte ihm nur Informationsminister Zipori Schwierigkeiten. Zipori vertraute mehr auf den militärischen Nachrichtendienst der Armee als auf die Informationen Ejtans, die dieser von seinen häufigen Aufenthalten bei den christlichen Milizen in Libanon, sozusagen vor Ort gesammelt, mitbrachte. Als ehemaliger Brigadegeneral und Stellvertreter des Sicherheitsministers Weizman hatte er längst die Widersprüche zwischen den Einschätzungen von Generalstabschef Ejtan und dem Chef seines Nachrichtendienstes, Shagai, erkannt. Er kritisierte auch, daß militärische Operationen ohne Zustimmung des Kabinetts unternommen worden waren. Im Einvernehmen mit Sharon wurde deshalb Zipori nicht in den Ministerausschuß für Sicherheit aufgenommen. Begin verzichtete auch auf die sonst übliche Benennung eines Sekretärs für Militärangelegenheiten beim Büro des Premierministers, damit der Kreis der Kriegstreiber ungestört blieb.

Ende 1981 verkündete Begin die juristische Annexion des Golan. Anfang 1982 griff die israelische Luftwaffe syrische Stellungen bei Djebel Zemin an und provozierte Luftschlachten zwischen israelischen und syrischen Kampfflugzeugen. ZAHAL bezog Stellungen im Norden von Galiläa. Sharon und Ejtan hielten sich jetzt mehr bei Baschir Gemayel von der Falange – eine an faschistischen Vorbildern orientierte militärische Organisation – und Major Haddad in Libanon auf als bei den eigenen Truppen. Mit dem Pentagon hatte sich Sharon detailliert über Einflußsphären und territoriale Gesichtspunkte abgestimmt. Die Verstärkung von Einheiten der US-Flotte im Mittelmeer war in Aussicht gestellt worden. «Der Plan ‹Oranim› wird umgesetzt werden», sagte er nach seiner Rückkehr aus den USA vor dem Kabinett. Der Krieg wartete auf seinen Anlaß.

Der Plan «Oranim» lag in zwei Varianten vor. Die erste sah die Vernichtung der «Terroristen», wie die Palästinenser im Sprachgebrauch der Israelis genannt wurden, in einer Tiefe bis zu 40 km vor. Nach der umfassenderen zweiten Variante wollte man bis nach Beirut und der Straße Beirut – Damaskus vordringen. Umstrittener Punkt des Gesamtplans war die Zeit, in der die Operation realisiert werden sollte. Sharon verlangte 24 Stunden, während der Generalstab auf mindestens 72 Stunden beharrte, da Gebirgsgelände mit schmalen Straßen und wenig Entfaltungsmöglichkeiten überwunden werden mußte. Für die Zahl der Opfer von ZAHAL sah der Plan ebenfalls Varianten vor: mindestens 150 Tote; im Falle des Konflikts mit syrischen Streitkräften maximal 300.

Gemeinsam mit Gemayels Falangisten, die Ostbeirut und das Gebiet nördlich der Straße Beirut – Damaskus kontrollierten, sollten die PLO-Kräfte in die Zange genommen und vernichtet werden. Als Gegenleistung wurde Gemayel die Zerschlagung aller seiner Gegner im Innern wie außerhalb des Landes auf dem Weg von Süden nach Norden zugesagt. Im Klartext hieß das: Zerschlagung der nationaldemokratischen Kräfte des Libanon, der Palästinenser und der Syrer.

Gemayel, der den Stuhl des Präsidenten von Libanon im Auge hatte, konnte sich auf die getreuliche Hilfe des Militärs Ejtan wie auch auf Politiker wie Begin, Sharon und andere verlassen, obwohl sie vorerst in der Anonymität blieben — eine Vorsichtsmaßnahme, die sich im Verlauf des Krieges und während der Belagerung Beiruts als sehr nützlich für sie erwiesen hat.

Laut Camp-David-Komplott sollten die Israelis bis zum 25. April 1982 endgültig von der Sinaihalbinsel abgezogen sein. Um die Ägypter auch nur von der Erwägung eines Eingreifens im Norden abzuhalten, waren Begin, Sharon und Ejtan bestrebt, den Plan «Oranim» bereits vor diesem Termin in Gang zu setzen und den Sinai sozusagen als Faustpfand bis dahin zu behalten. Doch wie schon 1981 wurde auch im Februar und im April 1982 der Plan «Oranim» nicht realisiert. Das hatte vornehmlich zwei Ursachen. Noch immer gab es keinen triftigen Grund, um einen neuen Krieg im Nahen Osten vom Zaun zu brechen, der vor der Weltöffentlichkeit gerechtfertigt werden konnte, und noch immer gab es Meinungsverschiedenheiten über die Realisierung. Im Prinzip zeigte sich das gleiche Bild wie am Vorabend des Sechs-Tage-Krieges in der Regierung Eschkol. Außer den israelischen Kommunisten trat niemand entschieden gegen den Krieg auf, ganz gleich, ob Regierungsparteien oder Opposition. Worum sie stritten, waren Kilometer, Zeiten und ob und wie weit Syrien in den Krieg einbezogen werden sollte.

Begin, Sharon und Ejtan hatten alles ins Kalkül gezogen: Ein entscheidender Schlag gegen die PLO sollte deren Bestrebungen nach einem eigenen Staat endgültig zunichte machen und die Westbank in Israels Hand belassen. Wie weit würde ihnen dabei die oppositionelle «Arbeiterpartei» folgen? Für ein Vordringen in Tiefen von 40 bis 45 km («Oranim»-Variante Nr. 1) hatte sie ihre Zustimmung bereits gegeben. Doch ein vorgelegter Plan war nach Sharon immer nur die Basis für Veränderungen, für weitergehende Schritte. Begin hatten die Details des Planes nie interessiert. Ejtan, der so sehr nach Beirut wollte, hatte verstanden, daß Sharon gerade von ihm erwartete, «Oranim»-Variante Nr. 2 in Gang zu setzen. Und niemand konnte Sharon vorwerfen, er hätte als Sicherheitsminister einen Befehl ausgesprochen, der seine Befugnisse überschritt. Im Sechs-Tage-Krieg hat die Frage nach dem ersten Schuß, die vorher so leidenschaftlich diskutiert worden war, am Ende niemanden interessiert. Wer würde schon nach den Varianten fragen, wenn der Krieg erst einmal ins Rollen gekommen war?

Alles war vorbereitet, und einen Anlaß bzw. Vorwand für den Krieg hatte man inzwischen auch zur Hand: Am 3. Juni 1982 war der israelische Gesandte in London, Schlomoh Argow, getötet worden. Als Täter wurde Abu-Nejdal ermittelt, ein ehemaliges Mitglied der Fatah, von ihr wegen seiner Terroranschläge in Abwesenheit zum Tode verurteilt. Trotzdem konstruierte man in Tel Aviv mit dieser Person und ihrer Tat den Vorwand für die «Vergeltungsaktion» gegen die Palästinenser in Libanon. Am 4. und 5. Juni 1982 wurde Beirut bombardiert. Es gab Tausende Tote und Verwundete. Am 6. Juni 1982, um 11 Uhr, drang ZAHAL an 3 Abschnitten zugleich in den Libanon ein. Der Angriff wurde zu Lande, zu Wasser und aus der Luft vorgetragen. Insgesamt ließen Sharon und Ejtan in diesem von der Regierung bestätigten, begrenzten und nicht allzu streng definierten Krieg mehr Panzer auffahren, als Israel im Yom-Kippur-Krieg am Golan und auf Sinai zusammengenommen zur Verfügung gestanden hatten. Der Plan «Oranim» wurde umgetauft. Er hieß jetzt «Frieden für Galiläa».

Etappenhengste

Der Geist von Tel Nof herrschte inzwischen in allen ZAHAL-Truppenteilen vor. Und doch gab es einen Unterschied: Die Freiwilligen waren rar geworden, das Unrecht offensichtlicher. Im Kibbuz traf ich Rommeck. Seine Erzählungen erinnerten mich sehr an meine und Uris Rekrutenzeit damals auf Sinai. Auch er hatte seine Grundausbildung noch nicht abgeschlossen, als ihn ZAHAL schon in den Krieg, diesmal auf den Marsch nach Libanon schickte. «Wir Grünschnäbel hatten gar nicht damit gerechnet», begann er zu erzählen. «Ich kann mich noch genau an jenen Abend erinnern, als es losging. Wir waren gerade im Shekem (dem Kasino der israelischen Armee − T. F.). Ein Höllenlärm in dem großen Saal. Am Büfett herrschte Gedränge. Wer noch ausreichend bei Kasse war, stand in der Schlange für Bier. An der Wand hing ein überdimensionales Reklameschild: Bira − das Getränk für Männer. Man mußte brüllen, anders konnte man sich nicht verständigen bei der lauten Musik. In der Mitte des Saales tanzten welche ganz verrückt nach dem neuesten amerikanischen Sound, der gerade über Gale-ZAHAL (der israelische Soldatensender − T. F.) ausgestrahlt und über die Lautsprecher in den Saal geflutet wurde. Im Raum hing ein dichter Schleier aus Zigarettenqualm. Rings um die Tanzfläche waren die Stühle zur Mitte gedreht. Die Soldaten stampften im Rhythmus der Musik mit den Füßen oder trommelten mit den Fäusten auf die Tische. Nahe der Eingangstür rauften sich zwei, umringt von ihren Kumpanen, die etwas erleben wollten, und beide anstachelten. Die Ansage des nächsten Hits wurde mit Getöse begrüßt. Plötzlich verstummten die Lautsprecher. Ein Pfeifkonzert setzte ein, das sie aber auch nicht wieder belebte. Der Lärm ebbte allmählich ab. Spannung trat ein. Eine Flasche fiel zu Boden. Es hörte sich an wie eine Explosion. Endlich ertönte die bekannte Stimme der Sekretärin aus dem Bataillonsstab: ‹Achtung! Eine Durchsage! Alle Männer der dritten Kompanie melden sich unverzüglich auf dem Appellplatz vor dem Bataillonsstab!›

Wir vermuteten wieder eine Schikane für die Pisser, wie uns alle nannten. Schnell noch den Rest der Flasche hintergekippt, und dann los.

Auf dem riesigen Appellplatz vor dem Gebäude des Bataillonsstabes herrschte Unruhe. Der Raw-Samal, die verdammte Mutter der Kompanie, pfiff schon die Leute an: Wo sind die Gruppenführer? Habt ihr nicht die Durchsage gehört?

Aus dem Durcheinander bildeten sich nur langsam die Gruppen und Züge. Es fehlten noch welche. Korporal Zfati, der gerade eintraf, fluchte verärgert: ‹Zum Teufel, was liegt an? Kann man denn nicht leben in dieser beschissenen Einheit?› Der Lautsprecher vom Appellplatz hatte ihn am Zaun erreicht. In der angrenzenden Plantage arbeitete in dieser Nacht wieder die ‹Heiße Zipi› aus Ramleh. Zfati wäre bald drangewesen. Nun war er sauer. Das bekam seine Gruppe zu spüren.

Jetzt fehlte nur noch Besseranow. ‹Wo hast du gesteckt, du elendes Miststück?› schrie der Raw-Samal. ‹Hol deine Sachen! Was stehst du hier noch 'rum?›

Besseranow machte keine Anstalten zu gehen. Er zeigte ein leidendes Gesicht und hielt sich den Bauch mit beiden Händen. ‹Ich bin krank›, murmelte er vor sich hin. ‹Ich schwöre es bei meiner Mutter.›

Der Raw-Samal kochte vor Wut: ‹Du Hurensohn markierst doch bloß.› Doch plötzlich kamen ihm wohl Zweifel. Wenn Besseranow nun wirklich krank war, kriegte er einen Anschiß, weil er die Rechte der Soldaten mißachtet hatte. Er verschwand im Stabsgebäude. Vielleicht wußte der Offizier vom Dienst Rat. Als er zurückkehrte, schickte er Besseranow zum Krankenappell. Der Offizier vom Dienst ließ sich in der Zwischenzeit mit dem Bataillonsarzt telefonisch verbinden: ‹Wir schicken Ihnen einen Soldaten namens Schmuel Besseranow›, meldete er dem Sanitätsoffizier. ‹Er behauptet, Bauchschmerzen zu haben. Dieser Besseranow ist eine Nummer bei uns, einer von den Typen, die sich drücken, wenn es heißt, zu einer Operation auszurücken. Machen Sie ihm einen Einlauf. Von mir aus nehmen Sie einen großen Eimer, so, wie wir das schon einmal verabredet hatten. Sie erinnern sich? Das hatte phantastisch gewirkt.› Ein hämisches Lachen an beiden Enden der Leitung.

‹Alles fertig?› — Eine Frage, die nur bezwecken sollte, daß wir Tempo machten. Es sah niemand hoch, denn wir waren alle mit dem Anlegen der Ausrüstung beschäftigt. Inzwischen waren die LKWs vorgefahren. ‹Wo soll's denn hingehen?› tuschelten die Leute im Glied. Auch die Gruppenführer wußten nichts.

Der Offizier vom Dienst kam aus dem Gebäude, baute sich vor uns auf und sagte: ‹Hört zu, Männer! Eure Kompanie fährt nach Norden, Richtung Libanon. Ihr wißt alle, was diese Araber wert sind. Tötet sie, das ist unsere Losung! Jeder Soldat ist verpflichtet, das zu tun. Wer einen lebenden Araber anschleppt, erhält einen Preis. Wer einen Toten bringt, bekommt einen doppelten Preis. Nur ein toter Araber kann uns keine Sorgen mehr machen.›

Die Leute blickten finster drein. ‹Der hat gut reden, der bleibt hier›, murmelte Zfati vor sich hin. Der Offizier vom Dienst übergab dem Raw-Samal wieder das Kommando und verdrückte sich in die trockene und warme Wachstube.

Von weitem war das Trio schon zu hören. Zwei Militärpolizisten des Bataillons und Besseranow näherten sich dem Appellplatz im Laufschritt. Die beiden hatten den dicken Besseranow fest im Griff und achteten darauf, daß er seine Waffe und die Ausrüstung, die sie ihm gegen den Bauch gepreßt hielten, nicht verlor. Sie hievten ihn über die hintere Klappe auf den LKW. ‹Ist dir die Behandlung gut bekommen?› rief der Raw-Samal Besseranow nach. Dem standen die Tränen in den Augen. Sein Hals war ihm wie zugeschnürt, er atmete schwer. Keiner von uns lachte. Den Zynismus des Raw-Samals hatten wir alle schon einmal zu spüren bekommen.

Unsere Fahrzeugkolonne hatte die Hauptstraße erreicht und fuhr nun in Richtung Norden nach Metulah, dem Grenzübergang zu Libanon. Wir hockten schweigend auf den Fahrzeugpritschen. Seit Wochen tobte schon der Krieg in Libanon. ZAHAL warf immer neue Kräfte in diesen Kampf, nun auch uns. Es war viel Bewegung auf der Straße nach Metulah. Je mehr wir uns der Grenze näherten, desto schwieriger war es für die Fahrer, sich durchzuschlängeln und den Anschluß zu den übrigen Fahrzeugen der Kompanie aufrechtzuerhalten. Schweres Kriegsgerät versperrte die Straße. Mit uns schleppte sich eine endlose Fahrzeugkolonne mit Nachschub an Munition und Material in Richtung Norden. Noch nie hatten wir so viele Panzer und Artillerie zusammen gesehen. Auf der entgegengesetzten Fahrbahn bewegten sich Verwundeten- und Gefangenentransporte nach Süden. Auch bei ihnen ging es nicht ohne das ewige Stoppen, Anfahren und wieder Stehen ab. Einige von uns versuchten dabei von denen, die auf der Rückfahrt waren, etwas über die Lage in Libanon in Erfahrung zu bringen. Ein Kraftfahrer winkte ab. Der Posten der Militärpolizei zuckte nur mit den Achseln. Nahe der Grenze kamen wir endgültig zum Stehen. Ein Verkehrsstau. Fahrzeuge aller Art, so weit das Auge sehen konnte. Wir mußten unter freiem Himmel übernachten. Von Schlaf konnte keine Rede sein. Die ganze Nacht fauchten Flugzeuge über unsere Köpfe hinweg, nach Norden oder Süden. Mit uns lagerten noch andere Einheiten hier. Auch sie wußten nur, daß es weiter nach Norden gehen sollte.

Die Nacht und der erste Tag waren vergangen. Außer Gerüchten, wann es weitergehen sollte und wohin – nichts. Die Flüge der Hubschrauber hielten pausenlos an. Wir wußten: Flog eine Maschine in Richtung Südwesten, wollte sie nach Rambam zum großen Hospital, jetzt Lazarett. Für einen Moment trat dann immer jenes Schweigen ein, das das Nachdenken stets begleitet. Danach setzten die Soldaten ihr Kartenspiel, das Plaudern oder sonstiges Nichtstun fort. Keiner von den Offizieren oder Unteroffizieren achtete auf Ordnung und Disziplin. Binnen zwei Tagen waren wir ein regelrecht verlotterter Haufen, doch niemand störte sich daran. Der Faktor Zeit hatte seine Bedeutung verloren. Die einzige Abwechslung des Tages war das Feldgericht.

Im Schnellverfahren verurteilte man einen Samal (Sergeant — T. F.) der Reserve, weil er sich geweigert hatte, die Grenze zu überschreiten. Eigens dafür war aus Saida der Offizier des zuständigen Divisionsstabes mit seinem Jeep angereist, mit dem er nach dem Verfahren eiligst wieder zurückfuhr. Er nannte dem Samal ein paar Paragraphen, verkündete ihm das Strafmaß und händigte ihm die vorbereitete Gefängniseinweisung aus. Es war alles sehr schnell und ohne Aufregung abgewickelt worden. Der Reservist, bis zum Verfahren streng isoliert, durfte nun seine Sachen packen und sich auf den Weg nach Keleh Schesh machen, dem zentralen Militärgefängnis Nr. 6. Nur wenige wagten, ihm einen flüchtigen Gruß nachzurufen. Shalom!, nicht mehr. Alle Blicke begleiteten ihn bis zur Straße hinüber.

Auch Besseranow hatte alles aufmerksam beobachtet. Er schien von dem Mut dieses Reservisten beeindruckt. Vielleicht identifizierte er sich insgeheim sogar mit ihm. Ich saß neben ihm, doch wir sprachen nicht weiter darüber. Uns war klar, daß man viel Mut aufbringen mußte, um diese Form des Protestes durchzustehen.

Unsere Kompanie war wieder in Bewegung. Ob wir noch in Israel waren oder schon die Grenze passiert hatten — wir wußten es nicht. Es ging jedenfalls weiter, nun in Richtung Nordwesten zum Mittelmeer. Der Morgen dämmerte, als wir die Stadt Tyr erreichten. Gegen das aufkommende Licht am Horizont hoben sich die Umrisse der Hochhäuser ab. Sie schienen unversehrt. Das Ausmaß der Zerstörung erkannten wir erst, als wir uns der Stadt näherten. Das Auge weigerte sich, diese Schuttmassen zu erfassen. Hier war ganze Arbeit geleistet worden. Aus dem palästinensischen Flüchtlingslager El-Baas, gleich am Eingang der Stadt, stiegen noch Rauchschwaden empor. Die erbärmlichen Hütten waren verlassen und zerstört. Es stank entsetzlich nach verkohlten und verwesenden Leichen. Wer sollte das aushalten? Einige von uns mußten sich übergeben.

Ein Posten brachte unsere Kolonne zum Stehen. Die Straße war voller Trümmer, ein Passieren unmöglich. Wir wurden umgeleitet. Als wir die menschenleere Geisterstadt endlich verlassen hatten, waren wir alle erleichtert. Es ging weiter nach Norden. Bald hatten wir unser vorläufiges Ziel, Saida, erreicht. Absitzen. Wozu, wußte niemand so richtig. Die Stadt bot ein ähnliches Bild wie Tyr. Alle waren offensichtlich schockiert und bewegten sich wie nach einem Trauma, Soldaten wie Offiziere. Niemand befahl etwas. Es wurde nicht einmal angetreten, wie es sonst üblich war, wenn wir einen Bestimmungsort erreicht hatten. Solange wir auf den Fahrzeugen gehockt hatten, fühlten wir uns geborgen. Doch jetzt wagte sich keiner vom Fleck. Während wir unentschlossen herumstanden, kam eine Patrouille vorbei. Die Leute schrien schon von weitem: ‹Terroristen! Paßt auf, überall sitzen Scharfschützen!› Die ganze Welt schien für sie voller Terroristen zu sein. Mann, waren die nervös.

Unser erster Einsatzort war Ejn el-Chilwa, ein Lager der Palästinenser,

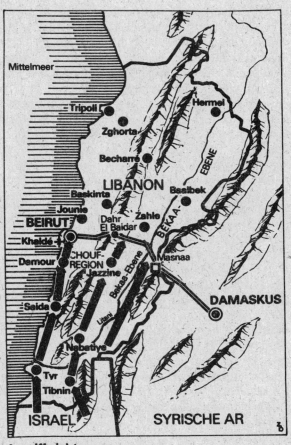

**Angriffsrichtungen
der israelischen Invasionsarmee**

aus dem, wie es hieß, das Feuer noch erwidert wurde. Der Weg dorthin war schwierig, weil die Straßen voller Schutt lagen. Und überall Leichen. Auf Ejn el-Chilwa lag das Feuer unserer Artillerie. Männer, Frauen und Kinder rannten verzweifelt umher, ohne Ziel und Hoffnung. Als die Geschütze für kurze Zeit verstummten, wurden Panzerwagen mit riesigen Lautsprechern an das Lager herangefahren: ‹Kulkum el-Bachar!› (Alle zum Meer! — T. F.) dröhnte es in arabischer Sprache durch die Straßen, in denen Männer, Frauen und Kinder immer noch ziellos herumirrten. Dann kam die Aufforderung, die Waffen zu strecken. Zugleich wurde der nächste Artilleriebeschuß angekündigt. Moderner psychologischer Krieg. Kaum hatte auch dieser Feuerhagel aus-

Deutlich mit Farbe gekennzeichnete gefangengenommene Palästinenser werden nach Israel abtransportiert

gesetzt, stürzten sich Kampfflugzeuge unserer Luftwaffe auf Ejn el-Chilwa. Zu zerstören gab es kaum noch etwas. Die Trümmer wurden nur umgewühlt.

Wir Neuen hatten schnell gelernt, trugen unsere Waffen im Anschlag. Gleich denen, die schon länger hier waren, haben wir alles Überflüssige abgestreift. Die Stadt war schon vor Tagen eingenommen worden. Was für einen Widerstand konnte es da noch groß geben? Also 'runter mit allem, was die Bewegung hemmte.

Unsere Aufgabe bestand darin, die Menschen durch die Trümmer in Richtung Küste zu dirigieren. Dort wurden sie kontrolliert, auf Waffen durchsucht. Ein riesiger Flüchtlingsstrom bildete sich. Aus der Menschenmenge mußten wir die Männer aussondern. Es gab verzweifelte Schreie, wenn Familien getrennt wurden. Andere Menschen wimmerten still vor sich hin. Überall schlug uns Haß entgegen. Wir Soldaten reagierten nervös auf jede verdächtige Bewegung, bahnten uns mit den Kolben den Weg zu den Personen, die wir erspäht hatten, bereit, den geringsten Widerstand mit allen Mitteln zu brechen. Alle paar Minuten schoß jemand eine Salve über die Köpfe der Menschen hinweg, um sie noch mehr einzuschüchtern, teils auch aus Nervosität. Die Offiziere rannten wie aufgescheucht umher und stachelten uns an, nicht zim-

Für die Freilassung ihrer Männer und Väter vor dem Gebäude der israelischen Militärverwaltung in Saida demonstrierende palästinensische Frauen und Kinder werden brutal von israelischen Soldaten vertrieben

perlich zu sein. Mitleid ließen sie nicht aufkommen. Wenn ein Soldat zögernd vor einer flehenden Gestalt stand, hatte er sofort einen Offizier im Nacken. Mit besonderem Eifer war hier der Raw-Samal bei der Sache.

Unten am Strand standen sechs Autos, an denen die Männer aus der Zivilbevölkerung vorbeigeführt wurden. In jedem Wagen saß getarnt ein Helfer, ein Araber, der mit uns zusammenarbeitete. Sie wurden vom Verhörkommando Affen genannt. Aus der Reihe der endlos Vorbeiziehenden griffen sie einzelne heraus, die daraufhin festgenommen, mit breiten Farbstreifen an Brust und Rücken markiert und in die Lager abgeführt wurden. Gegen Abend durften die übrigen Menschenmassen wieder in die Stadt zurück, die nur noch ein Trümmerhaufen war. Bedauernswerte Gestalten. Während wir sie stumm passieren ließen, kam über Funk erneut die Beschreibung von Verdächtigen, und wieder wurden wir angewiesen, die Leute aufzuhalten, zu durchsuchen. El-Bachar – zum Meer – war für die Menschen von Saida zu einem Begriff des Schreckens geworden.

Terror israelischer Soldateska gegenüber der Zivilbevölkerung in dem besetzten Nablus im Westjordanland

Israelische Aggressoren haben gefangengenommenen Palästinensern die Hände gefesselt und die Augen verbunden. Sie sind der Willkür der Besatzer ausgeliefert

Mag sein, daß die Vortrupps der Armee hier einen bewaffneten Gegner niedergerungen hatten. Wir waren ausschließlich gegen die Zivilbevölkerung eingesetzt. Etappenhengste. Am unwohlsten war uns, wenn wir den Profis — den grünen Baretten oder den Leuten vom Schin Bet (dem israelischen Sicherheitsdienst — T. F.) —, denen wir die Menschen praktisch zuleiteten, bei der Arbeit zusehen mußten. Unter uns nannten wir sie die Ratten der Etappe. Abends waren wir immer froh, es überstanden zu haben. Doch morgens wiederholte sich das alles.

Auf dem Weg zurück ins Quartier hatten wir uns einmal verlaufen. Die Trümmerlandschaft war durch die letzten Bombeneinschläge schon wieder verändert worden. In den Ruinen beobachteten wir eine wimmernde Frauengruppe. Vor ihr, unter einem herabgestürzten Betonpfeiler, lag eine Frau ohne Beine. An ihrer Seite lag ein Baby, völlig unversehrt. Es hatte gleich seiner toten Mutter große schwarze Augen, die es, weit aufgerissen, auf die umstehenden Menschen gerichtet hielt. Für einen Augenblick konnten wir uns nicht von der Stelle rühren. Dann entfernten wir uns, ohne miteinander ein Wort zu wechseln. Einer von uns spuckte in den Sand, ein anderer trat mit den Füßen gegen herumliegende Gegenstände.

In das Haus an der nächsten Ecke hatten Granaten ein riesiges Loch gerissen. Es zog sich über mehrere Stockwerke. Wir betrachteten es stumm, manch einer mit gleichgültiger Miene, andere mit erschrecktem Gesicht. Wir wollten gerade weiter, als jemand rief: ‹Kameraden! Hierher, schnell!› Alles rannte hinter das Haus, von wo die Stimme herkam. Im Hof stand ein großer Kirschbaum. Darunter lag die verkohlte Leiche eines Palästinensers. Die Früchte der einen Baumhälfte waren von der Hitze des Feuers zusammengeschrumpft. Auf der anderen Seite hingen noch saftige, blutrote Kirschen. Ein Soldat stand auf einer Kiste und sammelte die Früchte eifrig in seinen Helm. Der penetrante Geruch von verkohltem Menschenfleisch störte ihn ebensowenig wie die vielen Fliegen hier. Im Nu stürzten auch die anderen auf den Baum zu und stopften sich den Mund voll mit Kirschen. An der Bordkante der Straße stand ein Patrouillenjeep. Die Insassen, Reservisten, schwiegen vor sich hin und rauchten. Sie zogen heftig den Qualm in sich hinein. Die Kirschen, die ihnen angeboten wurden, lehnten sie ab. Ein Trupp Sanitäter tauchte auf und versprühte Chemikalien, um eine Epidemie zu verhindern. Genausogut hätten diese Etappenhengste mit einem Eimer Wasser einen Waldbrand bekämpfen können.»

ZAHAL hatte für die Etappe Sondereinheiten eingesetzt, die für die Zivilbevölkerung sorgen sollten. Sie waren hoffnungslos überfordert bei den Massen von Flüchtlingen und dem Ausmaß der Zerstörungen. Seit Tagen gab es keinen Strom und kein Wasser. Überall stießen diese Sondertrupps bei ihren Bemühungen auf Gleichgültigkeit oder offenen Zynismus in der eigenen Armee. Doch die Zahl der Soldaten, denen diese Verbrechen an die Nieren ging, wuchs in diesem Krieg. Die israelische Eroberungsmaschinerie eskalierte indes weiter, immer weiter nach Norden, nahm zunehmend die Konturen eines Ungeheuers an, das den Frieden der Welt bedrohte.

Stimmungen

Auch dieser Feldzug ist als eine Blitzaktion geplant worden, doch nie war die Kluft zwischen Plan und Realität für ZAHAL derart groß, wie gerade in der Libanon-Aggression. Seit Monaten lagen sie nun schon im Morast. Und je länger dieser Krieg andauerte, der für Libanons Dörfer und Städte unmittelbare Zerstörungen und ungezählte Opfer, den erfolggewohnten israelischen Soldaten jedoch keine militärischen Ergebnisse zeigte, desto mehr Diskussionen kamen bei der auf schnelle Siege orientierten Truppe auf. Anfangs sprach man nur im engsten Kreis. Allmählich machten die Soldaten offen ihrem Unmut Luft. Samal (Sergeant) Schraga Katz sagte: «Das Gerede im Radio über unser Ziel war ein großer Betrug. Von wegen nur vierzig Kilometer tief eindringen und die Kanonen der Terroristen aus der Reichweite zu Galiläa bringen. Seit wir hier sind, habe ich bei denen nicht ein Geschütz gesehen. Nach so vielen Kriegen kenne ich mich aus, ob es sich um eine begrenzte Aktion oder um einen Feldzug handelt, auch wenn ich nur Sergeant bin.»

«Hör bloß mit den Meldungen auf», ärgerte sich auch Ilan Ofir. «Wenn sie uns wenigstens gesagt hätten: Hört zu! Wir haben das Ziel nicht ganz erreicht, wir müssen noch ein paar Kilometer vordringen. Aber nein. In den Zeitungen schreiben sie so, und uns befehlen sie so. Erinnert ihr euch noch, wie wir die Dörfer gesäubert haben und dann auf Truppen der syrischen Armee gestoßen sind? Sie zogen nach Norden und wir immer kräftig hinterher, um sie zu bedrängen. Die Syrer wurden von uns attackiert, nicht wir von ihnen. Aber im Radio haben sie laufend berichtet, daß ZAHAL von ihnen angegriffen wurde.»

«Stimmt genau!» bestätigte Schraga. «Sie waren nur wenige und versuchten uns auszuweichen und wir sollten sie provozieren, vom Hauptziel ablenken. Leutnant Minski nannte das Gefechtsnebel.»

«Gefechtsnebel, den hatten wir auch in Beirut», warf Ilan Ofir ein. «Im Radio haben sie von früh bis spät von einer Feuerpause geredet, und was war? Die Jungen dort haben mit ihrer Artillerie ununterbrochen auf Beirut gefeuert. Dreihundert Granaten in einer Stunde, von einer einzigen Batterie. Könnt ihr euch das überhaupt vorstellen? Die wußten gar nichts von einer Feuerpause.»

«Und dann noch zu behaupten, daß ZAHAL keine Verluste hat, ist die größte Chuzpe» (Frechheit – T. F.), sagte Daniel Ron, der bisher ziemlich ruhig gewesen war.

Immer mehr Soldaten an der Front erkannten, daß die Berichte der offiziellen ZAHAL-Sprecher im Verlaufe des Krieges immer weniger mit der Realität übereinstimmten. Zu Hause erfuhr man die Wahrheit erst später. Das war kein Gefechtsnebel, der zu Beginn eines Angriffs aufstieg und bald verflog. Er stand wie eine Wolkenwand und wurde von Tag zu Tag dichter. Er sollte wohl mehr die Sicht in den eigenen Reihen vernebeln. Den offiziellen Berichten zufolge waren die ZAHAL-Soldaten überall mit Reiskörnern empfangen worden, als Zeichen der Dankbarkeit für die Befreiung Libanons von den Terroristen. Bei diesem Thema winkte Schraga nur ab: «Es ist doch klar, daß uns die Falangisten so begrüßt haben. Ihre erste Frage an uns war: ‹Wann nehmt ihr Westbeirut? Dringt endlich ein! Macht sie fertig›, haben sie gefordert. Dabei hättest du sehen sollen, wie diese eitlen Kerle von der Falange herumgelaufen sind, mit eng anliegenden Uniformen, allerlei Orden an der Brust und blitzblanken Waffen, während wir nicht einmal zum Schuheputzen gekommen sind. Weiß der Teufel, wofür sie ihre Orden bekommen haben. Sie haben ausgesehen wie die Stars in den Hollywood-Filmen. Zu kämpfen waren sie nicht bereit. Erst als wir ihnen den Weg freigeräumt hatten, zogen sie los — um zu morden und zu plündern. Es gab zwei Sorten von Libanesen. Die einen, die uns begrüßt, und die anderen, die uns angeschwiegen haben. Was blieb ihnen weiter übrig, angesichts unserer Übermacht? Du wirst das beschissene Gefühl nicht los, daß du in einen Bürgerkrieg hineingeraten bist und nicht weißt, warum du der einen Seite gegen die andere hilfst.»

In der Truppe machte sich Galgenhumor breit. Es hieß, die Christen Libanons seien entschlossen, gründlich aufzuräumen, auch in Syrien, sogar in der Türkei. Fragte man wie?, kam die Antwort: durch ZAHAL. Bei den israelischen Fallschirmjägern sprach man davon, daß der Gegner geschlagen, getötet werden müsse. Auf die Frage durch wen?, hieß es: die Panzerleute natürlich. Diese erzählten das Ganze genau andersherum.

«Schlimmer noch als die Falangisten waren die Milizionäre von Major Haddad», meinte Daniel. «Wir sind mit allem, was wir tun, in den Rahmen einer Armee eingeordnet. Aber die sind völlig frei. Sie gehen, wohin sie wollen, tun, was ihnen gefällt. Ausgesprochene Sadisten. Sie sind in Häuser eingedrungen und haben sich ein bequemes Quartier verschafft. Die Bewohner jagten sie einfach davon. Wer protestierte, wurde erschossen. Und auf wen fällt es zurück? Auf uns! Wenn du mit Palästinensern sprichst, schlägt dir angestauter Haß entgegen. Ich glaube langsam, daß wir die Probleme ohne oder gar gegen sie nicht lösen werden. Sie sind gedemütigt und müssen sich ruhig verhalten, doch sie sehen uns an, als wollten sie uns fragen: Warum habt ihr uns das angetan?»

Jetzt mischte sich Leutnant Arnon Minski, ein Frontoffizier, in das Gespräch ein. «Manchmal ist es aber auch nicht einfach, eine Entscheidung zu treffen. Ich habe vor Situationen gestanden, wo ich wußte, daß jede Entscheidung beschissen war. Sollte ich meine Männer in das Dorf hineinschicken und sie den Heckenschützen aussetzen, während sie die Zivilbevölkerung zum Verlassen der Häuser aufforderten, oder gleich das Feuer in die Siedlungen hineinhalten lassen? Die Männer schauen dich als ihren Kommandeur an, und du weißt nicht, was sie meinen. Erwarten sie, daß du sie schonst, oder haben sie Mitleid mit den Zivilisten? Viele Kommandeure haben nach der Devise gehandelt: lieber tote Zivilisten, als Opfer in den eigenen Reihen. Standen sie vor der Alternative, das Dorf zu stürmen und dabei, sagen wir, zehn Soldaten zu verlieren, oder zwei Stunden lang Artillerie einzusetzen, was etwa hundert bis zweihundert Zivilisten das Leben kosten mußte, dann haben sie lieber zwei Stunden lang die Kanonen sprechen lassen. Natürlich hat es auch Bataillonskommandeure gegeben, die ihren Männern offen ihre Bedenken mitgeteilt haben. Aber der Ort mußte gesäubert werden, so oder so. Viele haben jedoch überhaupt nicht lange überlegt. Sie wollten — in einer Art Wettbewerb zu anderen Einheiten — nur wieder ein Terroristennest vernichtet haben. Es gab Kommandeure, die Splitterbomben mit Zündverzögerung über bewohnten Gebieten einsetzen ließen.»

«Also, koscher ist die ganze Sache nicht», ließ sich wieder Sergeant Schraga vernehmen. «Man dringt in Dörfer und Stadtviertel ein und stirbt fast vor Angst. Überall vermutet man Widerstand. Du möchtest auf jeden Zweig schießen, auf jedes Blatt, das sich im Wind bewegt. Dann siehst du Frauen und Kinder in den Trümmern nach ihrer Habe suchen. Du kannst gar nicht anders, als Mitleid haben. Du läßt sie aus deiner Feldflasche trinken und hast damit zwei, drei Menschen geholfen, währen die Armee die Wasserversorgung eines ganzen Bezirkes zerstört hat. Du siehst Getreidefelder in Flammen aufgehen. Berge von verdorbenem Obst. Wir waren gewöhnt an Panzerkämpfe. Infanterie gegen Infanterie. Hier aber hat man uns gegen Zivilisten eingesetzt. Vielen hat es wohl bald nichts mehr ausgemacht. Manche haben sich der Situation angepaßt und gesagt: Wenn wir schon hier sind, dann laßt uns das Beste daraus machen. Sie haben sich genommen, was sie brauchten. Anfangs war es noch harmlos, Lebensmittel aus einem Laden, um die Kampfrationen aufzubessern, Zahnpasta, weil sie ihre vergessen hatten oder Zigaretten, wenn ihre naß geworden waren. Allmählich hat sich die Sache dann entwickelt. Sie plünderten, tauschten ihre Erfahrungen aus über die beste Technik, Toten die Uhren abzunehmen.»

Dieser Krieg hat viele Soldaten weiter demoralisiert, zugleich aber noch mehr ZAHAL-Angehörige zum Nachdenken angeregt. Überall waren Diskussionen entbrannt. In manchen Einheiten hat es regelrechte Auseinandersetzungen gegeben. Die Geister begannen sich zu scheiden. Der Libanonkrieg wirkte wie ein Katalysator.

Auch Uri hatte so seine Kriegserlebnisse. Sie waren typisch für jene jungen Offiziere und Soldaten der Reserve, die sich in der Protestbewegung «Jesh Gwul» (Bis hierher und nicht weiter) zusammengeschlossen hatten. Er

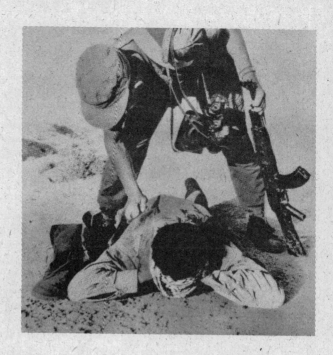

Gefangennahme eines Palästinensers durch einen Soldaten ZAHALs während der Libanonaggression

erzählte: «Ich habe mich bemüht, meinen Leuten klarzumachen, daß sie die Gefangenen menschlich behandeln sollen. Wir sind doch Soldaten und keine Banditen, habe ich ihnen gesagt. Wer sich ergibt, auf den wird nicht geschossen. Nehmt sie fest. Bringt die Verwundeten zur Behandlung, habe ich von ihnen verlangt. Einige sahen mich an, als redete ich merkwürdiges Zeug. Sie verstanden mich gar nicht. Die Palästinenser waren für sie Terroristen, Muchrabin — sie konnten es sogar schon auf arabisch sagen. Das hatten sie bereits in ‹den Gebieten› gelernt. Viele dieser Soldaten merkten gar nicht, was für Extremisten sie selber geworden waren. Andere hatten nur den Wunsch, die Gefangenen möglichst schnell wieder loszuwerden.»

Ganz gleich, wie sie dachten. Alle wurden von ihren Erlebnissen verfolgt, des Nachts in ihren Schlafsäcken, wenn jeder für sich allein war. Am nächsten Morgen mußten sie dann das niederträchtige Werk fortführen, das man sich in den Stäben ausgedacht hatte. Uri berichtete weiter: «Im Stab mußte ich mir Vorwürfe anhören, daß in meinem Zug zuviel diskutiert würde. Das schwäche die Kampfkraft der Armee. Sie haben große Worte gesprochen, vom Zusammenhalt der Kämpfer, der mit dem Blut der Gefallenen geschweißt worden sei. Dann teilte mir der stellvertretende Kompaniechef die niederträchtigsten Aufgaben zu. Widerspruch war zwecklos.

‹Was hast du heute wieder mit uns vor?› empfingen mich meine Soldaten im Quartier. Als ich Beirut sagte, trat für ein paar Sekunden eisige Ruhe ein. Nachdem sie die Nachricht verdaut hatten, entflammte eine heftige Diskussion. ‹Moment mal!› brüllte jemand. ‹Wir haben genug getan. Jetzt sind andere dran. Sollen die doch dort eindringen.› So sah der Zusammenhalt in der Truppe aus. Ich wußte es, und im Stab wußten sie es ebenfalls. Der schlimmste Befehl war, aus der Menge der Zivilbevölkerung die Terroristen herauszusieben. Selektion! Wohin man sie brachte, habe ich gesehen, als wir Lebensmittel für die Gefangenen anliefern mußten: Ringsum Zäune, Wachtürme und Lichtprojektoren. Frage nicht, woran ich bei diesem Anblick gedacht habe.

Von da an ebbten die Diskussionen der Soldaten nicht mehr ab. Bald war auch bei denen, die den Krieg einmal eifrig befürwortet hatten, die Anfangsbegeisterung dahin. Wir spürten alle, daß der Gegner noch zäher Widerstand leistete, nachdem er erkannt hatte, daß wir ihn nicht schlagen, sondern vernichten wollten. Und wir mußten zur Kenntnis nehmen, daß er standhielt, trotz unserer großen Armee und der vielen modernen Kampftechnik.

Ich konnte mich mit diesem Krieg nicht mehr identifizieren. Ich fragte mich nach dem Sinn und wie das enden sollte, suchte die Antwort bei meinen Kameraden, aber erhielt keine schlüssige Antwort. Nein, das kann ich wirklich nicht sagen. In der Kompanieführung hatte ich bereits einen schweren Stand. Man konnte nicht jedem sein Herz ausschütten und schon gar nicht irgendwelche Konsequenzen mit ihm besprechen. Viele rieten: ‹Melde dich nicht zu Aufgaben. Mache nichts, was man dir nicht ausdrücklich befiehlt.› Sollte ich mich damit begnügen?

Die Lage hatte sich festgefahren. Die Heeresleitung führte frische Kräfte heran. Die alten mußten abgelöst werden. Ich bekam Urlaub für achtundvierzig Stunden und trampte heimwärts. Ein westdeutscher Journalist nahm mich mit. Er hatte es eilig. Bis neunzehn Uhr wollte er in Haifa sein, damit sein Bericht noch in die Zwanzig-Uhr-Nachrichten des Fernsehens kam. Von Hamburg bis München, dachte ich, werden sie bekannte Bilder des Krieges zu sehen bekommen. Der Mann hielt den Krieg für brutal. Als Journalist könne er sich jedoch keine Ressentiments leisten. Er müsse dem deutschen Zuschauer zeigen, was die Israelis aus ihrem Schicksal gelernt hätten. Seine Gedankengänge waren für mich beängstigend. Er fragte nach meiner Meinung über Ejn el-Chilwa, El-Baas und die anderen Lager der Palästinenser. ‹Wie im Warschauer Ghetto›, gab ich zur Antwort, ‹nur, daß sie hier mehr Widerstand leisten.›

Der Deutsche lächelte über das ganze Gesicht. Deutlicher hätte er sich die Antwort von einem Juden wohl nicht wünschen können. Ich schämte mich für das, was wir getan hatten, wollte den Gedanken verdrängen, der uns mit den Greueltaten der Nazis verglich.

Ich wußte, in Saida waren bereits die grünen Barette eingetroffen, um in einer Weise für Ordnung zu sorgen, wie sie das auf der Westbank gewöhnt

Der in Israel entwickelte hochmoderne und kampfstarke «Merkawa»-Panzer (im Bild) wurde neben amerikanischen M 60- und britischen «Centurion»-Panzern in verhältnismäßig großer Anzahl in Libanon eingesetzt. Auf den «Merkawot» (Plural) fuhren Infanterie und Fallschirmjäger (bis zu 15 Mann je Panzer) bis dicht an Häuser heran, um sie nach Beschuß zu stürmen

Der Überfall auf Libanon geschah zu Lande, zu Wasser und aus der Luft. Im Bild: Eine Rotte israelischer Kampfflugzeuge vom Typ F-16 «Falcon» beim Start gegen Ziele in Libanon. Sie sollten zugleich die Luftüberlegenheit gegenüber Syrien sichern

waren. Vielleicht würden ihnen bald die neuen Siedler folgen. Dann würde man Razzien veranstalten, auf Menschen schießen, erst in die Beine, später, um sie zu töten. Sollte dabei jemand noch übertreiben, würden Menschen der sensiblen israelischen Gesellschaft auf die Straße gehen und demonstrieren, das wäre aber auch alles gewesen. Alle waren zu sehr mit den Problemen des Alltags beschäftigt.»

Uri stieg in Kiryat Schmoneh aus. In der Zeitung las er, daß die Aktien an der Börse infolge des Libanonkrieges gefallen waren. Eine lange Kolonne von

Noch vor Beginn der Libanonaggression bezogen auch U-Boote ZAHALs vor der libanesischen Küste Lauerposition, um vor allem erwartete syrische Vorstöße zur See abzuwehren und die Anlandung eigener Truppenteile im Rücken ihres Gegners abzusichern. Im Bild ein israelisches 600-ts-U-Boot des in der BRD entwickelten Typs 206. Eine britische Werft hat drei dieser Boote in Lizenz für Israel gefertigt. Gezeigt wird hier die Ankunft der ersten Einheit Mitte 1977 in Haifa

Militärfahrzeugen hinderte ihn daran, die Straße zu überqueren. Sie zog nach Norden, nach Libanon. Es waren Reguläre. Nachschub. Für ihn stand fest: Nach Libanon ging er nicht mehr!

Morast

Aus militärischer Sicht war der Libanonkrieg durch eine erdrückende, geradezu verschwenderische Übermacht von ZAHAL gekennzeichnet. Dies entsprach voll und ganz der Denkweise von Generalstabschef Raful Ejtan, der sich schon als Bataillonskommandeur gegen die Normen und Sollstärken für die Truppe ausgesprochen hatte. Die Ereignisse in Libanon haben mich wiederholt an seine Ausführungen vor den Fallschirmjägern des Bataillons 890 erinnert. Er hatte damals vom Panzer- und Artillerieeinsatz gegen die Hütten der Fedayin gesprochen. Im Libanonkrieg praktizierten das seine Soldaten bis zum Überdruß.

Die Fedayin werden nach dem heutigen ZAHAL-Sprachgebrauch Terroristen genannt. Die PLO-Einheiten, die damit gemeint sind und gegen die das gewaltige Potential aufgebracht wurde, waren kein Heer. Sie besaßen keine Luftwaffe und keine Flotte, weder Panzerkorps noch Artillerie. Ihre angeblich großen Vorräte an Waffen, die ZAHAL in Libanon aufgespürt haben will, hatten vorrangig zum Schutz der Palästinenserlager gedient. Soweit sie für militärische Belange eingerichtet worden waren, bestand die Bewaffnung aus einigen Panzern und Geschützen, vor allem aber aus Granatwerfern, Panzerbüchsen, Handfeuerwaffen und Munition. Damit hatte Israels Existenz nicht bedroht werden können. Das mußte selbst ein Politiker und Militär wie Yitzchak Rabbin öffentlich eingestehen.

Die wenigen Panzer der PLO lagen hinsichtlich ihres Entwicklungsstandes durchweg sehr weit hinter dem der ZAHAL-Panzer zurück, und mit der geringen Anzahl ihrer Geschütze hätten die Palästinenser höchstens Operationen im Rahmen einer Abteilung unternehmen können. ZAHAL aber operierte in Divisionsstärken. Diese Fakten, genannt von dem israelischen General Mussa Peled, standen im krassen Widerspruch zu Ejtans Behauptung, mit den Waffenvorräten der PLO könne man eine Million Soldaten ausrüsten.

ZAHAL schickte in diesen Kampf eine Luftwaffe, die seit dem Oktoberkrieg eine enorme Entwicklung genommen hatte. Die einzige Beschränkung für ihre neuesten amerikanischen Kampfflugzeugtypen bestand darin, daß der libanesische Luftraum zu klein war, um deren Gefechtsmöglichkeiten voll zur Entfaltung bringen zu können. Nachdem die wenigen syrischen Abwehrstellungen in der Bekaa-Ebene außer Gefecht gesetzt worden waren, gab es kein einziges Flugzeug mehr, das die endlosen ZAHAL-Kolonnen in den Bergen bedrohen konnte.

Erstmalig in einem Nahostkrieg wurden auch starke Kampfverbände bei Saida und Damour, 90 km von Israels Grenze entfernt, von der israelischen Marine angelandet. Die modernen israelischen Raketenschnellboote hatten die vollkommene Seeherrschaft vor Libanons Küste.

Die Landstreitkräfte zogen nach Libanon mit einer Vielzahl von neuentwickelter Kampf- und Kraftfahrzeugtechnik, die erstmals zu einem beträchtlichen Teil aus Produktionsstätten der israelischen Rüstungsindustrie wie IMI, Soltan und Tadiran stammten. Darunter befanden sich der mit Elektronik gespickte neue Kampfpanzer «Merkawa», unbemannte Kleinstflugzeuge, sogenannte Drohnen, die die Israelis zur Aufklärung über der eingeschlossenen Stadt Beirut einsetzten, und neue Kampfhubschrauber. Die Geschütze verschossen modernste Artilleriemunition, darunter Geschosse mit Zündverzögerung und Splitterwirkung.

Das Gebirgsterrain des kleinen Libanon mit einer Breite von lediglich 35 bis 60 km und einer Länge von 210 km bildete den Einsatzort für diese gewaltige Kampftechnik. Es bestand aus einem schmalen Küstenstreifen und einer Gebirgskette mit Gipfeln zwischen 2000 und 3000 m Höhe. Die Bekaa-Ebene ist ganze 20 km breit und von den höchsten Gipfeln des Libanon- und des

Antilibanongebirges umgeben. In den Bergen konnte ZAHAL nicht von den Straßen abweichen und sich nicht nach Belieben entfalten. Die Kräfte vorn schlugen die Schlacht. Die dahinter mußten warten. Sie befanden sich in einem «toten Gelände». «Alles, was nicht vorne ist, leistet keinen Beitrag», lautete die Einschätzung des israelischen Generals Peled.

Aber nicht die Waffen allein, sondern vor allem die Menschen, die sie einsetzen, bestimmen den Ausgang eines Krieges. Die Moral und der Kampfgeist waren einst Faktoren, die den Nimbus von ZAHAL geprägt haben. Die vielen Kriege, die ZAHAL geführt hat, haben Legenden um diese Armee gewoben — und, wie bereits gezeigt wurde, wieder zerstört. Die Soldaten, die in Libanon kämpften, hatten schon wesentlich weniger Illusionen. In diesem Krieg standen sie einer an Zahl, Bewaffnung und Ausrüstung unterlegenen, aber um so entschlosseneren, mutigen Schar von Kämpfern gegenüber, während sich in ihren eigenen Reihen ein unaufhaltsamer Schwund des Kampfgeistes bemerkbar machte. Oft standen sie fassungslos dem Grauen gegenüber. Die alten Reden ihrer Führer von der «Unbeflecktheit der Waffen» waren zur vollendeten Farce geworden. Die Soldaten handelten unentschlossen, auf Befehl. Ihre Devise war, sich möglichst herauszuhalten. Manche von ihnen gingen sogar noch weiter. Sie protestierten oder verweigerten den Befehl.

Die «Jungen mit den RPG», wie die Kämpfer der PLO von ihnen genannt wurden, hatten ihnen durch Mut und Aufopferung Respekt eingeflößt. Sie operierten in kleinen Gruppen, denn sie verfügten nicht über die Organisation und Logistik eines regulären Heeres. Taktische Varianten wie Kräfteumgruppierung oder Gegenstöße beherrschten sie nicht. Hatte ZAHAL aber ihre Stellungen erreicht, leisteten sie erbitterten Widerstand. Selbst wenn ihre Stellungen überrannt waren, operierten sie noch aus dem Hintergrund. In beweglichen Trupps handelnd, brachten sie der israelischen Armee nach der Methode «zuschlagen und zurückziehen» Verluste bei. «In Westbeirut konnten sie nicht mehr überrannt werden. Sie hatten sich in Bunkern und Stellungen verschanzt. Nicht auszudenken, wie hoch unsere Verluste gewesen wären, wenn wir dort eingedrungen wären», meinte General Peled.

Wie der syrische Soldat kämpfte, war vielen Israelis noch vom Yom-Kippur-Krieg her in Erinnerung. Interessant sind auch hier die Einschätzungen israelischer Militärs zum Libanonkrieg. Dazu wieder General Peled: «Sie bilden eine verbissene Kampfeinheit, die nicht einfach aufgibt. War ihre Linie an irgendeiner Stelle durchbrochen, führten sie geschickt Verstärkung aus den Flanken oder aus ihren hinteren Reserven heran. Ihre Stärke lag nicht in schnellen Gegenangriffen, sondern im Halten des Geländes. Der Libanonkrieg war ohnehin kein Bewegungskrieg, der die schnelle Reaktion aller Befehlsebenen erforderte.»

Rabbin bestätigte den Syrern hervorragende Verteidigungsorganisation an allen Frontabschnitten. Ebenso mußte er den Widerstandswillen der Palä-

Eine israelische Mutter am provisorischen Soldatengrab ihres Sohnes

stinenser anerkennen. In einer Broschüre über den Krieg in Libanon schrieb er: «Ich würde uns allen, in erster Linie ZAHAL, empfehlen, äußerst vorsichtig zu sein beim Ziehen von Schlußfolgerungen aus diesem Krieg, weil wir es schließlich nur mit einer Front zu tun hatten, dank dem Friedensvertrag (er meinte damit das Camp-David-Komplott – T. F.) mit Ägypten und der Spaltung des arabischen Lagers infolge des Golfkrieges zwischen Irak und Iran.»

«Frieden für Galiläa» versprach anfangs ein militärischer Spaziergang zu werden. An Menschen- und Materialeinsatz hatten die israelischen Führer nicht gespart. Doch bald gingen die Berichte der Feldkommandeure über die Verluste ein, denen die Heeresführung aber wenig Aufmerksamkeit widmete. «In einem Einfrontenkrieg gegen eine Militärkraft, die gar keine Armee ist, hätte man von ZAHAL anderes erwarten müssen», meinten die Kritiker, darunter ehemalige Generale der Armee.

Was ging im Gelände vor sich? Parallel zu der Vereinigung von ZAHAL mit den Kräften der Falange im Norden in einer Blitzaktion sollten die Zentren der Palästinenser, ihre Flüchtlingslager in den Städten sowie ihre Dörfer durchkämmt und deren Kampfeinheiten vernichtet werden. Doch dort einfach einzudringen war lebensgefährlich. Das hatte sich schon während des Yom-Kippur-Krieges im Kampf um die Stadt Suez und zuvor in den Gefechten um Jerusalem während des Sechs-Tage-Krieges gezeigt. Die Kommandeure hatten es deshalb nicht eilig, zum Sturm zu blasen. Stießen sie auf Widerstand, forderten sie Artillerie, Panzer oder die Luftwaffe an. So zogen sie einen Streifen des Todes und der Zerstörung hinter sich her und versanken dabei selbst immer tiefer im Morast, in dem es am Ende nicht mehr vorwärts ging und ein Rückwärts nicht erlaubt war. Je mehr die Armee in den Morast geriet, desto heftiger stritt man in der Führung um die Methoden des Vorgehens.

Das Eindringen in Libanons Küstenstädte und Gebirgsdörfer hat die Soldaten Israels vor Situationen gestellt, die sie an keiner Front in den vorangegangenen Kriegen erlebt hatten. «Man hätte mehr Häuserkampf üben müssen», sagten die Kritiker. Doch was sie hier zu leisten hatten, ließ sich nicht trainieren. Allmählich, vielleicht tröpfchenweise, kamen ihnen Bedenken, welchen Nutzen, welchen Sinn dieser Mord- und Vernichtungsfeldzug haben sollte, der von jeder Norm eines Krieges und jedem menschlichen Gefühl abwich. «Frieden für Galiläa» war die magische Formel gewesen, die sie wie ein trojanisches Pferd in die Städte Libanons gezogen hatte. Spätestens ab der dritten Woche nach Kriegsbeginn fühlten sich viele unwohl in ihrer Haut und begriffen nicht mehr den Sinn für die vielen Opfer aus ihren eigenen Reihen. Ihre Armee hatte sich festgefahren, sie steckte im Morast. Über zwei Monate lagen sie nun schon vor Beirut. Sie hatten die Stadt blockiert, von Land aus an drei Seiten und auch von See her, doch sie konnten sie nicht einnehmen. Ganz gleich, wie der einzelne Soldat ZAHALs über diese Männer dort drinnen in den Ruinen dachte, aber eines war ihm klargeworden: Mit Gewalt konnten sie sie nicht bezwingen. Es blieb abzuwarten, ob diese unter so bitteren Umständen erzielte Erkenntnis sie daheim zu entsprechenden Schlußfolgerungen veranlassen würde.

Wie sah es mit den übrigen Zielen dieses Krieges aus? ZAHAL konnte den Libanon nicht erobern, nur zerstören. Und selbst das nur in einem Teil des Territoriums. Der andere verblieb unter Syriens Kontrolle. Weder die Vertreibung der Syrer noch die Vernichtung der PLO wurden in diesem Krieg erreicht. Zwischen Beirut und der Grenze zu Israel verblieben etwa eine viertel Million Palästinenser. In Tripoli hatten sie weiterhin ihre Basen, und in der Bekaa-Ebene waren sie auch. Das politische Ansehen der PLO in der Welt war nie so groß gewesen wie gerade nach diesem Krieg.

Auch die Errichtung einer neuen Ordnung war nicht gelungen. Selbst die einseitigen Verträge von Kiryat Schmoneh zwischen Israel und Libanon mußten annulliert werden. Die neue Regierung Libanons verlangt nicht nur den vollständigen Abzug der Israelis, sondern auch finanziellen Schadenersatz.

Was von der gemeinsamen Sache mit Falangisten und Milizen, die diesem Krieg eine weitere Besonderheit im Vergleich zu den vorangegangenen verliehen hatte, übriggeblieben war, war der schmutzige Anstrich der Kollaboration. Sie hatte ihren Gipfel in dem Gemetzel von Sabra und Schatila. Nur mit Wissen der Israelis, nur mit ihrer Genehmigung hatten die Mörder das von

Diese Soldaten ZAHALs scheint nur eines zu bewegen: nichts wie 'raus aus dem Morast des Libanonkrieges

ZAHAL kontrollierte Terrain passieren und das Blutbad unter den Palästinensern anrichten können. Dabei war das, was dort passierte, bereits eine Wiederholung. 1976 waren die Falangisten mit israelischen Waffen in das Palästinenserlager Tel Zaatar eingedrungen und hatten auch dort ein wahres Gemetzel veranstaltet.

Nicht einmal das vorgegaukelte Ziel «Frieden für Galiläa» ist erreicht worden. Viele in Israel fragen sich, ob die Kräfte, die sie nicht vernichten konnten, dorthin zurückkehren werden, wenn ZAHAL den Libanon endgültig verlassen hat. Wird es wieder zu Feindseligkeiten an der Grenze kommen, ausgetragen vielleicht mit perfekteren Waffen aus größeren Entfernungen? Kann es überhaupt einen Frieden auf der Basis der Gewalt geben, in Galiläa oder anderswo? Vielen Israelis ist am Beispiel des Libanonkrieges klargeworden: Dieser ungerechte Krieg ist nicht wegen Galiläa vom Zaun gebrochen worden. Sicher, zionistische Politiker vom Schlage Begin und Sharon hatten ihren Ehrgeiz darangesetzt, Israel zu einer Hegemonialmacht im Nahen Osten zu entwickeln. Aber ohne die Billigung, ja ohne die massive, militärische Mitwirkung der USA und ohne ihre politische Rückendeckung wäre die Operation «Frieden für Galiläa» überhaupt nicht möglich gewesen. ZAHAL hat in Libanon keineswegs nur einen Stellvertreterkrieg geführt. Um im arabischen Raum, besonders in Libanon, wieder festen Fuß zu fassen und den Widerstand Syriens zu brechen, hat der USA-Imperialismus selbst eine Militärmaschinerie von gewaltigen Dimensionen eingesetzt. Zeitweilig waren im östlichen Mittelmeer rund 30 Kriegsschiffe konzentriert, darunter 3 Flugzeugträger mit insgesamt etwa 270 Kampfflugzeugen an Bord sowie das reaktivierte Schlachtschiff «New

Die israelischen Aggressoren kämpften nicht allein gegen das palästinensische Volk: Im Bild USA-Marineinfanteristen in einem mit Sandsäcken gesicherten MG-Nest am Beiruter Flughafen. Im Hintergrund amerikanische Artilleriestellungen

Jersey», das mit seinen großkalibrigen Geschützen mehrfach Beirut und andere Ziele auf libanesischem Territorium beschoß. An Land operierten etwa 1600 Ledernacken. Gemeinsam mit der israelischen Armee und libanesischen Rechtsmilizen wollten sie das Zentrum des Widerstands, die PLO, zerschlagen und zugleich die Überlegenheit westlicher Militärmaschinerie gegenüber sowjetischen Waffen beweisen, dabei verschweigend, daß die PLO nur schwach und noch dazu nicht gerade modern bewaffnet war.

Im Ergebnis der Aggression hat Israel in bezug auf sein internationales Ansehen gehörig Federn lassen müssen. Die Zionisten haben sich in diesem Krieg wie nie zuvor als menschenverachtende Usurpatoren selbst entlarvt. Mehr bedrückt aber die extremen zionistischen Führer, daß der nationale Konsens im Lande für diesen Krieg praktisch nicht mehr gegeben ist. Selbst in der Armee ist eine Antikriegsbewegung entstanden.

Kontraste

Die Kontraste bilden Israels besonderen Reiz, heißt ein offiziell sehr häufig verwendeter Slogan. Ganz ohne Zweifel trifft das für Klima, Flora und Fauna zu. Vor allem aber für die Bewohner. In bezug auf die Menschen wäre es aber unter den Bedingungen der herrschenden Gesellschaftsordnung im Lande zu simpel, nur von Reizvollem zu berichten. Die großen Städte sind ein präzises Spiegelbild für die tiefe Kluft zwischen den Edot, jenen Gruppen aus den verschiedensten Regionen der Welt, die sich keinesfalls nur durch Bräuche und Folklore unterscheiden. Wie in allen Institutionen des Staates sind die orientalischen Juden auch in der Armee benachteiligt. Der gesellschaftliche Abstand zwischen der militärischen Führung und den Soldaten ist beträchtlich. Die Kriege haben die Reibereien in Israels großer Parteienmannigfaltigkeit nur noch verschärft, und auch die Antikriegsbewegung hat es schwer, eine klare Orientierung zu bewahren. Zieht man noch die nichtjüdische Bevölkerung in die Betrachtung ein, so offenbart sich eher ein nationales Dilemma.

Tel Aviv, so ist das Leben

«Wer baut die Häuser in Tel Aviv? Wir, die Pioniere, erbauen die Stadt, pflanzen die Zitrusbäume und den Wein.» So lautet ein Song aus den Gründerjahren dieses Ortes. Tel Aviv hat inzwischen sein 75. Jubiläum gefeiert. Die Tel Aviver schwören auf ihre Stadt. Sie sei schön. Sie liegt am Meer. Für den Fremden besteht der Reiz dieser Stadt in ihrem internationalen Fluidum. Sie beherbergt das Jemenitenviertel Keren Hatemanim. Die Bulgaren wohnen vornehmlich in dem inzwischen eingegliederten Jaffa. Die Ben-Jehuda-Straße gehört den «Jeckes», den Einwanderern aus Deutschland. Bei den Disputen in der Rothschild-Allee fühlt man sich zuweilen in den Londoner Hydepark versetzt. Ob in der Allenbystraße, am Dizengoffplatz oder auf dem Karmelmarkt, überall herrscht ein babylonisches Sprachengewirr. Auch das Schriftbild der Reklame ist international.

Die Stadt ist das Industrie- und Handelszentrum Israels, in dem all die in- und ausländischen Konzerne ihre Niederlassungen haben. Früher war Tel Aviv wegen seiner vielen Bücherläden berühmt. Heute trifft man auf Schritt und Tritt eine Bankfiliale. Mit zwei Universitäten und mehreren Theatern bildet die Stadt auch einen Mittelpunkt des geistig-kulturellen Lebens. Selbst in ihrer politischen Rolle hat sie nichts eingebüßt, obwohl Jerusalem zur Hauptstadt deklariert, der Sitz des Parlaments und mehrere Ministerien aus der Kirya von Tel Aviv nach Jerusalem verlegt wurden. Mit rund einer Million Einwohnern ist Tel Aviv die weitaus größte Stadt des 3,6-Millionenvolkes von Israel und droht buchstäblich aus den Nähten zu platzen. Schmutz, Lärmbelästigung und ein innerstädtisches Chaos sind Begleiterscheinungen ihres Wachstums. Der Jarkon-Fluß und die Küste sind von Umweltbelastungen arg in Mitleidenschaft gezogen. Weht der Wind von Norden, bläst er den Gestank der Abwässer in die Stadt hinein, und das Meer verfärbt sich dunkelgrün oder braun.

Die nüchterne, zweckmäßige Bauform der Gründerjahre wie auch die im britischen Kolonialstil errichteten Gebäude wechseln sich mit modernen Hochhäusern aus Beton und Glas ab. Sie alle prägen gemeinsam das architektonische Gesamtbild der Stadt. Zum Ärger der Einwohner sind ausgerechnet an der Küstenstraße die Wolkenkratzer entstanden, die ihnen die Sicht zum Meer versperren. Die Leute mit dem Geld wohnen nicht in Tel Aviv. Früher haben sich die Plantagenbesitzer in Petach Tikwa niedergelassen. Heute ziehen die Reichen die Villenvororte Ramat Gan, Herzliya u. a. vor.

Mein Besuch bei Zipora war lange geplant, doch immer ist etwas dazwischen gekommen: Uri war im Yom-Kippur-Krieg verwundet worden, Elik war gefallen und Ziporas Mann in syrische Kriegsgefangenschaft geraten. Endlich ergab sich die Gelegenheit. Zipora hatte den Kibbuz verlassen und wohnte mit ihrem Mann und ihrem Kind bei den Schwiegereltern — waschechte Tel Aviver. Die Freude über unser Wiedersehen war groß. Doch bald wurde unsere Unterhaltung durch die schmerzlichen Erinnerungen an die Kriege belastet und geriet zuweilen ins Stocken. Auch an Ziporas Familie sind sie nicht spurlos vorbeigegangen. Wir blätterten in Alben, betrachteten Fotos aus der Schul- und der Armeezeit. Familienfotos, die Kinder und immer wieder Bilder aus den früheren Jahren der Stadt schmückten das Album der Eltern. Den größten Wert haben Fotoalben wohl für ihren Besitzer. Ich schaute sie mir höflich an, die Aufforderung zum Essen ist für mich eine willkommene Abwechslung. Eine Einladung zum Essen sollte man sich in Tel Aviv nicht entgehen lassen. So vielfältig, wie die Sprachen in dieser Stadt sind, ist auch ihre Küche. Karpfen in Aspik auf polnische Art ist ein Festessen. Lamm wird auf bulgarische oder marokkanische, Hammel auf türkische Art zubereitet. Niemand kann das Huhn auf so vielfältige Art verarbeiten wie der Tel Aviver. Kebab, Hommos und Thena sind die kulinarischen Beiträge des Orients. Der «König der Falafel» hat seinen Stand in Tel Aviv gleich neben dem Mograbi-Kino. Die Ingredienzien der Falafel – Israels Nationalgericht – sind Bohnen, Erbsen, Knoblauch und allerlei Gewürze. Alles wird gemahlen, zu Kugeln geformt, in Olivenöl bräunlich gebacken und zusammen mit Tomaten, Gurken und Paprika in warmem Fladenbrot gereicht. Der Fremde sollte ein Bier, einen Juice, eine Gazoz-Limonade oder irgendein anderes Getränk in Reichweite haben, bevor er in die scharfe Falafel beißt. Ein begehrter Leckerbissen aus dem reichhaltigen Obstangebot Israels ist die Sabra, die Frucht der Kakteen, deren Zubereitung allerdings viel Sorgfalt verlangt. Schon das Pflücken will gekonnt sein, um den Stichen der vielen Stacheln zu entgehen. Nach dieser Frucht sind die stachligen, aber sicher auch liebenswerten Eingeborenen Israels benannt.

«Gefällt es Ihnen immer noch in Tel Aviv?» wendete ich mich an Ziporas Schwiegereltern.

«Oh, doch», antwortete die Mutter. «Wir wohnen hier seit über sechzig Jahren. Kann man aufhören, einen Kranken zu lieben? Mein Mann hat diese Stadt mit aufgebaut.»

Der Mann nickte bedächtig. «Stimmt! Unsere Eltern sind in Polen wie viele Juden kleinen Gewerbelach nachgegangen. Die Arbeit hier auf dem Bau war für mich eine Umstellung. Doch wir sind ja hergekommen, um ein neues Leben zu beginnen. Verdient habe ich wenig. Unser größtes Vergnügen waren ein Eis und das Promenieren am Strand. Eine schöne Zeit. Heute schießen die Hochhäuser wie Pilze aus dem Boden, doch Sie werden nicht einen jüdischen Arbeiter mehr auf den Bauplätzen entdecken. Das ist übriggeblieben vom zionistischen Aufbauwerk. Ich glaube, wir sind wieder zurückgekehrt zu dem, was wir in Polen waren.»

«Wieso ist es so wichtig, wer die Häuser baut?» fragte ich.

«Wer die Häuser baut, dem gehört das Land», antwortete er in väterlichem Ton. «Auf die Dauer kann das nicht gut gehen, wenn die Araber für uns die Arbeit machen und die Juden ins Busineß zurückkehren.»

Am Abend waren wir in Gesellschaft junger Leute. Sich vorstellen und Händedruck sind nicht üblich. Man muß sich selber in der Runde zurechtfinden. Die Israelis sind leidenschaftliche Diskutierer. Man erörterte gerade die Frage, wie die Kibbuzbewegung dazu steht, daß ihr ärgster Gegner, Menachem Begin, die Wahlen gewonnen hat. Der Wahlausgang war in aller Munde. Zum ersten Mal seit der Staatsgründung hatte 1977 nicht die Koalition der Arbeiterparteien Máarach, sondern der Likud-Block die höchste Stimmenzahl erhalten. «Das ist nicht gut für Israel», meinte Zipora. Die Gegenfrage kam prompt und herausfordernd von Schulamit, einem temperamentvollen, schwarzlockigen Mädchen sephardischer Herkunft: «Was haben denn die Arbeiterparteien in neunundzwanzig Jahren Regierungszeit besser gemacht? Vier Kriege haben sie in dieser Zeit geführt.»

Der Krieg hatte dieses Land wie kaum ein anderer geprägt. Der Sechs-Tage-Krieg hatte den Menschen ein irreales Gefühl der Macht verliehen und an grenzenlose Fähigkeiten ihrer Führer glauben lassen. Journalisten befragten Jungen und Mädchen auf einer Massenzusammenkunft in Tel Aviv am Vorabend ihrer Rekrutierung nach ihren Anschauungen. «Töten, Vertreiben. Die Araber sind keine Menschen», waren die stereotypen Antworten, die sie erhielten. Viele Eltern gaben sich empört, wenn sie solche Zitate ihrer Sprößlinge in der Zeitung lasen. «Das haben sie nicht von zu Hause», war ihre Reaktion. Aber woher sonst?

Ramot Naphtali zum Beispiel war ein blühender Ort, in dem die Arbeit von Arabern aus der Umgebung verrichtet wurde. Da die Väter meist unterwegs und die Mütter mit der Hauswirtschaft beschäftigt waren, mußten die 13- und 14jährigen die Funktion des Aufsehers übernehmen. Ohne ihre Unterschrift erhielt der Araber keinen Schekel Lohn. Sie spielten sich oftmals als Besitzer auf und schikanierten die Arbeiter. Dabei standen die meisten Plantagen in Ramot Naphtali auf beschlagnahmtem Boden, der eigentlich den Fellachen von Sachnin, die nun für die Israelis arbeiteten, gehörte. Die Beziehungen zwischen den Arbeitern und ihren kleinen Aufsehern waren daher nicht gerade freundlich. Bei den Jugendlichen prägte sich frühzeitig ein, daß Raub und Unterdrückung etwas Selbstverständliches seien, daß Widerstand mit Gewalt zu brechen war. In einem solchen Milieu mußten Dünkel und der Gedanke an Vertreibung oder Tötung entstehen.

«Demonstriert eure Macht, damit sie das Zittern lernen. Als erstes verlangt ihr den Ausweis des Arabers und steckt ihn in die Tasche. Damit schüchtert ihr ihn ein. Behandelt ihn schroff und zurückweisend. Jede Höflichkeit ist fehl am Platze. Bei der geringsten Frechheit verpaßt ihr ihm eins.» – So lautete nicht etwa die Einweisung an eine Fallschirmjägerkompanie, die zu einer «Vergeltungsaktion» gegen eine Ortschaft in «den Gebieten» ausrücken sollte. Nein, das gab man den Leuten vom Zivilschutz Tel Avivs mit auf den Weg ihrer abendlichen Streifengänge. Ihre «Gegner» waren in diesem Falle alle Araber aus den besetzten Gebieten oder aus den arabischen Dörfern und Städten Israels, also jene, die bei Tage Tel Aviv aufbauten, den Müll wegräumten und die Straßen kehrten. Peinlich war ihnen nur, wenn sie aus Versehen einen orientalischen Juden ergriffen hatten, was bei der Ähnlichkeit häufig vorgekommen ist.

Eigentlich war der Zivilschutz «Haga» für Schutzräume, Erste Hilfe u. ä. Aufgaben zuständig. Seit der Okkupation von 1967, die Israels Sicherheit angeblich erhöht hatte, wurde ihm eine neue Aufgabe übertragen: der Schutz von öffentlichen Einrichtungen wie das Jabotinskihaus, die Parteizentrale der Cheruth-Partei, oder auch ein anderer beliebiger Ort, an dem sich gerade General Arik Sharon aufhielt. Gleichzeitig wurde der Zivilschutz durch den Einsatz von Schülern verstärkt. Auf diese Weise waren sie zum Zeitpunkt ihrer Rekrutierung schon im «Umgang» mit den Arabern vertraut. Hagai erzählte, wie er und seine Mitschüler unter Anleitung von «Haga»-Kommandeuren während einer der häufigen nächtlichen Streifengänge durch die Straßen Tel Avivs mit festgenommenen Arabern umgegangen waren, noch bevor man sie identifiziert hatte: «Unser Einsatzziel war, Araber aufzutreiben. Wir haben Waffen bekommen und wurden auf ein nächtliches Abenteuer vorbereitet. Wir haben sie in eine Nebenstraße geschleift, an die Wand gestellt und auf sie eingeschlagen.»

Nach dem Yom-Kippur-Krieg suchte man verzweifelt nach Schuldigen. Die ersten, die aus den unerwarteten Folgen der Oktoberschlachten politisches Kapital schlugen, waren die zionistischen Revisionisten. Sie attackierten die Regierung und die sozialdemokratischen «Arbeiterparteien». Die Tauben hätten die militärische Wachsamkeit eingeschläfert, hieß eine ihrer Parolen. Im Schatten der traditionellen, zionistischen Revisionisten wucherten immer neue, extremere politische Gruppierungen, die faschistische Züge aufwiesen und der Regierung vorwarfen, nicht ausreichend konsequent und kompromißlos gegen die Araber vorgegangen zu sein! Auch in den Regierungsparteien selbst meldeten sich zunehmend die radikalen Kräfte zu Wort. Sie mußten sich zu den Wahlen, die wegen des Krieges verschoben worden waren, positionieren. Sie wählten dabei den Kompromiß. Der Hausfrieden war ihnen lieber als die Trennung von radikalen Führern. Einerseits weigerten sich die Parteiführungen, die bereits vor dem Krieg eingereichte Kandidatenliste, die von Falken wie Dayan und Galili angeführt wurde und die den Krieg zu verantworten hatten, zurückzuziehen. Andererseits machten sie den Tauben in ihren Reihen Zugeständnisse, indem sie das ohnehin unhaltbar gewordene Galili-Dokument durch eine neue, allgemeiner gehaltene Wahlplattform ersetzten. Am deutlichsten kam das in der Palästinenserfrage zum Ausdruck. Hatte man sie vorher völlig ignoriert, so rettete man sich nach dem Oktoberkrieg in verschwommene Formulierungen von einem arabischen Staat östlich des Jordans, bestehend aus Jordaniern und dort lebenden Palästinensern. Auf solche Formulierungen ließen sich alle vereinen, von links bis rechts. Das konnte auch Dayan unterschreiben, denn es verpflichtete weder zu einer Anerkennung des Rechts der Palästinenser auf Selbstbestimmung – etwa unter Führung der PLO –, noch räumte es ihnen die Möglichkeit ein, einen eigenen Staat zu errichten.

Schon 1973 hatten die Regierungsparteien zugunsten des Likud-Blockes beträchtlich an Stimmen verloren. In der Armee errang er sogar mit über 41 Prozent die Mehrheit. Korruption und innere Machtkämpfe im Likud-Block halfen Begin den Weg ins Kabinett zu ebnen.

Schulamits Frage war also gar nicht so unberechtigt. Annexion und Gewalt haben die Gesellschaft radikalisiert. So war es nur natürlich, daß am Ende die radikalsten Politiker an die Macht gekommen sind.

Der politische Gärungsprozeß, der die israelische Gesellschaft nach dem Oktoberkrieg erfaßt hatte, war am deutlichsten unter der Jugend zu spüren. Manche von ihnen waren mit den wirtschaftlichen Problemen weniger vertraut, weil sie den täglichen Existenzkampf noch nicht selbst führen mußten. Andere kannten ihn nicht, weil ihre Eltern vermögend waren. Der Dienst in der Armee traf sie alle gleichermaßen. In Kriegszeiten belastete er nicht nur jene, die damit rechnen mußten, in ein, zwei Jahren eingezogen zu werden, sondern vor allem auch die älteren Jugendlichen, die jedes Jahr für zwei Monate zum Reservistendienst in die Frontstellungen oder in die Zentren der okkupierten Gebiete geschickt wurden. Der Gymnasiast Hagai und seine Freundin Nurit reagierten auf meine Frage nach ihrem baldigen Armeedienst höchst resigniert: «In einem Land, wo Jugend und Tod so dicht beieinander sind, möchte man am liebsten alt sein. Wer weiß, ob es uns gelingt, alt zu werden?»

Wo Angst und Resignation herrschen, wird der Ausweg oft in Drogen gesucht. Die Drogensucht hatte die Menschen der Slums von Tel Aviv, Katamon, Hatikwa u. a. Orten ebenso erfaßt wie die Gymnasiasten von Herzliya oder Rechavia. Die Angst vor der «Ehrenpflicht» bei ZAHAL herrschte hier wie dort gleichermaßen. Hinzu kam, daß die Slums vorwiegend von den Sepharadim bevölkert werden, deren Not von der «Arbeiterregierung» jahrelang ignoriert wurde. Das hat sie für die radikalen, chauvinistischen Parolen des Likud-Blockes geöffnet.

Die Angst vor dem Dienst bei ZAHAL hat auch dazu geführt, daß Jugendliche, selbst solche, die in Israel geboren sind, das Land verlassen haben. Und es war keine Einzelerscheinung mehr, daß Vermögende ihre Kinder kurz vor Abschluß des Gymnasiums ins Ausland schickten, angeblich, um sie dort studieren zu lassen, in Wirklichkeit aber, um dem Dienst bei ZAHAL auszuweichen. Bevorzugte Länder waren und sind die USA und die rassistische Republik Südafrika.

Der ranghöchste Psychologe bei ZAHAL äußerte in einem Interview für die Zeutung «Háaretz», daß viele junge Soldaten besorgt gefragt hätten: «Noch ein Krieg und noch ein Krieg – wie lange noch?» Und er gestand ein: «Wir wissen darauf keine schlüssige Antwort.» Er mußte weiter zugeben, daß die lange Liste der Toten allgemein zu Angst und Fatalismus unter den Jugendlichen geführt hat. Zur Neutralisierung dieses Problems schlug er vor, künftig nicht mehr ganze Klassen geschlossen einzuberufen!

Viele Jugendliche wurden durch die Kriege und ihre Folgen in Widersprüche verwickelt. So haben sie sich einerseits über jedes Teilabkommen mit Ägypten oder Syrien gefreut, weil es Frieden verhieß, andererseits aber zum Beispiel das Zugeständnis, Kuneitra, die Stadt am Golan, zu räumen, nicht verstehen können, weil die offizielle Propaganda stets behauptet hat, daß Okkupation gleich Sicherheit sei. Zipora gab diesen verworrenen Ansichten Ausdruck, indem sie sagte: «Das Teilabkommen mit Syrien war schon in Ordnung. Nie hätte ich aber geglaubt, daß unsere Regierung deren Bedingungen akzeptieren würde. Vor dem Krieg hat sie doch die vielen Verhandlungsangebote ausgeschlagen. Der Tag, an dem die Gefangenen ausgetauscht wurden, war mein schönster Tag. Trotzdem war ich auch traurig, daß wir soviel erobertes Land zurückgeben mußten. Hoffentlich schadet das nicht unserer Sicherheit. Manchmal denke ich, daß die vielen Freunde, die die Eroberungen mit ihrem Leben bezahlt haben, umsonst gestorben sind.»

Die UNO-Resolution von 1975, die den Zionismus als Rassismus verurteilte, hat viele Jugendliche in Israel ebenfalls verwirrt. Sie begriffen den Vergleich nicht, weil man sie gelehrt hatte, den Zionismus losgelöst von gesellschaftspolitischen und Klassenfragen zu betrachten. Viele Jugendliche sind gar nicht in der Lage, die Ziele des Zionismus zu erklären. Schulamit verstand darunter «die Entwicklung des Staates», und dachte dabei sogleich wieder an die zionistischen Siedlungen in den besetzten Gebieten. Sie war damals 19 Jahre alt, und solange sie denken konnte, gab es die besetzten Gebiete. Schulamit glaubt auch, daß die Liebe zu ihrem Land, die Organisation von Ausflügen – natürlich auch in die «historische Heimat» – ein besonderer Ausdruck des Zionismus sei.

Ronni, ein Reservist der Luftwaffe, winkte ab. «Für die Entwicklung ist der Staat zuständig und für Wanderungen das Touristenbüro. Irgendwie ist der Zionismus doch rassistisch. Vielleicht fängt es damit an, daß wir uns für das auserwählte Volk halten. Ben Gurion hat gesagt, ‹Es ist nicht wichtig, was die Gojim sagen. Wichtig ist, was die Juden machen.› Die jüdische Arbeit, die den Araber verdrängt hat, ist sie nicht rassistisch? Oder nehmen wir die Judeisierung des Galiläa, die Vertreibung der Beduinen aus dem Negev, das Galili-Dokument...!»

Manche Jugendliche sagten offen: «Zionismus interessiert uns nicht.» Andere wiederum erklärten die zionistische Idee für gescheitert. «Ihr Hauptziel», sagte Ronni, «ist die territoriale Konzentration aller Juden in Israel. Aber wo sollen denn die ganzen Menschen hin? Also ist Zionismus mit dem Streben nach territorialer Expansion verbunden. Das führt zum Krieg.» Junge Akademiker haben darauf hingewiesen, daß der Zionismus die Gesellschaftswissenschaften nicht um eine These bereichert, aber auf dem Gebiet des Militärwesens teuflische Gedanken ausgebrütet habe.

Im Denken der israelischen Jugend hat es nach dem Yom-Kippur-Krieg eine Veränderung gegeben: Die Politik des Krieges, der Okkupation und der Vertreibung der Palästinenser stieß zunehmend auf ihren Protest. Sie ist aber noch weit davon entfernt, den Zionismus als imperialistische, reaktionäre Ideologie zu erkennen. Die zionistischen Revisionisten, die die Geschicke des Staates jetzt lenken, haben den Zionismus nur um demagogische Phrasen angereichert. Die Religion ist zu einer wichtigen Komponente ihrer Politik und Ideologie geworden. Und mit dem Libanonkrieg haben sie das Land noch tiefer in den Morast gezogen.

Das Netzwerk

Die Männer an der Spitze sind eng verwoben in ein riesiges Netz von Beziehungen — familiäre Bindungen, Bekannte, Freunde, Geschäftspartner. Beispielsweise ist die Person A — ein führender Finanzmann der zionistischen Bewegung, später Präsident der Bank of Israel, welcher die Tochter von B, einem der Gründer der Haganah, geheiratet hat — mit C verschwägert. B hat in seiner Jugend eine bekannte höhere Schule besucht. Von dorther kennt er C, dessen älteste Tochter einen Cousin von A, die jüngere einen General geheiratet hat. Die Schwester von C ist in zweiter Ehe die Frau des Gründers der zionistischen Siedlungsbewegung, deren Töchter mit einem General bzw. einem führenden Mann im Sicherheitsministerium verheiratet sind. Die Cousine von C ist die Mutter des bekannten Generalstabschefs X.

Es wäre nun möglich, herauszufinden, wer X ist, wenn man weiß, daß den Vater von X eine alte Freundschaft mit Israels erstem Premier und zweitem Präsidenten aus gemeinsamer Zeit in der Jüdischen Brigade verbindet. X lernt während der romantischen Pionierzeit als Instrukteur bei der Palmach seine Braut kennen. Ihr Onkel ist ein führender Mann der Kibbuzbewegung. Sie heiraten und nehmen das schlichte Leben und die harte Arbeit in der Landwirtschaft einer Kommune auf sich. Für ihn natürlich mit Unterbrechungen: zunächst ein Auslandsstudium, später des öfteren unterwegs im Auftrage der Kibbuzbewegung und im diplomatischen Dienst des Staates oder der Armee. Auch die Männer der Töchter von C machen ihren Weg bei der Armee und als Aktionäre in den weitverzweigten Unternehmungen von A.

Was hier wie ein Gesellschaftsspiel anmutet, ist durchaus Realität. Die genannten Bindungen haben ihren Ursprung in den frühen zwanziger Jahren, lange vor der Staatsgründung. Sie sind mindestens von drei Faktoren geprägt worden: Erstens ist das dichte Netz der familiären Bindungen in einer kleinstädtischen Intimität geknüpft worden. Der Jeschuw zählte damals ganze 650 000 Seelen. Seine Zentren, Haifa, Tel Aviv, Jerusalem, lagen eine Autostunde voneinander entfernt und waren nicht größer als kleine Provinzstädte. Zweitens spielten die Bekanntschaften aus den Kibbuzim, der Haganah, der Histadruth-Gewerkschaft, die zugleich das größte Unternehmen war. Drittens waren für das Netz die Bekanntschaften aus den ältesten Jahrgängen des erlesenen Herzliya-Gymnasiums und des Internats der Landwirtschaftsschule Kaduri, beide bekannt als die Kaderschmieden für Führungspositionen, von ausschlaggebender Bedeutung.

Vom Bataillonschef zum Oberbefehlshaber der israelischen Armee: Rafael (Raful) Ejtan. Dem an die Regierung gekommenen rechtsradikalen Likud-Block war diese «Kriegsmaschine», wie man Ejtan nannte, für die Libanonaggression gerade recht

Ganz gleich, welche Person der Leser in X erkannt hat. Er kann davon ausgehen, daß die Alufim – jene Gruppe von ZAHAL-Generalen, von denen die zionistische Propaganda behauptet, sie stamme aus dem einfachen Volke – sämtlich in diesem Netz mehr oder weniger bequem verflochten sind. In der Mehrzahl sind sie Söhne aus Familien der zweiten und dritten Pioniergeneration, deren einflußreiche Eltern oder Großeltern bei der zionistischen Eroberung des Bodens tüchtig zugelangt und bei der Eroberung der Arbeit (beides zionistische Losungen aus der Pionierzeit) weder die arabische noch die jüdische Arbeitskraft von der Ausbeutung verschont haben.

Als Moshe Dayan, Sohn eines einflußreichen zionistischen Siedlers, seine erste Frau, Absolventin des Herzliya-Gymnasiums und aus gutsituiertem Haus stammend, unter den Baldachin führte, waren als Hochzeitsgäste auch solch prominente Leute erschienen wie Arthur Ruppin, einer der Gründer der zionistischen Siedlungsbewegung, Dov Hos, ein leitender Mann der Jewish Agency und Moshe Sharet, später Israels erster Außenminister. Der junge Bräutigam stand bereits im Dienst der Siedlungspolizei und hatte eine Funktion bei der Haganah in Aussicht.

Yitzchak Rabbin war Absolvent von Kaduri, die auch Yigal Allon, sein späterer Gönner bei der Palmach, in ihrem frühesten Durchgang absolviert hat. Sein Abschlußzeugnis empfing Rabbin feierlich aus den Händen von Harald McMichel, Oberbefehlshaber der britischen Kolonialstreitkräfte in Palästina. Später absolvierte er die Militärakademie für Stabsoffiziere in Großbritannien.

Seine Frau stammte aus dem Hause Hakohen. Ihr Vater war einer der Führer des Jeschuws.

Ezer Weizman nannte sich selbst stolz ein typisches Produkt der israelischen Bourgeoisie. Bei ihm wäre es auch völlig zwecklos, etwas anderes zu behaupten. Seine Familie gehörte zu den Mächtigsten in ganz Palästina. Vater Hilel kümmerte sich um die Geschäfte, während sein Onkel Chaim Weizman zu den politischen Köpfen der zionistischen Bewegung zählte und Israels erster Präsident wurde. Die militärische Karriere von Ezer Weizman begann als Jagdflieger Nr. 775865 bei der Royal Air Force in Rhodesien. Im Krieg sah er die größte Erfüllung des Menschen. Alle seine geistigen und physischen Potenzen fänden auf dem Schlachtfeld ihren höchsten Ausdruck, sagte er von sich selbst.

Nicht ganz so förderlich schienen die Familienbeziehungen Ariel Sharons zu sein, wenigstens nicht in der Regierungsära der «Arbeiterparteien». Seine Großmutter leistete Hebammendienste bei der Geburt Menachem Begins. Sein Großvater und Begins Vater waren enge Freunde. Unter den Alufim war Sharon zunächst der Außenseiter. Er diente nicht bei der Palmach und war auch nicht Absolvent von Herzliya oder Kaduri. Die wahren Ursachen dafür aber lagen wohl vor allem in seinen Wirkungsmethoden begründet. Dort, wo er aufgetreten war, hat er im allgemeinen stets eine lange Reihe von Gegnern oder enttäuschten Anhängern zurückgelassen. Ben Gurion vermerkte in seinem Tagebuch: «Er könnte es viel weiter bringen, würde er nur mehr die Wahrheit achten.» Seine Generalskollegen meinten, er sei in ein falsches Regime hineingeboren worden. Ezer Weizman, der mit Ariel Sharon gemeinsam zum Likud gegangen war, sagte, daß bei ihm die Grenzen zwischen dem eigenen Wohl und dem Staatsdienst vollkommen verwischt seien, und Sharons Patron, Menachem Begin, äußerte die Befürchtung, er könne eines Tages das Büro des Premierministers mit Panzern umstellen.

Rafael Ejtan, oder nur Raful genannt, war einmal Landwirt im Moschaw. Ein General aus dem Volke? Tatsächlich war es dem Bauern und Hobbytischler schwergefallen, sich unter den Intellektuellen der Militärelite zu bewegen. Das grimmige Gesicht des kleinen, sturen, verschlossenen, ungehobelten Mannes, wie ihn seine Bekannten charakterisierten, wirkte anscheinend auch abstoßend auf die Töchter der guten Gesellschaft. Jedenfalls haben ihn viele, sogar jüngere «Mitstreiter», auf der Rangstufenleiter von ZAHAL überholt. Aber auch für Raful hatte das Regime Verwendung. Die Bourgeoisie pries ihn als einen Mann der Scholle, dessen Seele zutiefst mit der Heimat verwurzelt sei.

In Wirklichkeit wußte Ezer Weizman, der erste Sicherheitsminister der Likud-Regierung, genau, warum er ihn in den Generalstab holte, wen er da vor den Kriegskarren spannte. Er charakterisierte Raful als Kriegsmaschine: «Die Politik sah er nur in Schwarz-Weiß. Ihm mangelte es an Intelligenz.

Seine Lektüre waren die Kriegsgeschichten der Wikinger und Tataren. Eine Ausbildung als Stabsoffizier hatte er auch nicht. Ich brauchte einen Mann, der in der Lage war, auch morgen schon Krieg zu führen, und rechnete damit, daß ich als sein politischer Vorgesetzter mit seinen Makeln schon fertig werden würde.»

Freilich, die speziellen Beziehungen vom Kibbuz her oder von den einstigen Eliteschulen sind im Schwinden begriffen. Heute gibt es andere Formen, um nützliche gesellschaftliche Beziehungen zu knüpfen, z. B. über die Organisation für pensionierte Offiziere oder einfach mit Geld. Die familiären Bindungen von damals sind den neuen Bedingungen recht gut angepaßt worden. Patronat und Status, Einfluß und Geld sind die wichtigsten Kriterien, um die Maschinerie der Macht gut geschmiert zu halten. Will die Person A beispielsweise der Person X eine bestimmte Position verschaffen, dann setzt sie sich mit alten Freunden in Verbindung, mit denen sie einst in der genossenschaftlichen Farm Hühner gezüchtet hat. Auf die kann sie sich verlassen. Sie agieren in gemeinsamer Sache. Aufstrebende Neukapitalisten handeln klug, wenn sie sich mit den alten, einflußreichen Familien gut stellen. Wenn für eines ihrer Mitglieder ein Posten im Aufsichtsrat gesichert ist, ein Amt abfällt, das ausreichend Spesen und hin und wieder einen Auslandsaufenthalt bietet, kann das der Firma nur dienlich sein.

Der Sicherheitsminister und «Kaiser der Gebiete» Dayan war Farmbesitzer und Direktor eines großen Fischfangunternehmens. Sein Cousin, der Knesseth-Abgeordnete Yigal Horwitz, hat mit Grundstücksspekulationen in den besetzten Gebieten ein Vermögen gemacht. Dem Gesetz nach war das verboten, doch die Militärverwaltung drückte ein Auge zu. Auch Sharon und Ejtan besitzen große private Farmen. Zwi Zur, Israels sechster Generalstabschef, ist langjähriger Generaldirektor des Industrieverbandes Klal Taásiot und sitzt im Aufsichtsrat der Firma Chewra le Israel. Shaike Gawisch, von 1966 bis 1969 Chef der Südfront, hat als Mitglied der Direktion Koor die Produktion und Lieferung von Spezialausrüstungen für die Armee arrangiert. General Chaim Bar Lev hat als Minister für Handel und Industrie Israels Bauunternehmern durch die Anlage der Bar-Lev-Linie zu riesigen Profiten verholfen. General Hod, der Chef der Luftwaffe im Sechs-Tage-Krieg und ein Jugendfreund Dayans, wurde mit dessen Unterstützung Vorsitzender des Aufsichtsrates der israelischen Luftfahrtindustrie.

Die Generale sind das Spiegelbild der Klasse, die in Israels Gesellschaft den Ton angibt. Einige von ihnen haben sich sogar der Korruption schuldig gemacht. Affären wie das Devisenvergehen Yitzchak Rabbins im Jahre 1977 sind keine Seltenheit. Aber solche Affären kann man sich leisten. Wozu hat man seinen Verwandten- und Bekanntenkreis? In den fünfziger Jahren ist der amerikanische Slogan bekanntgeworden: «Was gut ist für General Motors, ist gut für Amerika, und was für Amerika gut ist, ist gut für General Motors.» Zwanzig

Jahre später gibt es eine ähnliche israelische Version: «Ich und meine Freunde und meine Partei sind die wahren Patrioten Israels. Was für uns gut ist, nutzt auch Israel.»

Israels Generale hatten erkannt, daß militärische Ehren auch in der Politik nutzbringend sein konnten. War Ende der fünfziger Jahre noch die Rede von der strikten Trennung zwischen Armee und Politik gewesen, so sprach man nach dem Sechs-Tage-Krieg von einer regelrechten Invasion der Generale im Kabinett. Wie schon beschrieben, war Weizman der erste von ihnen, der 1969 seine Uniform gegen einen Ministersessel vertauschte. Bald folgten viele andere Generale seinem Weg. Trotz öffentlicher Kritik liierten sie sich mit den politischen Parteien und zogen für sie in den Wahlkampf. Rabbin, Bar Lev, Sharon waren nur die bekanntesten unter ihnen. Umgekehrt hat dieser Prozeß eine weitere Politisierung von ZAHAL bewirkt. Nun passierte es häufig, daß Generale, um die sich die Opposition bemühte, von den Regierungsparteien «gekauft» wurden, um sie an sich zu binden. Ein Musterbeispiel dafür bot der Fall Sharon. Zu den Wahlen von 1969 hatte er Kontakt mit der Gachal-Partei aufgenommen. Aber die «Arbeiterpartei» wollte ihn an sich binden. Sharon konnte also seine Rechnung präsentieren. Er wurde zum Chef der Südfront ernannt. Das hinderte ihn später nicht, mit dem Likud-Block zu gehen, zu dem die Gachal gehörte.

Journalisten erklärte er: «Die politischen Begriffe links-rechts ziehen nicht mehr.» Selbst die Gesetze, die zwischen Politik und Militär eine Trennung vorsahen – beispielsweise das Wahlgesetz, welches bestimmte, daß Kandidaten für die Knesseth weder im regulären noch im Reservedienst stehen durften –, wurden grob mißachtet. Sharon leistete eifrig seinen Dienst bei der Armee und kandidierte gleichzeitig für den Likud-Block, der zur Legitimation dieser Gesetzesübertretung eine entsprechende Gesetzesänderung im Interesse der Sicherheit des Landes beantragte. Eine derartige Gesetzesänderung konnte zwar noch einmal verhindert werden, nicht aber Sharons gesetzwidriges Handeln. Er behielt seinen Posten bei der Armee und warb zugleich in Zivil mit seinem Porträt auf den Wahlplakaten. Die Politisierung von ZAHAL feierte neue Triumphe.

Als Ezer Weizman 1969 bekanntgab, daß er für die rechtsradikale Cheruth-Partei zusammen mit Begin in den Wahlkampf ziehen werde, hatte ihn seine Schwägerin Ruth Dayan noch besorgt gefragt, ob das nicht seiner politischen Karriere schaden könnte. Das konnte es nicht! Ebensowenig hat es seinem Schwager Moshe Dayan geschadet, als er der im Yom-Kippur-Krieg angeschlagenen «Arbeiterpartei» den Rücken kehrte, um bei Begin Außenminister zu werden.

Mit Weizman und Dayan hatte der Likud-Block zwei entscheidende Zugpferde für den Wahlkampf gewonnen. «Es war kein Geheimnis, daß ich, der Sohn des Bruders des Präsidenten, den Namen Weizman für die Legitimation der Cheruth-Partei benutzte, daß mein Vater ein Verehrer von Wladimir (Zeev) Jabotinsky, dem geistigen Führer der zionistischen Revisionisten», war, schrieb Ezer Weizman in seinem Buch «Die Schlacht um den Frieden».

Auch das politische Abenteuer des Generals Yigal Yadin mit seiner neuen Liste «Dash» verhalf 1977 dem Likud-Block an die Regierung. Yadin wurde stellvertretender Premierminister in Begins erstem Kabinett. Seine sogenannte demokratische Bewegung für einen Wandel («Dash») löste sich bald wieder auf. Die Generale hatten also einen erheblichen Anteil am politischen Rechtsruck und am Wahlsieg des Likud-Blocks.

Begin, der den Beinamen «Führer» genoß und dessen Parteizentrale, das Haus Zeev (hebräisch: Wolf) Jabotinskys, unter den Parteifreunden die Wolfsschanze genannt wurde, hatte ein besonderes Verhältnis zu den Männern vom Militär, vor allem zu Ariel Sharon und Rafael Ejtan. Sharon war wie Begin ein eifriger Verfechter eines Groß-Israel. Die besetzten Gebiete waren für beide von «historischem Wert». Sie sollten massiv besiedelt werden. Aber das war leichter gesagt, als getan. War doch die zionistische Besiedlung eine Domäne der «Arbeiterparteien», ihrer Kibbuzim und Moschawim. Sharon wußte auch hierfür Rat. Gusch Emunim, der «Bund der Gläubigen», würde den «heiligen Boden» besiedeln. Sharon kann als Vertreter vom Gusch Emunim im Kabinett angesehen werden. Wie viele seiner Anhänger war auch Sharon kein Gläubiger, nicht einmal ein Mann der Tradition. Er hatte seinen Pakt mit den jungen Fanatikern geschlossen, um vollendete Tatsachen in den besetzten Gebieten schaffen zu können. Sie sangen «Arik – König von Israel», wenn ihr großer Führer mit einem Bündel von Karten unter dem Arm vorfuhr. Seine Zuhörer hielt er mit Vorträgen über die strategische Bedeutung gerade ihrer Siedlung in Bann, und sie nahmen es ihm ab, wie einst die Tora vom Berge Sinai. Den Sinn der Eintragungen in seinen Karten verstanden die meisten gar nicht. Kenner sprachen davon, daß sie nie sehr korrekt waren. Sharon schlug sogar vor, Scheinsiedlungen zu errichten, einen Wasserturm, einige Erdarbeiten, als Trümpfe für Verhandlungen mit Ägypten im Rahmen des Camp-David-Schachers. Damit führte er die Idee der zionistischen Besiedlung ad absurdum.

«Ich fühle wie ein Kampfroß, das vor einen Karren gespannt ist, und dessen Nüstern sich beim Geruch des Pulvers beträchtlich erweitern», sagte Landwirtschaftsminister Sharon, als er die Kriegsberichte von Israels Libanon-Feldzug zum Litani-Fluß vernahm. Bei der darauffolgenden Aggression gegen Libanon war er selbst Kriegsminister.

Trotz seiner Fehlschläge als Architekt des Libanonkrieges und bei der Jewish Agency, der Jüdischen Agentur, bei der er einen Führungsposten bekleiden wollte, drängte er sich beharrlich weiter vor in Richtung Stuhl des Premierministers. Rücksichtslosigkeit auch im Umgang mit der eigenen Partei kennzeichneten seinen Stil. Sein Parteigänger Simcha Ehrlich hatte schon 1980 gesagt: «Sharon ist eine Gefahr für die Demokratie. Er ist imstande, das Parlament zu verjagen, eine Militärdiktatur zu errichten und Konzentrationslager für seine politischen Gegner einzurichten.»

Irgendwo zwischen Cheruth-Partei und Gusch-Emunim, nicht weit von der geistigen Haltung des Rabbi Kahana entfernt, steht die neue Bewegung Zomet (Am Kreuzweg). Ihr Führer ist General Rafael Ejtan. «Zomet ist noch keine Partei, nur eine ideologische Bewegung. Viel Ideologie gibt es noch nicht. Man ist sehr mit der Organisation beschäftigt», erklärte ihr Sprecher Eli-Ezer Kohen, ein Oberst der Reserve. An Geld mangelt es nicht. Einen Computer hat Zomet auch schon und viele Anhänger. Es sind Leute, die ein Groß-Israel auf ihre Fahnen geschrieben haben. Der General hat verboten, Namen zu nennen. Was ihm Sorge bereitet, ist die Gleichstellung mit rechts. Man möchte national gelten und nicht rechts. Besiedlung, Einwanderung, Arbeit und Kampf sollen die Grundwerte der Bewegung sein – ein gemeinsamer Nenner für Ben-Gurionisten und Beginisten, eben national. «Wozu die ganze Politik? Warum nicht gleich einen Militärputsch organisieren und endlich Ordnung herstellen?» drängen ihn manche Anhänger. Doch der General entwickelt erst seine Plattform, z. B. die Ideologie von der Reinheit der Rasse. Wer nicht mit ihm darin übereinstimmt, daß die Araber Djukim (lästige Insekten, Fliegen) sind – auf sein beschränktes und vulgäres Vokabular wurde bereits eingegangen –, ist ein Feind Israels. Sein politisches Rezept lautet: 10 Minister, nicht mehr; maximal 70 Knesseth-Abgeordnete; Änderung des Wahlsystems. Wer nicht in der Armee dient, hat kein Recht zu wählen. Das träfe für die Araber Israels zu.

Auch in der Ökonomie weiß er Bescheid: «Die Räumung des Sinai hat uns das Erdöl (von Abu Rhodes – T. F.) gekostet. Die ökonomische Krise ist ein Ergebnis des Friedens...»

Manche Israelis meinen, das sei alles lächerlich, der Mann habe keine Chance. Nun, ich hätte es nicht für möglich gehalten, daß ein solcher Zyniker wie Rafael Ejtan, in dessen Einheiten Bestien wie Sopapo, Marcel und Tarzan die Zucht bestimmt haben, einmal eine Spitzenfunktion bei ZAHAL erhalten würde. Das System, der sogenannte Sicherheitsapparat, hat Menschen seines Schlages herangebildet und im Laufe der Jahre mit so vielen Privilegien versehen, daß sie drauf und dran sind, sich zu verselbständigen. Man bedenke, daß beispielsweise Entscheidungen über Dienstgrade und Beförderungen ebenso wie die Verhängung von Ausnahmezuständen ausschließlich in den Handlungsbereich des Sicherheitsministers fallen. Jeder Konsul hingegen muß durch Israels Kabinett bestätigt werden. Die ZAHAL-Generale haben in ihren Händen so viel Macht konzentriert, daß der Gedanke an Putsch und Junta keinesfalls abwegig ist.

Proteste, und dann?

Am Morgen des 3. Februar 1974, vier Monate nach dem Yom-Kippur-Krieg, erschien ein junger Mann auf dem Platz gegenüber dem Büro des Premierministers in Jerusalem. Er trug ein selbstangefertigtes Transparent, das den Sicherheitsminister Dayan zum Rücktritt aufforderte. Der Polizist vor dem Büro lächelte dem einsamen Protestierer mit wehleidiger Miene zu, ehe er sein Büchlein zückte und darin einen Vermerk machte. Der Mann war von mittlerem Wuchs, trug eine Brille und wäre ohne das Transparent keine auffallende Erscheinung gewesen. Es war der Physiker und Hauptmann der Reserve Motti Ashkenazi, ehemaliger Kommandeur einer Festung der Bar-Lev-Linie, die die Ägypter als einzige im Yom-Kippur-Krieg nicht hatten nehmen können. Nie zuvor hatte sich Motti Ashkenazi politisch aktiv betätigt. Doch nun erklärte er den Passanten, daß die Verantwortlichen für den Krieg von der politischen Bühne verschwinden müßten. «Zu viele sind gefallen. Diesmal müssen wir Rechenschaft fördern», verlangte er. Motti Ashkenazi war die bereits erwähnte «Nervensäge des Abschnitts», so genannt, weil er vor einem Krieg gewarnt hatte, dessen Vorboten die führenden Politiker und Militärs nicht hatten sehen wollen.

Einige Zeit nach seinem einsamen Protestmarsch konnte Ashkenazi bereits eine stattliche Anzahl Soldaten in Uniform und in Zivil sowie Studenten der Jerusalemer Universität um sich versammeln. (Auch der Polizist vor dem Büro des Premiers hatte inzwischen Verstärkung erhalten.) Die Männer verfaßten eine Resolution, was den Aktiven unter ihnen nach den ZAHAL-Gesetzen streng verboten war, und man vereinbarte eine erste Kundgebung. Motti Ashkenazi hatte den Stein ins Rollen gebracht. Gewiß, vor ihm hatte es auch schon einmal eine Protestwelle gegeben, die sogenannte Rebellion der Oberschüler. Das war zur Zeit der «Hatascha» gewesen, während der opferreichen Stellungsgefechte nach dem Sechs-Tage-Krieg. Die Schüler hatten den Premier wegen ihrer Einberufung mit Klagebriefen belegt. Doch die Tatsache, daß nun ZAHAL-Soldaten politische Resolutionen verfaßten und Demonstrationen gegen den Krieg organisierten, war neu.

Bald machte noch ein anderer Hauptmann der Reserve – Assa Kadmoni – mit einer ähnlichen Aktion auf sich aufmerksam. Im Oktoberkrieg hatte er eine Kompanie zum Gegenangriff über den Kanal auf die ägyptische Seite geführt. Die Kompanie war aufgerieben worden. Er ist mit dem Leben davongekommen. Auf seinem Transparent forderte Assa Kadmoni vom Minister für Industrie und Handel, General Bar Lev, wegen der Katastrophe am Befestigungswall, der seinen Namen trug, den Rücktritt. Gleich Kadmoni forderten andere die Ablösung des Generalstabschefs Elazar. Mittlerweile war es Brauch geworden, daß entlassene Reservisten geschlossen vor dem Parla-

Eine Gruppe von gerade entlassenen israelischen Reservisten vor ihrer Heimkehr auf einer Protestkundgebung

mentsgebäude der Knesseth gegen die Politik der Regierung demonstrierten, nach dem Meeting eine Horra tanzten und sangen, bevor sie heimkehrten.

Nach dem Oktoberkrieg kam es erstmalig zu einer öffentlichen Willenserklärung unter der Losung «Frieden jetzt». Sie trug die Unterschrift von 15000 Menschen und war der Startschuß für die Herausbildung einer Bewegung gleichen Namens. In der Willenserklärung hieß es: «Die Politik der Starrheit und der schleichenden Okkupation konnte den Frieden nicht erreichen und den Krieg nicht verhindern.» Von der Regierung wurden Friedensinitiativen und Schritte zur Anerkennung des arabischen Volkes von Palästina verlangt. Das Zentrum dieser Protestbewegung wurde Tel Aviv. Zu Wort meldeten sich 350 Offiziere der Reserve, die den Kern von «Frieden jetzt» bildeten. Ihnen folgten Professoren und Studenten. Nach einem Jahr der Führung des Landes durch die Likud-Regierung demonstrierten schon 80000 Israelis auf dem Tel Aviver Rothschild-Boulevard gegen deren Politik. Sie hatten sich unter Losungen vereint, wie «Lieber Frieden als ein Groß-Israel! Wir wollen keinen Krieg mehr – Frieden jetzt!»

«Ich möchte nicht sterben»,
schrieb dieser Reservist
der israelischen Armee auf
sein Plakat nach der Rückkehr
vom Libanoneinsatz anläßlich
einer Antikriegsdemonstration
in Tel Aviv am 26. Juni 1982

Zunehmend erhielten die Protestdemonstrationen auch politisch-sozialen Charakter. Tausende von Arbeitern protestierten gegen die rechten Gewerkschaftsführer der Histadruth, die den Krieg und damit soziale Belastungen befürworteten. Durch Jerusalem marschierten 20000 orientalische Juden, die «Geld für die Slums statt für die Siedlungen in den okkupierten Gebieten» forderten. Erstmalig waren bei Demonstrationen auch Zivilangestellte der Rüstungsbetriebe von ZAHAL vertreten.

Einen Höhepunkt erreichten die Proteste durch die Libanon-Invasion. Wieder war Tel Aviv der Treffpunkt für Tausende von Menschen, die mit Sprechchören durch die Straßen zogen: «Begin, Raful, Sharon – Hände weg von Libanon.» Die Protestwelle erfaßte immer neue Kreise. Auf Tel Avivs berühmtem Dizengoffplatz versammelte sich die «Junge Garde» der Kibbuzbewegung. Es formierten sich Gruppen wie «Soldaten gegen das Schweigen», «Eltern gegen den Krieg», «Dai» (Uns reicht es) – eine Studentenbewegung vom Kampus Tel Aviv – sowie «Jesh Gwul» (Bis hierher und nicht weiter), getragen von Soldaten und Offizieren der Reserve. Das «Komitee gegen den Krieg in Libanon» arbeitete politische Programme aus, um möglichst viele Gruppen der Kriegsgegner zu gemeinsamen Aktionen zu koordinieren. Zu seinen

Erfolgen zählten die Demonstrationen vom Juni und Juli 1982 auf dem Platz der Könige Israels in Tel Aviv, an denen 20000 bzw. 100000 Menschen teilnahmen.

Eine nie dagewesene Protestwelle gegen den Krieg löste in Israel die Belagerung von Westbeirut aus. Als die Pläne zum Sturm des Westteils der Stadt im Frontstab eingingen, erklärte der Kommandeur der Panzerbrigade von Beirut, Oberst Eli Gewa, daß er sich außerstande sehe, seine Soldaten in einen Kampf zu führen, von dem er wisse, daß er zahlreiche Opfer unter ihnen fordern und die Zivilbevölkerung äußerst hart treffen werde. Nachdem Generalstabschef Ejtan und Kriegsminister Sharon ihn in jeweils persönlichen Unterredungen nicht zum Widerruf hatten bewegen können, wurde der Oberst aus der Armee entlassen. Sharon stellte ihn nachträglich als einen mondsüchtigen Einzelgänger hin. In Wahrheit hatte der Oberst nur offen zum Ausdruck gebracht, was viele an der Front dachten.

Im zivilen Bereich reihte sich die arabische Bevölkerung Israels mit einem mutigen Generalstreik in die Protestbewegung ein. Auf dem Platz der Könige Israels kam es am 25. September 1982, neun Tage nach dem Massaker von Sabra und Schatila, mit 400000 beteiligten Menschen zur größten Antikriegsdemonstration, die Israel je erlebt hat. Die Gegner der Friedenskräfte waren aufgeschreckt. Die Einsatzmethoden der Polizei wurden härter. Religiöse Fanatiker, Schlägertrupps der Radikalen traten auf den Plan und provozierten Gewalttätigkeiten. Die Likud-Regierung mobilisierte ihre Kräfte zu Gegendemonstrationen unter ähnlichen Losungen, wie man sie noch aus dem Deutschland der dreißiger Jahre her kannte: «Ein Volk, eine Armee, eine Führung.» Dabei ließen sich gerade aus den Reihen der Armee die Proteste am deutlichsten vernehmen. Soldaten schrieben von der Front an ihre Angehörigen daheim und baten sie eindringlich, endlich etwas gegen den Krieg zu unternehmen. Angehörige der Fallschirmjäger-Eliteeinheiten forderten Zeitungsredaktionen auf, sich für die Beendigung des Krieges einzusetzen. Der Protest im Hinterland nährte wiederum die Zweifel der Soldaten an der Front.

Menschen, die früher noch jeden Krieg als einzigen Ausweg im Nahostkonflikt anerkannt hatten, waren nicht länger bereit, die proimperialistischen Dienste von ZAHAL in Libanon als kommunistische Propaganda abzutun. Der nationale Konsens des Krieges war nicht mehr gegeben – ein großes Verdienst der Friedenskräfte Israels und ihrer Protestbewegung, die, obwohl relativ jung, bereits einen komplizierten Weg hinter sich hatten.

Für viele war die Ernüchterung durch den Oktoberkrieg der Anfang gewesen. Nachdem so viele Mythen zerbrochen und damit auch das Vertrauen in die Führung erschüttert war, sagten sich die Soldaten: Wenn wir heimkommen, werden wir für gesellschaftliche Veränderungen eintreten. Was sie eigentlich ändern wollten, blieb für sie aber im Nebel der Unklarheit. Wie sollten sie auch nach so langer Zeit der Gehirnwäsche zu einer klaren Willensäußerung fähig sein? Manche sahen den richtigen Lösungsweg nur darin, diese oder jene Person aus dem Ministersessel zu heben.

Mit der Geburt der Protestbewegung nach dem Yom-Kippur-Krieg erwachte bei der jungen Generation das Bestreben, an der politischen Führung des Landes teilzuhaben. Junge Menschen, die jahrelang entweder der Führung blind vertraut oder ihre Gleichgültigkeit gegenüber der schmutzigen Politik, wie sie sagten, demonstriert hatten, erkannten plötzlich, daß ihnen diese Haltung teuer zu stehen gekommen war. Wie man jedoch ein solches Ziel realisieren sollte, war freilich unklar. Vielleicht durch Demokratisierung innerhalb der zionistischen Parteien, vielleicht durch Neuwahlen? Nicht eine der Protestbewegungen hatte die eigentlichen Ursachen des Oktoberkrieges erkannt. Dabei hatten sie so viele Diskussionen über Zionismus, über Ideale und dergleichen geführt, sogar das Kernproblem des Konfliktes, das Problem der Palästinenser, gestreift. Aber eine Alternative konnten sie nicht formulieren. Hier zeigte sich bereits ein Grundübel, das der Protestbewegung in Israel bis auf den heutigen Tag anhaftet. Die nationalchauvinistische Erziehung, die den Israeli von der ersten Schulklasse bis zu seiner Entlassung aus der Armee begleitet, war eine Ursache für mangelnde politische Reife. Vereint in der Bewegung «Unser Israel», traten sie 1974 mit Picknicks noch einmal in der Öffentlichkeit auf, ehe sie von der politischen Bühne für eine Weile verschwanden. In ihrer Willenserklärung hieß es damals: «Für ein Israel, in dem es sich gut lebt, für das es sich lohnt zu kämpfen.» Ein Reservist und Student der Tel Aviver Universität verglich die Anhänger dieser Protestbewegung mit Impotenten, indem er schrieb: «In den langen Nächten an der Front haben wir geschworen, dieses Land umzukrempeln. Jetzt möchten wir diesen unangenehmen Krieg am liebsten aus dem Gedächtnis streichen. Wir streben nach Steuererleichterung für Kriegsteilnehmer und bemühen uns um Fahrpreisermäßigung bei der Transportgesellschaft EGED, denn wir sind nur ein Haufen Impotenter, die von ihren revolutionären Träumen leben und in der Cafeteria von Tel Aviv Ausschau nach Weibern halten.»

In der Tat: Die Prügel im Oktoberkrieg haben zwar hellhörig gemacht, allein für das Herbeiführen einer Wende reichten sie nicht aus.

Die Invasion in Libanon weckte die schlummernde Protestbewegung wieder. Die Dauer des Krieges machte auch die Protestbewegung zu einer dauerhaften Angelegenheit und konfrontierte sie mit langfristigen Problemen, darunter mit ihrer inneren Zerrissenheit. Das «Komitee gegen den Krieg in Libanon», das sich unmittelbar nach Kriegsausbruch formiert hatte, kämpfte für den sofortigen Rückzug von ZAHAL aus Libanon und für Verhandlungen mit der PLO. Hoch einzuschätzen ist auch der Mut vieler junger Soldaten, die den Dienst in den besetzten Gebieten verweigerten und dafür Gefängnis in Kauf nahmen. Sie hatten sich in der bereits genannten Bewegung «Jesh Gwul» zusammengeschlossen. Nicht immer lagen ihren Handlungen politische Motive zugrunde. Hinzugesellt haben sich humanistische und emotionale Aspekte, die das Gewissen der Menschen aufrütteln sollten oder einfach Angst und Überdruß zum Ausdruck brachten.

Mit Ausbruch der Kämpfe in Libanon waren erste Zerreißproben in der Bewegung «Frieden jetzt» aufgetreten. Deren Führer hatten sich an der «Arbeiterpartei» orientiert und die demagogische Losung «Frieden für Galiläa» und damit einen ZAHAL-Vorstoß bis 40 km tief nach Libanon hinein befürwortet. Als ersichtlich wurde, daß die Invasion immer weiter nach Norden ging, war der Konflikt mit der Basis nicht mehr zu überhören. Die Soldaten gaben sich mit der Aufforderung «Ruhe bewahren, solange gekämpft wird» nicht länger zufrieden. Nun mußte die Führung reagieren, wollte sie die Bewegung «Frieden jetzt» nicht in die Isolation manövrieren. Die Ideologien von der «Einheit der Nation» und von der «zionistischen Solidarität» gerieten in Widerspruch zu den Zielen der Friedensbewegung und den Forderungen des Tages. «Frieden jetzt» verstand sich als eine zionistische Organisation, in der – nach den Worten einiger Führer – Araber und Kommunisten nichts zu suchen hätten. In der täglichen Praxis ließ sich diese Einengung nicht durchhälten. In mehreren Städten sind Anträge für den Ausschluß von Kommunisten und Arabern mit Mehrheit abgelehnt worden.

Daß das Palästinenserproblem eine Kernfrage des Nahostkonflikts bildet, haben die Protestbewegungen und Friedenskräfte in Israel heute weitestgehend erkannt. Beträchtliche Unterschiede gibt es in den Auffassungen darüber, wie es gelöst werden kann. Während das «Komitee gegen den Krieg in Libanon» eine bedingungslose Anerkennung des Rechts der Palästinenser auf die Gründung eines eigenen Staates dafür als Voraussetzung ansieht, machen die Führer von «Frieden jetzt» dies abhängig von ebensolchen Bedingungen, denen eine israelische Regierung zustimmen würde. Die umstrittenste Frage in Israels Friedensbewegung ist die der unmittelbaren Kontaktaufnahme zu Vertretern der PLO. Es ist anzunehmen, daß allein das Recht, sich mit PLO-Vertretern im Ausland zu treffen, wie es die KPI praktiziert, noch längere Zeit ein Schwerpunkt der Auseinandersetzungen in der israelischen Friedensbewegung bleiben wird. Wie wenig die Führung von «Frieden jetzt» die Schwerpunkte des Friedenskampfes begriffen hat, wird u. a. daran deutlich, daß sie sich mit Fragen der Abgrenzung von Nichtzionisten befaßt, was ihr schon viele Attacken aus dem eigenen Lager eingebracht hat. Zudem tauchen Fragen nach dem Sinn von Protesten auf, nach der demokratischen Legitimation der Bewegung und ihren außerparlamentarischen Aktivitäten. Natürlich sind Ratgeber aus etablierten zionistischen Parteien sofort zur Stelle. «Frieden jetzt» sei keine demokratische Bewegung, weil ihre Führungsorgane nicht gewählt würden und sie der Öffentlichkeit keine Rechenschaft schuldig sei, sagen sie. Sie zöge junge Kader an sich und schwäche damit die zionistische Linke, was wiederum dem Likud-Block mit seiner rechtsradikalen Führung zugute käme.

Dem Soldaten bei ZAHAL, der den Befehl verweigert, nach Libanon zu gehen oder in den besetzten Gebieten zu dienen, droht nicht nur Gefängnisstrafe. Ihm wird auch im zivilen Bereich ideologisch arg zugesetzt — sei es von seiten der linkszionistischen Kibbuzbewegung «Takam» oder der rechtsradikalen Likud. Die «Linken» werfen ihm vor, die Gesetze mißachtet zu haben. Die «Rechten» stützen sich in ihren Argumentationen auf «historische Rechte» oder «göttliche Vorsehung», denen man sich nicht versagen dürfe. Mit beiden Standpunkten ließen sich auch Befehle für grausamste Taten rechtfertigen, mit denen gerade viele ZAHAL-Angehörige ihr Gewissen belastet sehen. So sind sie auf einen moralischen Halt in der Friedensbewegung angewiesen.

«Alles hat seine Grenzen. Bis hierher und nicht weiter», ist die Losung der Soldaten von «Jesh Gwul». Ihre Gegner von links und rechts meinen, daß diese Grenze noch nicht erreicht sei. «Jesh Gwul», gegründet von Soldaten und Offizieren der Reserve, hat sich zur wichtigsten Protestbewegung von ganz ZAHAL entwickelt. Aus ihren Reihen kommen die meisten Sarwanim, die Verweigerer von Befehlen, die dafür Gefängnis riskiert haben. Die überwiegende Mehrheit der Soldaten, die z. B. in «Keleh Schesh», dem Militärgefängnis Nr. 6, der größten ZAHAL-Strafanstalt, eingeliefert wurden, stammte wiederum aus Einheiten, die in Libanon eingesetzt waren. Viele von ihnen begründeten ihre Wehrdienstverweigerung mit Gewissensnot. Andere haben sich verdrückt, weil sie bei dem häufigen Reservistendienst um ihren Arbeitsplatz fürchteten; und einige hatten ganz einfach die Nerven verloren. Viele von ihnen waren sogar Träger militärischer Auszeichnungen. Früher hätten sie sich geschämt, wenn sie mit den Militärgesetzen in Konflikt geraten wären. Heute sprechen sie offen darüber, tauschen sie ihre Erfahrungen aus. Manche versuchen, über einen Arzt ein Untauglichkeitszeugnis zu bekommen — die einfachste und am wenigsten ehrenrührige Methode, um aus dem Schlamassel herauszukommen. Diese Leute gehören nicht zu denen, deren Gewissen leidet. Die Araber sind ihnen gleichgültig. Ihnen geht es nur um die eigene Haut. Man nennt sie die «Indirekten». So oder so, sie alle sind zum Symptom für ZAHAL geworden.

Sieht man einmal von den Motiven des einzelnen ab, bleibt allgemein, daß sie einfach aus dem Morast des festgefahrenen Libanonkrieges herauswollen. An eine allgemeine Wehrdienstverweigerung haben sie gar nicht gedacht. Ihre zahllosen Diskussionen sind dem Thema «Der Krieg und seine Ursachen» gewidmet. Wenn sie von der Brutalität der Armee sprechen, herrscht übereinstimmend Ablehnung. Selbst die Tatsache, daß Israel dem USA-Imperialismus bei der Verwirklichung seiner Nahostpläne die Steigbügel hält, erfährt kritische Bewertung. Daß aber das Nahostproblem erst auf Grund der Allianz von Imperialismus, politischem Zionismus und arabischer Reaktion entstanden ist, vermögen sie nicht zu durchschauen. Die vielen Vorurteile zum Thema Palästinenser sind geblieben.

Der moralische und psychische Druck auf die Sarwanim ist enorm. Sie werden als Verräter, Angsthasen, Deserteure oder Antidemokraten beschimpft. Die Wochenzeitschrift «Koteret Raschith», ein Organ der «Arbeiterpartei», beklagte die sinkende Moral in der Armee und legte sie den «Jesh Gwul»-Anhängern zur Last. Die zionistische Linke müsse verstärkte Anstrengungen unternehmen, um die Jugend für den Dienst in der Armee zu gewinnen, sonst überlasse man ZAHAL den Rechtsradikalen. Man brauche sich nicht zu wundern, wenn die Leute von Gusch Emunim die Bevölkerung in «den Gebieten» terrorisieren, solange Israelis selbst die Gesetze mißachten, war dort zu lesen. «Den Rahmen bestimmen, anstatt aus ihm auszubrechen», forderte sie von «Jesh Gwul».

Wenn moralischer und psychischer Druck nicht ausreichen, schreckt man auch nicht vor Terror zurück. Emil Grünzweig, ein führendes Mitglied von «Jesh Gwul», mußte seine Haltung mit dem Leben bezahlen. Anatol Jablonka, Eli Gewa, Eli Goschanski und viele andere wurden wiederholt inhaftiert, weil man glaubte, ihren Widerstand so brechen zu können.

Viele junge Menschen haben resigniert, nachdem sie erkannt hatten, wie wenig die Protestbewegung auszurichten vermochte. Das mag auch ein Grund dafür sein, daß die Zahl der Protestierer zurückgegangen ist. Dabei waren doch die Erfolge der Friedenskräfte unter den heutigen Realitäten Israels – der absoluten Vorherrschaft des Kapitals, der politischen Führung durch eine rechtsradikale Regierung im Bündnis mit der sozialdemokratischen «Arbeiterpartei», der totalen Allianz mit dem USA-Imperialismus und dessen Globalinteressen – beachtlich. Die Protestbewegung hat zum Sturz von Dayan, später von Begin und Sharon geführt. Ihr ist es mit zu verdanken, daß der Plan der Likud-Regierung, in Westbeirut einzudringen, bevor die PLO den Stadtteil geräumt hatte, fallengelassen werden mußte. Von prinzipieller Bedeutung ist aber, daß der nationale Konsens des Krieges in Israel heute nicht mehr gegeben ist.

Doch trotz aller Schlappen, die der Likud-Block hinzunehmen gezwungen war, genießt er immer noch breite Unterstützung. Aber die Erfahrungen, die Israels Friedenskräfte gesammelt haben, kann ihnen niemand nehmen. Es sind nicht mehr die Schwärmer der Bewegung «Unser Israel», die auf Picknicks ausflippten und deren brillante Reden von den «wahren Idealen des Zionismus» niemand zu fürchten brauchte. Die Soldaten von «Jesh Gwul» haben gelernt, daß Alternative zum Krieg politische Konsequenzen erheischt, daß dies Kampf bedeutet, der ihnen Opfer abverlangt. Und sie haben begriffen, daß sie in diesem Kampf nur bestehen können, wenn sie zusammenhalten und Verbündete finden. Sie sammeln Spenden und organisieren Solidaritätskonzerte. Mit den Erlösen werden die Familien der Inhaftierten unterstützt.

«Vergiß nicht, daß auch du einst verfolgt wurdest» und «Gib den Opfern eine Chance», heißt es auf diesen Plakaten. Der Libanonkrieg hat die Diskussionen über das eigene Schicksal und die Frage einer Kollektivschuld in Israel entfacht

Sie geben Broschüren heraus und verfassen Flugblätter, mit denen sie die Soldaten aufklären und zugleich ihre Ziele der Öffentlichkeit nahebringen.

Wie jede Friedensbewegung, hat auch die israelische ihre eigenen Lieder und Gedichte hervorgebracht. Jonathan Gefen schrieb in jenen Tagen:

«Bevor sie ihre Augen schloß,
sagte Mutter in ihrer Güte:
Mein Sohn, auf ewig bedenke bloß,
überschreit' nicht die grüne Linie.
Als der Vater von mir schied,
sprach er mit besorgter Miene:
Behalt' mein Kind mich weiter lieb,
überschreit' nicht die blaue Linie.

Mit allen ging ich in die Schlacht,
ich schert' mich um keine Linie.
Die grüne, blaue nahm ich mit Macht,
welche soll ich als nächste passieren?
Nach der Schlacht habe ich sie gezählt,
die Freunde, die nicht wiederkehren.
Hab' ihre Särge in eine Linie gestellt
der schwarzen unter den Erden.»

Proteste gegen den Krieg sind kein Ausdruck eines Generationskonflikts, wenngleich die Mehrzahl der Soldaten in Israels Friedensbewegung natürlich jung ist. Auch die Alten fühlen sich um ihre Ideale von einst betrogen. Oberstleutnant Dov Irmiya war mit 69 Jahren der älteste Soldat im Libanonkrieg und ist heute eine Persönlichkeit der Friedensbewegung. Im August 1983 hatte man ihn als Reservist einberufen und mit einer Einheit zur Unterstützung der Zivilbevölkerung nach Libanon geschickt. Zwei Wochen nach seiner Rückkehr veröffentlichte er einen Augenzeugenbericht des Grauens. Es vergingen nur wenige Tage, bis man Dov Irmiya lakonisch die Entlassung aus der Armee mitteilte. Ihn, Dov Irmiya, einen der dienstältesten Soldaten Israels, der schon in den «Special Night Squads» des Orde Winget mitgemacht, der in der britischen Armee gegen den italienischen und deutschen Faschismus gekämpft hatte, der seit der Gründung von ZAHAL in leitenden Positionen gedient hat, warf man einfach hinaus. Dem Veteran der Bitachon (Sicherheit) wurde Propaganda für die PLO vorgeworfen. Von Jugend an (Irmiya ist Sabra und Zögling der linkszionistischen Mapam) war er davon überzeugt gewesen, daß die Israelis ihr nationales Heim in Palästina nur mit Waffengewalt errichten könnten. Seit man ihn aus der Armee entfernt hat, ist er privat aktiv, um Hilfe für die notleidende Zivilbevölkerung Libanons zu leisten. Monatelang hatte er vergebens nach einem Verlag gesucht, der bereit war, sein Kriegstagebuch zu veröffentlichen. Schließlich konnte er es mit Hilfe von Freunden unter eigenem Namen verlegen. Es ist eine Anklage gegen die Armee, gegen das Regime.

In Nazareth regieren seit Jahren die Kommunisten. Zählt man zu den Organisationen, die vorwiegend von Soldaten gegründet wurden, die Demokratische Front für Frieden und Gleichheit (CHADASCH), in der sich die KPI und die Bewegung Schwarzer Panther der orientalischen Juden zusammengeschlossen haben; den Israelischen Friedensrat; die Israelische Liga für Menschenrechte; die Freundschaftsgesellschaft Israel-UdSSR; den Demokratischen Frauenbund und die Vereinigung der Anti-Hitler-Kämpfer und Opfer des Nazismus hinzu, dann erst rundet sich das Bild der Friedenskräfte Israels ab.

Die KPI stellt ihre Tätigkeit voll in den Dienst der Friedenskräfte. Sie fragt dabei nicht nach Weltanschauung oder Glauben, Nationalität oder nach dem Parteibuch. Als die Schläger des Rabbi Kahana das arabische Dorf Taibe in Israel bedrohten, organisierte sie eine jüdisch-arabische Protestbewegung unter dem Motto «Sie werden nicht durchkommen», und setzte sich dafür ein, daß die Bewegung «Frieden jetzt» ebenso wie Vertreter der Mapam u. a. ihre Solidarität durch ihre Teilnahme bekundeten.

Seit Jahren bildet die Presse der KPI das Sprachrohr der Kriegsdienstverweigerer. Wöchentlich erscheint in ihr die Liste der Verurteilten mit Namen, Dienstgrad, Einheit, Haftdauer und Gefängnisadresse.

Wenn es gelingt, alle Friedenskräfte zu gemeinsamen Aktionen zu vereinen, dann kann Israels Friedensbewegung eine wirksame Alternative zur Politik des Krieges sein. Voraussetzung hierfür ist eine klare politische Plattform, die besagt: Schluß mit Okkupation, Anerkennung der Rechte der Palästinenser mit der PLO als ihrem legitimen Vertreter. Eine solche Bewegung kann natürlich nur eine jüdisch-arabische Bewegung sein.

ZAHAL, wohin?

Israelische Soldaten saßen über dem Chuleh-Tal im warmen Sand. Keine Kämpfe, kein einziger Schuß, keine Ruinen weit und breit, keine verbrannten Felder, kein Staub und kein Gestank. Ein Traum? Merkwürdig ihre Gesichter.

Hier oben über dem Chuleh-Tal im Kibbuz Shamir im Galiläa haben sie ihr 600. Opfer des Libanonkrieges, den Soldaten Allon Zur, beerdigt. Das Begräbnisjubiläum hat den Tod dieses Soldaten gegenüber den anderen 599 vor ihm nicht bedeutsamer gemacht. Es symbolisierte nur erneut den Preis, den die jungen Israelis für die Politik ihrer Führung und der eigenen Inkonsequenz zahlen mußten. Sie haben immer bezahlen müssen, 1948 in Galiläa und im Negev, dann in den Dünen von Sinai sowie auf dem felsigen Golan, und nun im Land der Zedern. War jetzt nicht endlich die Zeit gekommen, um sich zu fragen: Warum und wofür?

Die Waffenstillstandsabkommen nach dem Krieg von 1948 — waren sie nicht eine Basis für dauerhaften Frieden und für die Regelung der Flüchtlingsprobleme? Der Traum vom eigenen Staat war doch für die Israelis Realität geworden. Statt Ägypten, das gerade seine feudale Monarchie abgeschüttelt hatte und den Weg der nationalen Befreiung ging, die Hand zu reichen, zog Israel 1956 an der Seite der alten verhaßten Kolonialmächte gegen dieses Land erneut in den Krieg. Nicht einmal die militärischen Erfolge des Sechs-Tage-Krieges nutzte Israel für eine Verständigung, weil der Staat längst tief in die Globalinteressen des USA-Imperialismus verstrickt war und weil die Vorliebe seiner Führer den okkupierten Gebieten und nicht dem Frieden galt. Kein Zweifel, daß der für Israels Nachbarstaaten unerträgliche Zustand nach dem Sechs-Tage-Krieg nur deshalb so lange anhalten konnte, weil seine Führung die Billigung und Unterstützung der Johnson- bzw. der Nixon-Administration genoß. Der wichtigsten Lehre des Yom-Kippur-Krieges, daß der Nahostkonflikt militärisch nicht zu lösen war, setzten die ZAHAL-Generale ihre Rachegelüste entgegen, und der Versuch, durch Separatverträge eine Lösung ohne oder gar gegen die Palästinenser zu finden, hatte nur weitere Kriege, so im Libanon, nach sich gezogen.

All seinen Ehrgeiz und seine Potenzen hat Israel für seine Armee und für die Rüstung eingesetzt. ZAHAL erhielt immer ausgeklügeltere Waffensysteme. Würde man vor Kernwaffen haltmachen? Reaktionäre Kräfte in der Welt haben Israel die atomare Rüstung bereits empfohlen. Mehr noch: Es gibt Hinweise zur Genüge für eine Zusammenarbeit Israels auf diesem Gebiet mit dem uranreichen Südafrika. Israel hat den Kernwaffensperrvertrag von 1968 nicht unterschrieben. Gegenwärtig unternimmt dieser Staat alles, um sich an dem SDI-Programm der USA beteiligen zu können.

Die Verwendung von immer beträchtlicheren Teilen des Nationalbudgets für die Rüstung hat das Land von einer ökonomischen Krise in die andere gestürzt. In der Inflationsrate nimmt Israel den führenden Platz in der Welt ein. Das Land ist finanziell, ökonomisch, politisch und militärisch total von den USA abhängig. Was würde sein, wenn sich die strategische Allianz zwischen Israel und dem USA-Imperialismus einmal lockerte, weil Washington hoffähigere Interessenvertreter gefunden hat?

Die Politik, die auf der These «das ganze Volk ist Soldat» beruht, hat der Armee stets einen besonderen Platz eingeräumt. Dadurch war es dem Militär im Endergebnis möglich, immer weitere Bereiche des Lebens zu durchdringen. Der Stolz auf die Schlagkraft der Armee und militärische Raffinessen, die Verehrung der Waffen, die Bewunderung von militärischen Führern haben vielfach zu Skrupellosigkeit und zu blindem Gehorsam geführt. Die Anbetung der Macht rangiert vor humanen Überlegungen. Alles, was mit der Armee und der «Sicherheit» zusammenhängt, wird zu den heiligen Werten der Nation gezählt, und wer das zu kritisieren wagt, gilt als Verräter. «Befehl ausführen ohne zu philosophieren», ist die israelische Version für «Befehl ist Befehl».

Angesichts der unanfechtbaren, großen Wertschätzung, die ZAHAL genießt, nehmen sich die zivilen Ressorts des Staates, ja das Parlament, wie Zwerge aus. Der «Masadakomplex» ist seit Jahren ein markantes Symptom in der Geisteshaltung der Jugend. Sprüche wie «In diesem Land sind wir alle zum Krieg geboren» oder, wie es in der Bibel heißt: «Auf deinem Schwert sollst du leben», sind die Eckpfeiler dieses Komplexes. Er nötigt die Jugend zu der Ansicht: «Wir haben keine andere Wahl» und macht sie damit weiterhin zum willigen Kanonenfutter. Doch Masada war eine Festung des Widerstands und ein Ort der Aufopferung der Juden gewesen, der Libanonkrieg hingegen eine allzu offene Aggression.

Welche Wege bieten sich den ZAHAL-Führern, wenn alle Soldaten diesen Unterschied erst einmal erkannt haben?

Ein Weg könnte darin bestehen, daß sich die Führung für ihre aggressive Politik ein Berufs- oder Freiwilligenheer schafft. Überlegungen und Symptome für eine solche Entwicklung gibt es bei ZAHAL längst. Zwar gibt die offizielle Statistik nur Auskunft über die Relation zwischen regulären Truppen und Reserve. Niemand kann jedoch bestreiten, daß die Zahl der Berufssoldaten

Die größten Friedhöfe Israels sind die Soldatenfriedhöfe

bei ZAHAL enorm gestiegen ist. Und die Abtrünnigen, die Kriegsgegner in den Reihen von ZAHAL? Israel hat Ersatz gefunden. Bereits während des Libanonkrieges hat der Generalstabschef grünes Licht für die Aufstellung einer Art Fremdenlegion gegeben. Der Sicherheitsminister begrüßte die in Brooklyn und anderswo Angeworbenen und regelte in den USA die Quellen für die Finanzierung. – Soldaten haben protestiert? Ein Oberst mußte ersetzt werden, weil er sich geweigert hatte, in Westbeirut einzudringen? Was machte das also schon?

Die entscheidenden Stützen für Aggression und Okkupation sind schon heute die Professionellen mit den grünen Baretten, die Mitglieder des klerikal-fanatischen «Gusch-Emunim» und bewaffnete Schlägertrupps orthodoxer Führer. Von künftigen Aggressionen wären die Menschen der Gesellschaft somit gar nicht mehr direkt betroffen, und ihre Auffassung darüber, ob das mit der Sicherheit des Landes zu vereinbaren sei, fiele weit weniger ins Gewicht. Und wer kann schließlich dafür garantieren, daß die Generale nicht eines Tages die demokratischen Rechte durch ein Militärregime unterdrücken werden?

An der Produktion von Waffen für den Export profitiert Israels Rüstungsindustrie seit etlichen Jahren schon. Sie versorgte u. a. die korrupten Regime in El Salvador, Guatemala und Honduras mit Waffen und Experten. Auch militärische Beratung und Ausbildung ausländischer Armeen ist seit längerer Zeit ein einträgliches Geschäft. ZAHAL-Offiziere haben die Armee des Haile Selassie in Äthiopien trainiert, die Fallschirmjägertruppe für Mobuto im Kongo aufgebaut. Sie haben ihre Kampfmethoden in Taiwan und Singapur vermittelt. Könnte das die Zukunft für die israelische Industrie und für ZAHAL sein?

Der militante Geist des zionistischen Staates hat bei der Mehrheit von Israels Soldaten tiefe moralische Spuren hinterlassen. Viele sind gleichgültig gegenüber Schicksalen fremder Völker geworden. Hatte der Koreakrieg noch Empörung unter ihnen ausgelöst, so konnten die Verbrechen der USA in Vietnam kaum noch ihre Aufmerksamkeit erregen. Das geringste Verständnis bringen sie für ihre arabische Umgebung und für die Leiden des Volkes der Palästinenser auf. Wie es denkt und fühlt, wissen sie nicht. Seine Geschichte und Bräuche kennen sie kaum. Die Soldaten sehen den Araber nur über Kimme und Korn. Ihre Kommandeure hat man gelehrt, mit «typisch arabischer Reaktion auf dem Schlachtfeld» zu kalkulieren, und die Generale kennen Araber nur aus Dossiers der militärischen Nachrichtendienste.

Jeder Krieg hat neue Fragen aufgeworfen, obwohl die alten noch nicht einmal beantwortet waren. Sicherheit durch Stärke und territoriale Expansion hat sich als völlig absurde Argumentation erwiesen. Die Erfahrungen haben gezeigt, daß Israels wahre Unabhängigkeit, daß Frieden und Sicherheit ohne Berücksichtigung der legitimen Rechte des Volkes von Palästina einschließlich des Rechts auf einen eigenen Staat nicht zu gewährleisten sind. Manche Israelis meinen, daß der Libanonkrieg ihnen die Augen geöffnet habe. Ob sie aber die Mittel und die Kraft finden werden, den vom Imperialismus in dieser Region gezogenen Teufelskreis mit aller Konsequenz zu durchbrechen, bleibt abzuwarten.